FRANÇOISE BERNARD
ma cuisine d'aujourd'hui

Les livres de Françoise Bernard chez Hachette Pratique

Recettes faciles

Nouvelles recettes faciles

Recettes faciles de pâtisserie

Menus et recettes pour toute la famille

La Bonne Cuisine de Françoise Bernard et d'Alain Ducasse

Recettes de tradition

Les Recettes illustrées

FRANÇOISE BERNARD
ma cuisine d'aujourd'hui

Photographies Bob Norris **Stylisme** Valéry Drouet
Rédaction Catherine Vialard-Ruchon

HACHETTE
Pratique

Sommaire

Vous me connaissez probablement, au moins par mère ou grand-mère interposées !

C'est dire que depuis pas mal d'années, j'essaie de « tenir la main » à des femmes, même à des jeunes hommes de nos jours, pour les aider à réussir la cuisine que j'aime, celle que vous aimez, car vous l'avez dégustée dans votre famille dès vos plus tendres années.

Les goûts évoluent, lentement il est vrai, mais il faut bien admettre que la cuisine « faite à la maison » s'en ressent. Elle n'est plus tout à fait celle de votre enfance.

Oui, la façon de se nourrir n'est plus tout à fait la même qu'il y a 30 ans, menus plus légers, moins construits, plats plus vite faits, peu de cuisine en semaine et surtout plats plus amusants (si l'on peut dire) pour les petites réceptions en famille ou entre amis.

C'est pour cela, que j'ai décidé de reprendre – sans les bouleverser – mes recettes faciles dont je suis fière et qui ont fait leurs preuves depuis longtemps.

J'y ai apporté les modifications pour qu'elles s'adaptent à nos modes de vie, bien qu'elles soient peu évolutives, car elles sont à la base de la cuisine familiale.

La présentation a beaucoup d'importance. Et c'est là la raison d'être de mon nouveau livre Ma cuisine d'aujourd'hui*: des illustrations pour chaque recette, de celles qui vous font saliver, accompagnées bien sûr des explications de Françoise Bernard, toujours simplifiées, claires, précises…*
À vous de jouer !

Françoise Bernard

Recettes par ordre alphabétique

VIANDES ET VOLAILLES I TRÈS FACILE I CHER

Préparation et cuisson : 1 h 15. **Cuisson en autocuiseur :** 25 min

aillade de veau

Pour 4 personnes :

Veau, 750 g en cubes de 5 cm de côté.

Huile, 2 cuillerées à soupe.

Mie de pain rassis, 1 cuillerée à soupe.

Gousses d'ail, 1 dizaine.

Concentré de tomates, 1 cuillerée à soupe.

Vin blanc sec, 1 verre.

Sel, poivre.

Remarques

Ce plat très fin demande à être préparé avec des morceaux chers tels que la noix et la sous-noix. Avec des morceaux de catégorie inférieure, il serait beaucoup moins bon.

1 Faites bien chauffer l'huile dans une cocotte. Déposez-y les morceaux de veau. Laissez-les dorer sur toutes les faces. Retournez-les plusieurs fois.

2 Écrasez la mie de pain assez finement avec une moulinette. Ajoutez-la dans la cocotte, ainsi que les gousses d'ail écrasées, le concentré de tomates, le vin blanc sec, le sel et le poivre. Couvrez. Laissez mijoter très doucement 1 h. Servez avec des tagliatelles fraîches.

DESSERTS I DIFFICILE I CHER

Préparation à l'avance : 1 h. **Au dernier moment :** 10 min

ananas à la belle de Meaux

Pour 4 personnes :

Ananas frais, 1.
Sucre en poudre, 100 g.
Kirsch, 1 verre à liqueur.
Fraises, 250 g.

Crème Chantilly :

Crème fraîche liquide, 1/2 verre (10 cl).
Sucre vanillé, 1 sachet.

1 Coupez l'ananas en deux, dans le sens de la hauteur. Détachez-en la chair à l'aide d'un couteau pointu glissé tout le long de l'écorce. Retirez-la et coupez-la en petits morceaux. Mettez-la dans une terrine, avec le sucre et la liqueur de kirsch. Laissez macérer au frais pendant 30 min. Réservez également les écorces au réfrigérateur.

2 Lavez les fraises rapidement. Égouttez-les aussitôt. Ôtez-en les queues.

3 Crème Chantilly : dans une terrine très froide, fouettez la crème fraîche jusqu'à obtenir la bonne consistance. Ajoutez-y le sucre vanillé tout en battant. Si vous la battez à la main, procédez avec un fouet à longues branches, sur un rythme assez lent, de façon à incorporer le plus d'air possible dans la crème. Dès que la crème fouettée est mousseuse et tient aux branches du fouet, cessez immédiatement de la battre car elle tournerait vite en beurre. Conservez-la au froid jusqu'à utilisation.

4 Mettez à part les plus belles fraises. Mélangez délicatement les autres avec les morceaux d'ananas. Garnissez-en les écorces. Décorez le dessus avec la crème Chantilly et quelques fraises. Gardez au froid, jusqu'au moment de servir.

Mon avis

L'hiver est la pleine saison de l'ananas. Il arrive qu'il ne soit pas cher, surtout après les fêtes. Profitez-en pour préparer, à moindres frais, ce dessert. Un bel ananas frais et « à point » est surmonté d'une touffe de feuilles bien vertes. Il est lourd. Son écorce est d'un brun orangé uni. Des taches brunâtres signifient que l'ananas est trop mûr. Si le temps vous manque, pensez à la chantilly en bombe.

Préparation et cuisson : 50 min

andouillettes braisées au vin blanc

Pour 4 personnes :

Andouillettes, 4 (500 à 600 g).

Beurre, 60 g.

Vin blanc sec, 3 verres.

Moutarde forte.

1 Préchauffez le four. Beurrez un plat allant au four. Mettez-y les andouillettes copieusement tartinées de beurre. Versez dessus le vin blanc.

2 Faites-les cuire à 130 °C (th. 4-5), jusqu'à ce que le vin soit complètement absorbé (de 40 à 50 min). Servez les andouillettes dans le plat de cuisson en apportant, en même temps, de la moutarde forte, une purée et une bonne salade.

Mon avis

• Si le vin blanc s'évapore trop rapidement, couvrez le plat avec une feuille d'aluminium.

• Accompagnez cette recette de pommes de terre (800 g), voir photo ci-contre. Après les avoir épluchées et coupées en rondelles minces, salez-les, poivrez-les et parsemez-les de noisettes de beurre.
Faites sauter les andouillettes à la poêle, tartinez-les de moutarde et déposez-les sur les pommes de terre, dans un plat allant au four, et arrosez de vin blanc. Enfournez pour 45 min de cuisson à 170 °C (th. 5-6).

CRUDITÉS ET LÉGUMES I TRÈS FACILE I RAISONNABLE

Préparation et cuisson : 1 h 30

artichauts à la barigoule

Pour 4 personnes :

Petits artichauts très jeunes (sans foin), 8.
Huile, 2 cuillerées à soupe.
Oignons, 2 gros.
Carotte, 1.
Tomates, 2.
Lard de poitrine, 100 g.
Vin blanc sec, 1 verre.
Persil haché.
Sel, poivre.

1 Lavez les artichauts. Coupez, avec des ciseaux, les feuilles dures de la base et la pointe des feuilles restantes.

2 Tranchez les oignons et la carotte en rondelles et coupez le lard en dés. Dans une sauteuse (ou une large casserole), mettez le tout et versez l'huile. Placez dessus les artichauts, pointes en haut, en les serrant l'un contre l'autre. Salez légèrement. Poivrez bien. Ajoutez les tomates en morceaux. Laissez mijoter quelques minutes.

3 Puis arrosez avec le vin et 1 verre d'eau. Couvrez hermétiquement et laissez mijoter doucement 1 h 15 environ. Parsemez de persil en fin de cuisson.

Mon avis

Cette recette ne peut être réalisée qu'avec de très petits artichauts de printemps dont le foin ne s'est pas encore formé.

ENTRÉES DIVERSES | TRÈS FACILE | RAISONNABLE

Préparation et cuisson : 50 min. **Cuisson en autocuiseur** : 15 min

artichauts à la macédoine (fonds d')

Pour 4 personnes :

Artichauts, 4.
Vinaigre.
Gros sel.
Macédoine de légumes,
1 petite boîte (280 g environ).
Radis roses, 4.
Laitue, 1 petite.
Mayonnaise, 2 cuillerées à soupe.

1 Faites bouillir de l'eau salée dans une grande marmite.

2 Pendant ce temps, cassez les tiges des artichauts et les feuilles extérieures, filandreuses. Laissez tremper les artichauts 5 min, la tête en bas, dans de l'eau froide vinaigrée, pour en déloger les pucerons. Passez ensuite les artichauts sous le robinet, en écartant légèrement les feuilles pour mieux les laver.

3 Plongez les artichauts dans l'eau en ébullition. Couvrez et laissez-les bouillir de 40 à 45 min. Égouttez-les aussitôt cuits dans une passoire à pied, la pointe des feuilles en bas pour que toute l'eau s'écoule.

4 Mélangez la mayonnaise avec la macédoine bien égouttée. Garnissez-en les fonds d'artichauts. Déposez-les dans un plat garni de feuilles de laitue. Décorez de laitue, de radis ou d'olives.

Mon avis

• Si vous préparez cette entrée d'avance, égouttez particulièrement bien votre macédoine. Au besoin, épongez-la dans un linge propre.
• Les artichauts doivent baigner entièrement dans l'eau de cuisson. Posez une assiette dessus pour les maintenir au fond pendant l'ébullition. Pour vérifier qu'ils sont bien cuits, essayez d'arracher une feuille : elle doit se détacher sans difficulté.
• Cuisson au micro-ondes : coupez la pointe et ôtez les premières feuilles extérieures puis cuisez-les deux par deux, emballés individuellement dans du film alimentaire, pendant 8 à 10 min selon leur taille.

Préparation et cuisson : 1 h 30 ou 10 min

artichauts béarnaise (fonds d')

Pour 4 personnes :

Artichauts frais, 8 petits ou 4 gros.
Farine, 1 cuillerée à soupe.
Citron, 1/4.
Sel, poivre.

1 Mettez de l'eau salée à bouillir dans une grande casserole. Coupez la queue des artichauts et cassez les feuilles extérieures. Couchez l'artichaut sur une planche à découper. Tranchez les feuilles à mi-hauteur avec un grand couteau aiguisé. Pour ôter le reste des feuilles encore attachées au fond, pelez celui-ci comme une pomme de terre ; à l'aide d'un couteau pointu très coupant. Vous n'ôterez le foin qu'après cuisson. Citronnez immédiatement chaque fond et mettez-les au fur et à mesure dans de l'eau fortement citronnée ou vinaigrée.

2 Délayez la farine avec un peu d'eau froide. Versez dans l'eau en ébullition. Faites-y cuire les fonds d'artichauts de 25 à 30 min.

3 Égouttez les fonds d'artichauts. Retirez-en le foin. Garnissez-les de sauce béarnaise (voir recette p. 610). Servez aussitôt.

Mon avis

• Dans cette cuisson, toutes les précautions ont été prises pour que les artichauts ne noircissent pas (grâce à l'ajout de farine et de citron). Citronnez bien les fonds d'artichauts pour qu'ils restent blancs. Les fonds d'artichauts sont cuits lorsque la lame d'un couteau y pénètre sans effort. Attention, toutefois, de ne pas les briser.
• Cette recette compliquée devient très simple – elle ne demande que 10 min – si vous utilisez des fonds d'artichauts en boîte et de la sauce béarnaise toute prête.

ENTRÉES DIVERSES | TRÈS FACILE | BON MARCHÉ

Préparation et cuisson : 1 h. **Cuisson en autocuiseur** : 15 min

artichauts vinaigrette

Pour 4 personnes :

Artichauts, 4.

Gros sel.

Vinaigrette :

Vinaigre, 3 cuillerées à soupe.

Huile, 9 cuillerées à soupe.

Sel, poivre.

1 Faites bouillir de l'eau salée dans une marmite.

2 Pendant ce temps, cassez les tiges des artichauts et les feuilles extérieures, filandreuses. Laissez tremper les artichauts 5 min, la tête en bas, dans de l'eau froide vinaigrée, pour en déloger les pucerons. Passez ensuite les artichauts sous le robinet en écartant légèrement les feuilles pour mieux les laver.

3 Plongez les artichauts dans l'eau en ébullition. Couvrez et laissez-les bouillir de 30 à 45 min. Égouttez-les aussitôt cuits dans une passoire à pied, la pointe des feuilles en bas, pour que l'eau s'écoule.

4 Préparez la vinaigrette dans un bol ou une saucière. Vous la servirez à part.

Mon avis

• Ne conservez pas des artichauts cuits plus d'une journée, ils deviennent vite nocifs.

• J'aime manger l'artichaut encore tiède, il a plus de goût. On sert généralement de la vinaigrette toute simple avec l'artichaut. Mais, pour ma part, je préfère la préparer dans mon assiette. J'y écrase le jaune d'un œuf dur et je mélange bien pour obtenir une sauce onctueuse.

• Pas de vin rouge avec l'artichaut, plutôt du vin blanc ou... de l'eau.

• Si vous souhaitez faire un beau plateau de crudités et de légumes vinaigrette, reportez-vous aussi à la recette des crudités vinaigrette (voir recette p. 230).

ENTRÉES DIVERSES | DIFFICILE | CHER

Préparation et cuisson : 45 min

asperges sauce mousseline

Pour 4 personnes :

Asperges, 1 kg.
Gros sel.
Sauce mousseline :
Jaunes d'œufs, 3.
Beurre, 150 g.
Crème fraîche, 2 cuillerées à soupe.
Sel, poivre.

1 Faites bouillir de l'eau salée dans une grande marmite. Cassez la tige des asperges à 2 ou 3 cm de l'extrémité opposée à la pointe. Épluchez toute la partie blanche à l'aide d'un couteau économe. Lavez-les rapidement. Ficelez-les par petites bottes de 5 ou 6 et plongez-les dans l'eau en ébullition. Laissez bouillir 20 min environ. Aussitôt cuites, égouttez-les. Retirez les fils et disposez les asperges sur un plat long. Réservez-les au chaud.

2 Sauce mousseline : dans une petite casserole épaisse, mettez les jaunes d'œufs, 1/3 verre d'eau environ, du sel et du poivre. Laissez cuire sur feu très doux en fouettant vigoureusement au fouet à main jusqu'à ce que le mélange épaississe. Veillez à ce que la casserole ne soit jamais assez chaude pour brûler la main. Hors du feu, incorporez-y délicatement le beurre, par petits morceaux, et gardez tiède au bain-marie. Au moment de servir, ajoutez la crème fraîche. Versez dans une saucière chaude.

3 Servez les asperges tièdes avec la sauce mousseline.

Mon avis

Vous pouvez, exceptionnellement, réchauffer les asperges en les plongeant dans de l'eau très chaude. Pour corser la saveur de la sauce mousseline, vous pouvez remplacer l'eau par l'eau de cuisson des asperges.

Préparation et cuisson : 40 min

asperges vinaigrette

Pour 4 personnes :
Asperges, 1 kg.
Gros sel.
Vinaigrette :
Vinaigre, 3 cuillerées à soupe.
Huile, 9 cuillerées à soupe.
Sel, poivre.

1 Faites bouillir de l'eau salée dans une grande marmite.

2 Cassez la tige des asperges à 2 ou 3 cm de l'extrémité opposée à la pointe. Épluchez toute la partie blanche à l'aide d'un économe. Lavez-les rapidement. Ficelez-les par petites bottes de cinq ou six et plongez-les dans l'eau en ébullition. Laissez bouillir 20 min environ. Aussitôt cuites, égouttez-les. Retirez les fils et disposez les asperges sur un plat long.

3 Servez les asperges tièdes ou froides avec la vinaigrette.

Mon avis

• Cassez les asperges, ne les coupez pas car elles se brisent obligatoirement à l'endroit où elles cessent d'être tendres. Si vous achetez des asperges vertes, contentez-vous de les casser au bon endroit.
• Ne laissez pas cuire les asperges trop longtemps. Piquez-en une avec une fourchette, dans le bas de la tige. Si elle y pénètre sans difficulté, les asperges sont cuites. Égouttez-les sans tarder, sinon elles s'imprégneraient d'eau et perdraient de leur saveur.
• Les asperges sont meilleures tièdes que froides, et à peine bonnes au sortir du réfrigérateur.
• Vous pouvez lier votre vinaigrette avec 1 jaune d'œuf dur écrasé ou avec un peu de sauce mayonnaise. Pour changer de la vinaigrette, préparez une sauce avec de la crème fraîche, du jus de citron ou du vinaigre, du sel et du poivre. Ou, plus simplement, poudrez les pointes de parmesan fraîchement râpé et gratinez-les sous le gril.

CRUDITÉS ET LÉGUMES I FACILE I RAISONNABLE

Préparation et cuisson : 1 h

aubergines et tomates au four

Pour 4 personnes :

Aubergines, 4.
Huile, 1/2 verre.
Tomates, 4.
Gousses d'ail, 2.
Gruyère râpé, 50 g.
Chapelure, 1 cuillerée à soupe.
Persil.
Sel, poivre.

1 Lavez et essuyez les aubergines. Coupez-les en deux dans le sens de la longueur. Saupoudrez-les de sel. Laissez-les dégorger 30 min. Épongez-les.

2 Faites chauffer l'huile dans une grande poêle. Mettez-y les aubergines 5 min de chaque côté, à feu vif. Égouttez-les. Déposez-les dans un plat à feu. Salez, poivrez.

3 Dans la même poêle, et sur feu moyen, faites revenir les tomates coupées en deux, 2 min sur la face coupée, puis 2 min sur l'autre. Préchauffez le four à 170 °C (th. 5-6).

4 Disposez les tomates sur les aubergines. Parsemez d'ail et de persil hachés, de gruyère râpé et de chapelure. Faites cuire de 15 à 20 min dans le haut du four.

Mon avis

• Un bon plat d'été ou de vacances. Et si vous intercalez des tranches de jambon blanc entre les aubergines et les tomates, vous obtiendrez un plat complet pour votre dîner.
• Quand vous faites cuire à la poêle des tomates coupées en deux, déposez-les sur la partie coupée d'abord. De cette façon, la chair est saisie. Elle se défera moins facilement quand vous retournerez la tomate pour la cuire de l'autre côté.

Préparation et cuisson : 30 min. **Repos :** 30 min

aubergines sautées persillade

Pour 4 personnes :

Aubergines, 4 grosses.
Farine, 2 cuillerées à soupe très pleines.
Huile, 1/2 à 1 verre.
Ail, 2 gousses.
Persil haché, 1 cuillerée à soupe.
Beurre, 1 noix.
Sel, poivre.

1 Coupez les aubergines en rondelles épaisses de 1 cm. Saupoudrez-les de sel fin. Laissez dégorger 30 min. Essuyez-les ensuite avec un linge ou du papier absorbant. Farinez-les légèrement.

2 Faites chauffer l'huile dans une grande poêle. Lorsqu'elle est bien chaude mais non brûlante, déposez-y une partie des aubergines, de façon à ce qu'elles recouvrent le fond de la poêle et baignent toutes dans l'huile. Faites-les dorer des deux côtés. Réservez-les dans un plat. Tenez celui-ci au chaud. Faites cuire ainsi toutes les aubergines.

3 Faites chauffer la noix de beurre dans une petite casserole. Jetez-y le persil haché et l'ail coupé finement. Laissez cuire 1 ou 2 min. Versez sur les aubergines au moment de servir.

Mon avis

- N'épluchez pas les aubergines. Elles sont très bonnes avec leur peau.
- Si possible, égouttez les aubergines cuites sur un papier absorbant ou sur une grille. Elles seront moins grasses.

DESSERTS I FACILE I RAISONNABLE

Préparation et cuisson : 45 min

baba-minute

Pour 4 personnes :

Farine, 125 g (4 cuillerées à soupe bien pleines).
Sucre en poudre, 60 g (3 à 4 cuillerées à soupe).
Œufs, 3.
Lait, 1 cuillerée à soupe.
Levure en poudre, 1 sachet.
Beurre, 1 noisette.

Sirop :

Sucre en poudre, 125 g (7 à 8 cuillerées à soupe).
Rhum ou kirsch, 1 verre à bordeaux.

1 Dans une terrine, battez le sucre et les jaunes d'œufs avec une cuiller en bois jusqu'à ce que le mélange blanchisse. Ajoutez-y, peu à peu, le lait, la farine et la levure en poudre.

2 Préchauffez le four à 170 °C (th.5-6).

3 Battez les blancs d'œufs en neige très ferme. Incorporez-les, peu à peu, à la préparation.

4 Beurrez un moule en couronne assez grand pour que la pâte ne l'emplisse qu'aux trois quarts. Faites cuire au four 20 min environ. Démoulez sur un plat rond.

5 Sirop : faites bouillir, pendant 2 min, 1 verre d'eau et le sucre. Hors du feu, ajoutez-y le rhum ou le kirsch. Versez sur le baba encore bien chaud.

Mon avis

• Cette recette très simple et spectaculaire peut être réalisée par des enfants en remplaçant le rhum par du sirop d'orange. Le baba bien chaud absorbe mieux le sirop que lorsqu'il est refroidi.

• Pour qu'il soit très brillant, enduisez-le, une fois imbibé, avec de la confiture d'abricots assez liquide. Donnez la note « chef pâtissier », en décorant le dessus de quelques cerises confites et de petits losanges d'angélique.

Préparation : 10 min

banana split

Pour 4 personnes :

Bananes, 4.
Fruits frais divers.
Fruits confits (facultatif).
Confiture, quelques cuillerées à soupe.
Glace, 4 portions.
Crème fraîche, quelques cuillerées à soupe.
Meringues ou petits biscuits, 4.

Prenez un petit ravier par personne. Au fond de chacun, disposez des fruits divers coupés en morceaux s'ils sont gros (abricots, pêches, poires, etc.) ou entiers (cerises, framboises, fraises). Mettez un peu de confiture par-dessus. Puis la glace coupée en deux ou trois morceaux, la banane coupée en deux, en longueur, encore de la confiture et de la crème fraîche assez liquide. Pour terminer cet échafaudage, déposez une meringue dessus ou plantez-y un biscuit.

Mon avis

Ne craignez pas de vous laisser aller à la fantaisie en préparant ce dessert. Seules la banane et la glace sont indispensables ; tout le reste vient par surcroît.

Préparation et cuisson : 15 min

bananes flambées au rhum

Pour 4 personnes :

Bananes (pas trop mûres), 4.
Beurre, 30 g.
Sucre en poudre, 80 g.
Rhum, 1 ou 2 verres à liqueur.

1 Épluchez les bananes. Coupez-les en deux dans le sens de la longueur.

2 Faites fondre le beurre dans une poêle. Mettez-y les bananes à cuire à feu doux, 3 à 4 min de chaque côté.

3 Déposez les bananes dans un plat bien chaud. Saupoudrez-les de sucre en poudre. Versez le rhum dans une petite casserole. Sucrez-le un peu. Portez-le juste à ébullition. Enflammez-le sur le feu et versez, flambant, sur les bananes. Apportez aussitôt à table.

Mon avis

• Choisissez des bananes pas trop mûres, à l'écorce jaune clair, sans taches. Elles s'écraseront moins facilement à la cuisson.
• Le plat doit être bien chaud car le rhum s'arrêterait de flamber au contact d'un plat froid.
• Une variante très simple, à la martiniquaise, comme sur la photo : en même temps que le rhum, ajoutez le jus d'une orange, des raisins secs et un clou de girofle. Portez à ébullition quelques instants. Faites flamber aussitôt. Retirez le clou de girofle avant de servir très chaud. S'il y a des enfants à table, ne flambez pas les bananes, supprimez le rhum, et ajoutez un jus d'orange supplémentaire.

SPÉCIALITÉS I FACILE I RAISONNABLE

Préparation et cuisson : 30 min. **Dessalage :** 48 h

beignets de morue à la portugaise

Pour 4 personnes :

Morue séchée, 250 g.

Pomme de terre, 125 g.

Sel, poivre.

Huile de friture.

Œuf, 1.

Bouquet de persil, 1.

1 Faites dessaler la morue pendant 48 h dans de l'eau, au réfrigérateur, en changeant souvent l'eau.

2 Pelez, rincez et cuisez les pommes de terre à l'eau frémissante non salée. Égouttez-les, laissez tiédir et passez-les au presse-purée. Faites cuire la morue 15 min à l'eau frémissante non salée. Émiettez-la. Mélangez avec la purée. Ajoutez le persil ciselé. Poivrez. Goûtez et rajoutez si besoin un peu de sel. Incorporez le jaune d'œuf. La pâte ne doit pas être trop molle. Battez le blanc en neige et ajoutez-le délicatement à la pâte. Moulez les beignets en quenelles à l'aide de deux petites cuillers.

3 Plongez-les dans la friture bien chaude, mais non fumante. Lorsque les beignets sont soufflés et bien dorés, égouttez-les et posez-les sur un papier absorbant. Servez très chaud.

Mon avis

Trempez les cuillers dans la friture chaude pour mouler les beignets plus facilement. Si la pâte est un peu trop épaisse, rajoutez 1 œuf.

Préparation et cuisson : 30 min. **À l'avance :** 1 h

beignets aux pommes

Pour 4 personnes :

Pommes, 500 g.
Huile de friture.
Sucre en poudre.
Pâte à beignets :
Farine, 150 g (5 cuillerées à soupe bien pleines).
Œufs, 1 entier + 2 blancs.
Huile, 1 cuillerée à soupe.
Bière, 3/4 de verre environ (15 cl).
Sel, 1/4 de cuillerée à café.

1 Pâte à beignets : dans un saladier, mélangez la farine, l'œuf entier, l'huile, le sel, avec un batteur électrique ou un fouet à main. Ajoutez-y, peu à peu, la bière ou l'eau. La pâte obtenue doit être beaucoup plus épaisse qu'une pâte à crêpes. Laissez reposer 1 h si possible.
Au moment d'utiliser la pâte, battez les blancs en neige très ferme avec une pincée de sel. Incorporez-les délicatement à la pâte.

2 Épluchez les pommes et coupez-les en rondelles ou en quartiers de 0,5 cm d'épaisseur. Plongez-les dans la pâte à beignets pour les enrober complètement, puis dans la friture chaude. N'en faites cuire que quelques-uns à la fois. Lorsque les beignets sont soufflés et bien dorés, égouttez-les et posez-les sur un papier absorbant. Saupoudrez-les de sucre et servez-les très chauds.

Mon avis

• La pâte à beignets classique se fait avec de la bière, mais vous pouvez la faire avec du lait ou même de l'eau. Vous pouvez aussi remplacer un quart de la farine par de la fécule. J'ajoute souvent un petit verre de rhum dans ma pâte, pour la parfumer. Les blancs battus en neige rendent la pâte plus légère et plus croustillante.
• Poires, abricots et bananes peuvent aussi se préparer en beignets.

Préparation et cuisson : 30 min. **Repos de la pâte** : 1 h

beignets de courgettes

Pour 4 personnes :

Courgettes, 4 (750 g environ).
Farine, 3 cuillerées à soupe.
Huile de friture.
Sel, poivre.

Pâte à beignets :

Farine, 150 g.
Œuf, 1 entier + 2 blancs.
Huile, 1 cuillerée à soupe.
Bière ou eau, 3/4 de verre.
Sel, 1 cuillerée à café.

1 Pâte à beignets : dans un saladier, mélangez la farine, l'œuf entier, les blancs d'œufs, l'huile et le sel, avec une cuiller en bois. Ajoutez-y, peu à peu, la bière ou l'eau. La pâte obtenue doit être plus épaisse qu'une pâte à crêpes. Laissez reposer 1 h si possible.

2 Épluchez les courgettes. Coupez-les en rondelles d'environ 0,5 cm d'épaisseur. Salez-les, poivrez-les, farinez-les légèrement, enrobez-les de pâte et plongez-les dans la friture bien chaude mais non fumante. Laissez-les cuire environ 5 min. Lorsqu'elles sont blondes et remontent à la surface, égouttez-les. Servez ces beignets très chauds.

Mon avis

- Pour cette recette, il n'est pas nécessaire de monter en neige les blancs d'œufs de la pâte à beignets.
- Farinez les rondelles de courgettes avant de les plonger dans la pâte à frire pour mieux la faire adhérer.
- Veillez à ne pas mettre trop de courgettes dans le bain de friture : elles doivent y frire à l'aise.

Préparation et cuisson : 30 min

beignets de langoustines

Pour 4 personnes :
Langoustines, 1 kg.
Sel, poivre.
Huile de friture.
Pâte à beignets :
Farine, 150 g.
Œufs, 1 entier + 2 blancs.
Huile, 1 cuillerée à soupe.
Bière ou eau, 3/4 de verre environ (15 cl).
Sel, 1/2 cuillerée à café.

1 Pâte à beignets : dans un saladier, mélangez la farine, l'œuf entier, l'huile, le sel, avec un batteur électrique ou un fouet à main. Ajoutez-y, peu à peu, la bière ou l'eau. La pâte obtenue doit être beaucoup plus épaisse qu'une pâte à crêpes. Laissez reposer 1 h si possible. Au moment d'utiliser la pâte, battez les blancs en neige très ferme avec une pincée de sel. Incorporez-les délicatement à la pâte.

2 Décortiquez les langoustines. Fendez-les en deux dans la longueur, si elles sont trop grosses. Salez et poivrez-les. Enrobez-les de pâte et plongez-les dans la friture bien chaude, mais non fumante. Lorsque les beignets sont soufflés et bien dorés, égouttez-les et posez-les sur un papier absorbant. Servez très chaud.

Mon avis

• Un plat fin : avant de cuire les langoustines, faites-les mariner 2 h avec 3/4 de verre d'huile environ, 1 jus de citron, 1 oignon haché, thym effeuillé, laurier et estragon. Servez-les, une fois frites, avec de la sauce béarnaise tiède.
• Pour faire une pâte à beignets très légère, comme la font les Chinois, vous pouvez y mettre moitié farine, moitié crème de riz ou fécule.
• Pour décortiquer les langoustines crues, utilisez de vieux ciseaux. Découpez l'intérieur de la carapace, de haut en bas. Écartez et retirez la chair sans difficulté.

DESSERTS | DIFFICILE | RAISONNABLE

Préparation et cuisson : 45 min

beignets soufflés ou pets-de-nonne

Pour 4 personnes :

Huile de friture.

Sucre en poudre.

Pâte à choux :

Beurre, 80 g.

Farine, 125 g.

Œufs, 4.

Sel, 1 pincée.

Remarques

Ne mettez pas trop de beignets à cuire à la fois : ils doivent être à l'aise pour se retourner d'eux-mêmes quand ils sont cuits d'un côté. Si vous préparez la pâte à choux quelques heures à l'avance, filmez-la pour qu'elle ne sèche pas.

1 Pâte à choux : dans une casserole, faites chauffer 1 verre d'eau, le beurre en morceaux et du sel. Quand ceux-ci sont fondus, retirez la casserole du feu. Jetez-y la farine d'un seul coup. Mélangez. Reportez sur le feu. Travaillez très énergiquement avec une cuiller en bois exclusivement jusqu'à ce que la pâte n'adhère plus ni à la cuiller ni à la casserole. Retirez du feu et ajoutez les œufs, un à un, en battant vigoureusement entre chaque.

2 Faites chauffer le bain de friture. Lorsque l'huile est bien chaude mais non brûlante, jetez-y des petites boules de pâte moulées à l'aide d'une cuiller à café. Détachez-les avec le doigt mouillé (ayez un verre d'eau à côté de vous) pour les faire glisser dans la bassine. Laissez cuire sur feu moyen.

3 Quand les beignets sont gonflés et dorés, égouttez-les bien. Servez-les bien chauds, saupoudrés de sucre.

ENTRÉES DIVERSES I TRÈS FACILE I BON MARCHÉ

Préparation : 10 min

betterave vinaigrette

Pour 4 personnes :

Betterave rouge cuite, 1 grosse.

Sucre en poudre, 1/2 cuillerée à café.

Vinaigrette :

Huile, 3 cuillerées à soupe.

Vinaigre, 1 cuillerée à soupe.

Échalote, 1.

Persil.

Sel, poivre.

1 Épluchez la betterave. Coupez-la en rondelles ou en dés. Disposez-les dans un ravier. Saupoudrez très légèrement de sucre en poudre.

2 Hachez l'échalote et le persil. Délayez la vinaigrette avec l'échalote et le persil. Versez sur la betterave. Servez dans des verres ou des coupelles.

Mon avis

• On peut ajouter le blanc d'un œuf dur, finement haché.

• Avec la salade de betterave rouge, vous pouvez mélanger : fines lamelles de pommes-fruits, cuisses de noix, bâtonnets de céleri-branche ou de fenouil cru, cresson, haricots verts.

• Si vous souhaitez faire un beau plateau de crudités et de légumes vinaigrette, reportez-vous aussi à la recette des crudités vinaigrette (voir recette p. 230).

CRUDITÉS ET LÉGUMES I TRÈS FACILE I BON MARCHÉ

Préparation et cuisson : 1 h. **Cuisson en autocuiseur :** 25 min

bettes sautées

Pour 4 personnes :

Bettes, 1 kg.

Beurre, 30 g.

Sel.

1 Faites bouillir une grande casserole d'eau salée.

2 Détachez les feuilles vertes des côtes de bettes. Coupez celles-ci en tronçons. Ôtez-en les gros fils en même temps. Plongez les côtes dans l'eau bouillante. Laissez-les cuire environ 45 min. Égouttez-les avec soin.

3 Dans une poêle, faites-les sauter vivement avec une noix de beurre pendant quelques minutes.

Mon avis

• Si vous ne voulez pas laisser perdre les feuilles des bettes, faites-les cuire à l'eau, comme des épinards, puis laissez-les mijoter avec du beurre ou du jus de viande. Il en faut beaucoup pour faire un plat, mais vous avez la ressource d'y mélanger un peu de purée de pommes de terre.

• Si vous avez très peu de jus de viande, allongez-le avec un peu de bouillon de poulet concentré délayé avec un peu d'eau chaude.
Ne salez pas, le bouillon concentré l'est déjà.

• Si les bettes accompagnent des steaks ou des escalopes, retirez la viande de la poêle que vous laissez sur le feu. Ajoutez-y 1 à 2 cuillerées à soupe d'eau bouillante. Mettez-y les bettes et faites-les sauter sur feu vif quelques minutes.

• Pour un plat complet, gratinez-les au fromage, en les disposant par couches dans un plat beurré : bettes, gruyère râpé, noisettes de beurre, puis de nouveau bettes, gruyère râpé et noisettes de beurre. Faites gratiner en haut du four à 230 °C (th. 7-8) pendant 5 à 10 min.

POISSONS, CRUSTACÉS ET FRUITS DE MER I TRÈS FACILE I BON MARCHÉ

Préparation et cuisson : 15 min

bigorneaux au court-bouillon

Pour 4 personnes :

Bigorneaux, 1 litre.

Bouquet garni (persil, thym, laurier, brin de céleri).

Ail, 1 gousse.

Échalote, 1.

Clou de girofle, 1.

Piment de Cayenne, 1 petit.

Vin blanc sec, 1 verre.

Sel, 1 cuillerée à café.

Poivre concassé.

1 Lavez les bigorneaux dans plusieurs eaux.

2 Mettez-les dans une casserole d'eau froide avec tous les ingrédients de la recette, le vin et assez d'eau pour les couvrir tout juste. Faites chauffer sur feu moyen. Juste avant l'ébullition, réglez sur feu doux et laissez bouillir à petits bouillons 10 min. Laissez tiédir ou refroidir dans le court-bouillon.

Mon avis

• Choisissez des bigorneaux bien gros et bien vivants. Attention à l'odeur : un seul bigorneau mauvais et tous les autres sont gâchés. Assurez-vous de leur fraîcheur tout en les lavant.

• Piquez plusieurs épingles à tête de verre, assez longues, sur un bouchon. Mettez-les sur la table. On s'en servira pour extraire les bigorneaux de leur coquille. Les bigorneaux font une entrée amusante ou même un amuse-gueule apprécié avec l'apéritif.

Préparation et cuisson : 15 min

bigorneaux au naturel

Pour 4 personnes :

Bigorneaux, 1 litre.

Bouquet garni (persil, thym, laurier, brin de céleri).

Ail, 1 gousse.

Échalote, 1.

Clou de girofle, 1.

Sel, 1 cuillerée à café.

Poivre concassé.

Remarques

Choisissez des bigorneaux bien gros et bien vivants. Attention à l'odeur : un seul bigorneau mauvais et tous les autres sont gâchés. Assurez-vous de leur fraîcheur tout en les lavant.

1 Lavez les bigorneaux dans plusieurs eaux.

2 Mettez-les dans une casserole d'eau froide avec tous les ingrédients de la recette et assez d'eau pour les couvrir tout juste. Faites chauffer sur feu moyen. Juste avant l'ébullition, réglez sur feu doux et laissez frémir très doucement 10 min. Laissez tiédir ou refroidir dans le court-bouillon.

Mon avis

• Piquez plusieurs épingles à tête de verre, assez longues, sur un bouchon. Mettez-les sur la table. Elles serviront pour extraire les bigorneaux de leur coquille. Les bigorneaux font une entrée amusante ou même un amuse-gueule apprécié avec l'apéritif.

• J'aime leur ajouter un petit piment fort en fin de cuisson.

Préparation et cuisson : 1 h 30

blanquette de veau

Pour 4 personnes :

Veau (en morceaux), 1 kg environ.

Citron, 1/2.

Carotte, 1.

Oignon, 1.

Clou de girofle, 1.

Bouquet garni (persil, thym, laurier).

Sel, poivre.

Sauce :

Beurre, 30 g.

Farine, 30 g (1 cuillerée à soupe bombée).

Bouillon de cuisson du veau, 2 verres.

1 Frottez les morceaux de viande avec du citron afin qu'ils restent blancs. Mettez-les dans une casserole d'eau froide avec la carotte, l'oignon piqué du clou de girofle, le bouquet garni, du sel et du poivre. Portez à ébullition puis couvrez. Laissez bouillir doucement 1 h 15. Écumez pendant la cuisson.

2 Sauce : 30 min avant la fin de la cuisson de la viande, mélangez sur feu doux le beurre et la farine. Ajoutez-y le bouillon de blanquette. Remuez jusqu'à ébullition avec une cuiller en bois ou un fouet à main. Laissez mijoter 10 min sur feu doux.

3 Égouttez bien la viande puis déposez-la sur un plat chaud. Recouvrez-la de sauce. Saupoudrez, si possible, avec un peu de persil haché.

Mon avis

• Pour que ma sauce soit particulièrement délicieuse, une fois qu'elle est cuite et retirée du feu, j'y incorpore 1 ou 2 cuillerées à soupe de crème fraîche, 1 jaune d'œuf et un soupçon de jus de citron. Cette sauce présente un petit inconvénient : on ne peut pas la faire réchauffer, elle risquerait de s'abîmer sous l'effet d'un coup de feu. Une seule solution pour la faire attendre : la tenir au chaud, dans un bain-marie non bouillant.

• Exotique et bon : une de mes jeunes amies remplace la moitié du bouillon par du lait de coco (disponible en grande surface). Le tendron donne une blanquette très moelleuse.

• Vous pouvez servir avec du riz nature cuit 17 min à l'eau bouillante salée ou des pommes de terre cuites 30 min dans le bouillon de la blanquette, et en même temps qu'elle.

Préparation et cuisson : 45 min

bœuf à la ficelle

Pour 6 personnes :

1 morceau de faux-filet ficelé et non bardé, 1 kg.
Oignon, 1.
Clou de girofle, 1.
Carotte, 1.
Bouquet garni (persil, thym, laurier).
Sel, poivre.

1 Dans une marmite, faites bouillir 20 min de l'eau avec l'oignon piqué du clou de girofle, la carotte coupée en rondelles, le bouquet garni, du sel et du poivre.

2 Plongez la viande dans l'eau en ébullition. Couvrez et laissez bouillir 20 min pour obtenir une viande saignante. Égouttez et servez avec du gros sel, des cornichons, des pickles, des moutardes variées, de la sauce au raifort, etc.

Mon avis

• Lorsque vous achetez votre rôti, prévoyez 1 kg au moins. La viande sera meilleure et même plus avantageuse en fin de compte si vous avez des restes, car vous pourrez facilement les accommoder en salade, miroton, hachis Parmentier, ou froids, en fines tranches avec de la salade et un peu de mayonnaise.
• Le bœuf à la ficelle – d'apparence grisâtre – n'est pas très agréable à voir lorsqu'il arrive sur la table. Mais une fois coupé en tranches, sa viande est si juteuse qu'on oublie sa première impression.
• J'aime beaucoup le bœuf à la ficelle avec de la sauce béarnaise, qui « francise » ce plat d'origine anglo-saxonne.

Préparation et cuisson : 30 min

bœuf à l'orientale en salade

Pour 4 personnes :

Bœuf bouilli, 250 à 300 g (acheté tout cuit).
Riz, 100 g.
Poivrons, 2.
Oignon, 1 gros.
Olives vertes, 50 g.
Melon, 1 petit.
Safran, 1 pointe de couteau.
Persil.
Sel.

Vinaigrette :

Huile, 3 cuillerées à soupe.
Vinaigre, 1 cuillerée à soupe.
Sel, poivre.

1 Faites bouillir une grande quantité d'eau salée. Lavez le riz dans une passoire, sous le robinet, pour qu'il ne trempe pas. Jetez-le dans l'eau en ébullition. Laissez bouillir, sans couvrir, le temps indiqué sur l'emballage. Égouttez aussitôt. Passez sous l'eau froide pour le rafraîchir. Égouttez de nouveau avec soin.

2 Dans un saladier, mettez la viande coupée en dés, les poivrons épépinés et coupés en lanières, l'oignon en rondelles, le safran, le riz refroidi, le persil haché. Arrosez de vinaigrette. Mélangez.

3 Décorez avec les olives vertes dénoyautées et des tranches de melon.

Mon avis

• Les proportions de cette recette ne sont pas immuables. Ainsi, en supprimant les poivrons ou le melon ou bien les olives, vous obtiendrez quand même une bonne salade composée.
• Vous pouvez incorporer à la vinaigrette 1 cuillerée à soupe de mayonnaise, afin de la lier un peu.

Préparation et cuisson : 2 h 20. **Cuisson en autocuiseur :** 50 min

bœuf bourguignon

Pour 4 personnes :

Bœuf (gîte, culotte ou paleron), 1 kg, coupé en 8 morceaux.
Huile, 2 cuillerées à soupe.
Carotte, 1 petite.
Oignons, 2.
Farine, 30 g (1 cuillerée à soupe bombée).
Vin rouge, 3 verres.
Ail, 1 gousse.
Bouquet garni (persil, thym, laurier).
Persil.
Sel, poivre.
Pommes de terre, 1 kg (légume d'accompagnement).

Remarques

Si votre cocotte est petite, faites revenir la viande en plusieurs fois, dans une poêle. Transvasez dans la cocotte au fur et à mesure.
Si vous utilisez un autocuiseur, faites cuire les pommes de terre dans le panier-vapeur.

1 Faites bien chauffer l'huile dans une cocotte. Mettez-y la viande à roussir de tous côtés, sur feu vif. Puis, ajoutez-y la carotte et les oignons en rondelles. Saupoudrez de farine. Mélangez sur feu vif, pour que la farine dore. Couvrez ensuite la viande de vin rouge. Portez à ébullition en mélangeant. Ajoutez sel, poivre, un verre d'eau, ail écrasé, bouquet garni. Couvrez et laissez cuire doucement 2 h environ (50 min en autocuiseur).

2 Faites cuire les pommes de terre épluchées, à l'eau ou à la vapeur, de 25 à 30 min.

3 Disposez la viande dans un plat creux. Arrosez-la avec la sauce passée. Saupoudrez de persil haché. Servez les pommes de terre en même temps.

Mon avis

• J'aime bien laisser les morceaux de viande mariner une nuit entière avant de les cuire ; le bœuf bourguignon a davantage de fumet. Marinade : la quantité de vin rouge indiquée dans la recette, le bouquet garni, l'ail, la carotte et les oignons en rondelles. Pas de sel. Avant la cuisson, j'égoutte la viande, les aromates et je procède exactement selon la recette, en y ajoutant, au moment voulu, carotte, oignons, ail, bouquet garni de la marinade, puis le vin de la marinade et du sel.

VIANDES ET VOLAILLES I FACILE I RAISONNABLE

Préparation et cuisson : 2 h 25. **Cuisson en autocuiseur :** 1 h environ

bœuf mode aux carottes

Pour 4 personnes :

1 morceau de bœuf lardé, 1 kg.
Huile, 2 cuillerées à soupe.
Oignon, 1.
Pied de veau (fendu en deux), 1.
Concentré de tomates, 1 cuillerée à soupe.
Vin blanc sec, 2 verres.
Ail, 1 gousse.
Carottes, 1 kg.
Bouquet garni (persil, thym, laurier).
Sel, poivre.

1 Dans une cocotte, faites chauffer l'huile. Mettez-y la viande à dorer sur toutes les faces, sur feu vif. Ajoutez alors l'oignon et la carotte coupés en rondelles fines, le pied de veau fendu en deux, le concentré de tomates, le vin blanc, 2 verres d'eau, l'ail, le bouquet garni, le sel et le poivre. Couvrez. Laissez cuire 1 h 30 sur feu doux (45 min en autocuiseur environ).

2 Grattez et coupez les carottes en rondelles fines.

3 Lorsque la viande a cuit 1 h 30, ajoutez les carottes dans la cocotte. Faites cuire encore 45 min (15 min en autocuiseur environ).

4 Mettez, dans un plat creux, la viande en tranches et le pied de veau coupé en morceaux, et tout autour les carottes. Arrosez avec le jus de cuisson.

Mon avis

• On larde la viande en la transperçant d'aiguillettes de lard pour la rendre plus moelleuse. C'est le boucher qui se charge de faire cette préparation. Demandez-lui également de fendre le pied de veau en deux.

• Vous pouvez ajouter quelques champignons coupés en lamelles, 15 min avant la fin de la cuisson.

Préparation et cuisson : 1 h

bouchées à la reine

Pour 4 personnes :

Croûtes en pâte feuilletée (toutes préparées), 4.
Ris de veau, 500 g.
Beurre, 30 g.
Carotte, 1 petite.
Oignon, 1.
Vin blanc sec, 1/2 verre.
Champignons de Paris, 100 g.
Citron, 1.
Quenelles de volaille, 1 petite boîte (130 g).
Thym, laurier.
Sel, poivre.

Sauce :

Beurre, 25 g.
Farine, 25 g (1 cuillerée à soupe rase).
Jus de cuisson des champignons + jus de cuisson des ris de veau, 1 verre.
Muscade râpée, 1 pincée.
Sel, poivre.

1 Mettez les ris de veau 2 à 3 h dans de l'eau vinaigrée. Puis placez-les dans une casserole d'eau. Portez lentement à ébullition. Laissez bouillir 2 min. Passez-les sous l'eau froide. Égouttez-les. Retirez-en la graisse et les déchets. Coupez en dés carotte et oignon. Faites-les sauter avec 20 g de beurre. Ajoutez-y les ris de veau, 1 grand verre d'eau, le vin blanc, du thym, du laurier, du sel et du poivre. Couvrez. Laissez cuire très doucement 20 min.

2 Pendant ce temps, ôtez le pied sableux des champignons. Lavez-les. Coupez-les en lamelles. Mettez-les dans une casserole avec une noix de beurre et 1 cuillerée de jus de citron, du sel et du poivre. Couvrez-les tout juste d'eau. Laissez cuire 5 min.

3 Sauce : faites fondre, sur feu doux, le beurre. Ajoutez-y la farine. Délayez sur le feu quelques secondes jusqu'à ce que le mélange devienne mousseux. Ajoutez-y le jus. Mélangez jusqu'à épaississement. Laissez cuire à feu extrêmement doux pendant 8 min.

4 Mélangez la sauce, les ris de veau coupés en dés, les champignons, les quenelles et la muscade râpée. Maintenez au chaud au bain-marie.

5 10 min avant de servir, réchauffez les croûtes au four à 150 °C (th. 5). Remplissez-les ensuite de garniture. Remettez les chapeaux dessus. Servez aussitôt.

Mon avis

• La garniture des bouchées à la reine peut être considérablement simplifiée si vous la préparez sans ris de veau mais plus simplement avec un hachis de jambon, des quenelles et des champignons en boîte, et pourquoi pas une sauce béchamel ou aux champignons, toute prête.

• Le boucher ou le tripier vend parfois les ris de veau tout prêts à cuire ; posez-lui la question.

CHARCUTERIES, TRIPERIES ET ABATS | TRÈS FACILE | CHER

Préparation et cuisson : 25 min

boudins blancs au four

Pour 4 personnes :

Boudins blancs, 500 g (4 portions).

Papier sulfurisé ou aluminium.

1 Préchauffez le four à 230 °C (th. 7-8). Enveloppez chaque boudin dans un rectangle de papier sulfurisé ou d'aluminium, pour les empêcher d'éclater pendant la cuisson. Tournez les deux extrémités du papier en papillotes.

2 Déposez-les sur la grille du four. Laissez-les cuire pendant 20 min environ.

Mon avis

• Le boudin blanc est l'entrée traditionnelle d'un repas de Noël ou d'un réveillon. Mais si votre boudin blanc ne vient pas d'une excellente charcuterie, il risque d'être très ordinaire. Dans ce cas, mieux vaut tourner le dos à la tradition et servir une bonne entrée plus simple.

• Le boudin blanc éclate et se met en bouillie très facilement. Pour limiter les risques, vous pouvez piquer délicatement les boudins avec une aiguille fine, mais pas avec une fourchette qui ferait des trous trop gros. Vous pouvez le faire cuire dans un plat plutôt que sur la grille du four.

Préparation et cuisson : 25 min

boudins noirs au four

Pour 4 personnes :
Boudins noirs, 500 g environ (4 portions).
Moutarde forte.
Papier sulfurisé ou aluminium.

1 Préchauffez le four à 230 °C (th. 7-8). Enveloppez chaque boudin dans un rectangle de papier sulfurisé ou d'aluminium, pour les empêcher d'éclater pendant la cuisson. Tournez les deux extrémités du papier en papillotes.

2 Déposez-les sur un plat à four. Laissez-les cuire pendant 20 min environ. Retournez-les à mi-cuisson. Servez-les avec de la moutarde forte.

Mon avis

• Avec le boudin, servez des pommes de terre – ou des pommes-fruits – sautées ou en purée et une bonne salade. Offrez un vin tout simple, tel qu'un beaujolais, pour accompagner ce plat à la bonne franquette.
• Vous pouvez faire cuire le boudin tel quel mais, sans papier, il n'est pas protégé et risque d'éclater plus facilement dans le four.

Préparation et cuisson : 12 min

boudins noirs sautés

Pour 4 personnes :
Boudins noirs, 500 g environ (4 portions).
Huile, 1 cuillerée à soupe.

Faites chauffer l'huile dans une poêle. Lorsqu'elle est bien chaude, déposez-y les boudins. Laissez-les rissoler sur toutes les faces, sur feu assez vif, puis terminez la cuisson sur feu moyen pendant 7 à 8 min.

Mon avis

• Piquez le boudin avec une aiguille avant de le cuire. Il éclatera moins facilement.
• Des pommes de terre frites ou en purée, des pommes-fruits ou encore des marrons en purée conviennent pour accompagner le boudin.
• À plat de résistance vite fait, légumes vite prêts : pensez à la purée en sachet, aux pommes chips et aux marrons en boîte !

Préparation et cuisson : 1 h

bouillabaisse

Pour 6 à 8 personnes :

Poissons variés et très frais (rougets, vives, rascasses, lotte, congre, merlans, grondins), 2 kg.
Oignons, 3.
Huile, 4 cuillerées à soupe.
Tomates, 3.
Fenouil, 1 petite branche.
Laurier, 1 feuille.
Sarriette (ou thym), 1 brin.
Écorce d'orange, 1 petit morceau.
Safran, 1 g.
Sel, poivre.

Sauce rouille :

Mie de pain, la grosseur d'un œuf.
Lait tiède, 2 verres.
Gousses d'ail, 3 ou 4.
Petits piments forts (frais ou secs), 1 ou 2.
Huile, 12 cuillerées à soupe.
Sel, poivre.

Garniture du bouillon :

Pain, 24 tranches.

1 Videz et lavez rapidement les poissons. Coupez les plus gros en tronçons. Hachez les oignons. Pelez et coupez les tomates.

2 Dans une cocotte, faites chauffer doucement l'huile. Jetez-y les oignons hachés. Laissez-les cuire 5 min sans faire prendre couleur. Ajoutez les poissons. Secouez la cocotte pour qu'ils soient bien imprégnés d'huile. Mettez alors les tomates, le fenouil, le laurier, la sarriette ou le thym, l'écorce d'orange, le safran, du sel et du poivre. Recouvrez le tout d'eau bouillante (elle doit arriver un peu au-dessus des poissons).

3 Faites cuire à gros bouillons, sur feu vif et sans couvrir, de 15 à 20 min.

4 Sauce rouille : faites tremper la mie de pain dans un peu de lait tiède. Une fois imbibée, pressez-la bien. Écrasez au pilon les gousses d'ail et le piment. Ajoutez-y ensuite la mie de pain, puis incorporez l'huile, goutte à goutte. Salez et poivrez. La rouille prend comme une mayonnaise.

5 Mettez les tranches de pain dans une soupière. Versez le bouillon dessus. Servez les poissons à part, dans un plat creux et la rouille dans une saucière.

Mon avis

• La poudre de safran est une épice si rare, si chère, qu'elle se vend par quantités minuscules : à partir de 0,5 g.

• Vous pouvez employer du pain légèrement rassis ou grillé et le frotter d'ail.

• La bouillabaisse ne doit pas attendre. Servez-la aussitôt prête.

• Ceci est une des diverses recettes de bouillabaisse. Les uns y ajoutent des pommes de terre, les autres ôtent la tête des poissons – celle de la rascasse excepté – et préparent, à part, un bouillon de têtes de poissons, lequel sert à « mouiller » la bouillabaisse.

• Pour moi, j'y ajoute un filet de « pastis » : il remplace parfaitement le fenouil. C'est tout à fait dans la note méridionale.

Préparation et cuisson : 50 min

bouillabaisse d'œufs

Pour 4 personnes :

Œufs, 4 ou 8.
Oignon, 1 gros.
Blancs de poireaux, 3.
Huile, 2 cuillerées à soupe.
Tomates, 2.
Pommes de terre, 3.
Fenouil, quelques brins.
Ail, 4 gousses.
Écorce d'orange séchée, 1 morceau.
Biscottes, 4.
Safran, 1/2 g.
Sel, poivre.

1 Hachez finement l'oignon et les blancs de poireaux. Faites revenir le tout dans une grande casserole contenant de l'huile chaude. Ajoutez-y les tomates et les pommes de terre épluchées et coupées en morceaux, les brins de fenouil, 2 gousses d'ail, un morceau d'écorce d'orange, 1,5 l d'eau, le safran, du sel et du poivre. Faites bouillir 30 min.

2 Frottez les biscottes avec les autres gousses d'ail.

3 Versez la soupe à travers une passoire pour séparer le bouillon des légumes. Mettez ceux-ci dans un plat creux, au chaud.

4 Remettez le bouillon à bouillir doucement sur le feu. Faites-y pocher les œufs en les cassant très près du bouillon (voir recette des œufs pochés p. 406). Égouttez-les au bout de 3 à 4 min. Déposez-les sur les légumes.

5 Servez le bouillon dans une soupière où trempent les biscottes et, à part, les légumes et les œufs pochés.

Mon avis

• Le safran est un des aromates les plus chers. Il est vendu en très petite quantité (sachets et petites boîtes de 1 g et même de 0,5 g).
• Chaque convive prend une louche de bouillon, un peu de légumes et un ou deux œufs pochés.
• Voici la recette simplifiée : pour aller plus vite, je prends un potage poireaux-pommes de terre tout prêt. J'y ajoute un peu de concentré de tomates, le safran, 1 ou 2 pincées de graines de fenouil et il ne me reste plus qu'à y faire pocher les œufs. Ce qui demande 10 min au plus.

Préparation et cuisson : 1 h

boulettes de mouton

Pour 4 personnes :

Épaule de mouton désossée, 400 g.
Œuf, 1.
Oignon, 1 gros.
Noix de muscade râpée, 1 pincée.
Farine, 2 cuillerées à soupe environ.
Beurre, 25 g.
Concentré de tomates, 1 petite boîte de 70 g.
Bouillon de viande concentré, 1 tablette.
Sel, poivre.
Riz, 1 paquet de 250 g.

Remarques

Ces boulettes ne doivent être farinées que très légèrement.
Elles dorent dans la poêle mais c'est ensuite, dans la sauce, qu'elles cuiront.
La cuisson peut aussi s'effectuer simplement dans une cocotte couverte, sur feu doux.
L'important, pour obtenir des boulettes bien moelleuses, c'est qu'elles cuisent lentement et régulièrement.

1 Hachez la viande crue et l'oignon. Incorporez-y l'œuf entier, la muscade râpée, du sel et du poivre. Formez-en huit boulettes. Roulez-les dans la farine.

2 Faites chauffer le beurre dans une grande poêle. Mettez-y les boulettes à dorer rapidement sur chaque face.

3 Préchauffez le four à 170 °C (th. 5-6).

4 Pendant ce temps, délayez le concentré de tomates et la tablette de bouillon avec un bol d'eau bouillante. Mettez les boulettes dans un plat à gratin. Versez la sauce à la tomate dessus. Laissez cuire au four pendant 45 min. Arrosez souvent pendant la cuisson. Servez ces boulettes avec du riz cuit nature.

SPÉCIALITÉS | TRÈS FACILE | RAISONNABLE

Préparation et cuisson : 40 min

brochettes d'Afrique du Nord

Pour 4 personnes :

Épaule de mouton coupée en gros dés, 400 g.
Oignons, 2.
Poivron, 1 petit.
Cumin arabe, 1 cuillerée à café.
Huile, 2 cuillerées à soupe.
Thym, quelques feuilles.
Laurier, quelques feuilles.
Sel, poivre.

Matériel :

Piques à brochettes, 4 ou 8.

1 Allumez le grilloir du four (en haut).

2 Mettez les morceaux de mouton dans une terrine. Saupoudrez-les de feuilles de thym, de cumin, du sel et du poivre.

3 Coupez les oignons en huit, le poivron en morceaux, les feuilles de laurier en trois.

4 Enfilez sur les piques, en les intercalant, les morceaux de mouton, de laurier, d'oignons et de poivron. Badigeonnez avec un peu d'huile et déposez les brochettes sur la grille du four, posée elle-même sur la plaque creuse du four (lèchefrite). Mettez sous le grilloir, très près et laissez cuire, porte du four ouverte, de 10 à 15 min. Retournez les brochettes à mi-cuisson.

Mon avis

- On peut cuire ces brochettes au barbecue.
- La lèchefrite placée sous les brochettes est destinée à recueillir la graisse fondue qui s'écoule pendant la cuisson.
- Du riz cuit nature est le meilleur accompagnement pour les brochettes de mouton. Cependant, la semoule est aussi préconisée pour cette recette.
- Pour des brochettes plus économiques, remplacez l'épaule de mouton par des morceaux plus ordinaires. Le boucher peut vous faire profiter de « tombées » de viande avantageuses.

Préparation et cuisson : 30 min. **À mariner :** 2 h avant

brochettes de lotte au lard

Pour 4 personnes :
Lotte, 400 g.
Champignons de Paris, 200 g.
Lard maigre, 125 g.
Citron, 1.
Marinade :
Huile, 1/2 verre.
Citron (jus), 1/2.
Fenouil (facultatif), 1 petite branche.
Thym, 1 brin.
Laurier, 1 feuille.
Sel, poivre.
Matériel :
Piques à brochettes, 4 ou 8.

1 Coupez la lotte en gros dés. Mettez-les dans une terrine avec tous les éléments de la marinade. Laissez mariner 2 h.

2 Coupez le lard en morceaux. Ôtez le pied sableux des champignons. Lavez et coupez les champignons en lamelles épaisses. Préchauffez le four à 230 °C (th. 7-8).

3 Enfilez sur les piques, en les alternant, les morceaux de lotte, de champignons et de lard. Déposez les brochettes sur la grille du four. Glissez dessous la plaque creuse du four (lèchefrite), ou un plat à gratin assez grand. Faites cuire de 10 à 12 min. Servez avec des quartiers de citron.

Mon avis

• N'essayez pas de faire cette préparation avec du poisson quelconque qui se déferait en cuisant. Il faut un poisson à chair ferme tel que la lotte ou, à défaut, de la daurade ; même celle-ci est assez fragile. Essayez quand même.
• Vous pouvez aussi faire cuire les brochettes directement sous le grilloir du four ou, à l'air libre, sur un barbecue.
• Vous pouvez également embrocher des petites tomates cerises, des morceaux de poivrons, des feuilles de laurier, etc.

Préparation et cuisson : 30 min

brocolis au roquefort

Pour 4 personnes :
Brocolis, 2 bouquets.
Crème fraîche, 10 cl.
Lait, 2 cuillerées à soupe.
Roquefort ou bleu, 60 g.
Sel, poivre.

1 Défaites le bouquet de chaque brocoli. Épluchez le pied et coupez-le en petits morceaux.

2 Cuisez les brocolis 15 min environ dans une grande quantité d'eau bouillante salée.

3 Versez la crème dans une casserole. Émiettez dedans le roquefort. Ajoutez le lait (ou de l'eau). Faites cuire sur feu moyen quelques minutes, le temps que le roquefort soit complètement dissous dans la crème. Égouttez les brocolis. Mettez-les dans un plat avec la sauce. Mélangez et servez.

Mon avis

• Certains jettent le pied du brocoli, ce qui représente une grosse perte. C'est dommage, car le pied est aussi très bon, surtout dans cette sauce goûteuse.
• Le brocoli peut rester un peu ferme. Moins il cuit, plus il garde sa belle couleur verte. Pour préserver couleur et vitamines, égouttez-le immédiatement après cuisson.
• Parsemez éventuellement de pignons dorés à sec dans une poêle.

DESSERTS I TRÈS FACILE I BON MARCHÉ
Préparation : 30 min

bûche de Noël aux marrons

Pour 4 personnes :
Purée de marrons non sucrée, 1 boîte de 500 g.
Chocolat noir, 125 g.
Sucre glace, 100 g.
Beurre, 100 g.
De l'aluminium ou du papier sulfurisé

1 Dans une grande casserole à fond antiadhésif, faites fondre le chocolat en morceaux, sur feu doux. Incorporez-y 75 g de sucre glace, le beurre ramolli en crème et la purée de marrons. Travaillez bien avec une cuiller en bois, sur feu doux, pendant quelques minutes, jusqu'à ce que le mélange soit bien homogène.

2 Versez cette pâte sur un carré de papier sulfurisé ou d'aluminium. Roulez en forme de bûche. Mettez à durcir un peu, au froid (dans le freezer même de votre réfrigérateur, pour gagner du temps).

3 Disposez cette bûche sur un plat. Lissez-la avec la lame d'un couteau trempée dans l'eau chaude. Imitez l'écorce en grattant la bûche avec une fourchette. Saupoudrez-la de sucre-glace pour l'effet enneigé.

Mon avis

- Si vous faites réchauffer légèrement la purée de marrons, à part, vous la mélangerez plus facilement aux autres ingrédients. Faire fondre le chocolat au micro-ondes, dans un bol, donne de meilleurs résultats.
- Avec du sucre glace, on obtient une pâte plus lisse qu'avec du sucre en poudre ordinaire.
- Pour les réceptions de fin d'année, vous pouvez décorer la bûche avec des petits objets de Noël. Mais, en dehors de cette période, moulez ce gâteau dans un moule rond, tout simplement.
- Voici une vraie recette pour débutante : elle ne pose aucun problème, elle n'est pas chère, elle est vite faite, elle ne demande même aucune cuisson. Et en plus, cette bûche est excellente !

SPÉCIALITÉS I TRÈS FACILE I RAISONNABLE

Préparation et cuisson : 1 h

cabillaud à l'indienne

Pour 4 personnes :

Cabillaud, 4 tranches (800 g).
Tomates, 2.
Oignons, 2.
Beurre, 30 g.
Ail, 1 gousse.
Curry, 1 ou 2 cuillerées à café.
Vin blanc sec, 1/2 verre.
Persil.
Sel, poivre.
Riz, 250 g.

1 Plongez les tomates 1 min dans l'eau bouillante pour les peler plus facilement. Coupez-les en deux. Préchauffez le four à 170 °C (th. 5-6).

2 Enduisez un plat à four de beurre. Mettez-y les morceaux de tomates, les oignons et le persil hachés et la gousse d'ail écrasée. Saupoudrez de curry. Mélangez. Déposez dessus les tranches de poisson, salez, poivrez et versez le vin blanc. Parsemez de noisettes de beurre. Faites cuire environ 30 min.

3 Faites cuire le riz, dans beaucoup d'eau bouillante salée, le temps indiqué sur l'emballage. Égouttez-le aussitôt cuit. Servez-le, à part, en même temps que le poisson.

Mon avis

- Le cabillaud est de la morue fraîche. Sa chair, assez fade, demande à être bien relevée.
- Le curry peut être piquant ou doux (non pimenté). Mettez-en avec modération et goûtez avant de rectifier l'assaisonnement.

DESSERTS I FACILE I RAISONNABLE

Préparation : 25 min. **À l'avance** : 1 h

café ou chocolat liégeois

Pour 4 personnes :

Glace au chocolat, 4 portions.

Crème Chantilly :

Crème fraîche liquide, 10 cl.

Sucre vanillé, 1 sachet.

1 1 h au moins avant de l'utiliser, mettez la crème fraîche dans un bol et placez-le dans le réfrigérateur.

2 Crème Chantilly : dans une terrine très froide, fouettez la crème jusqu'à obtenir la bonne consistance. Ajoutez-y le sucre vanillé. Battez avec un fouet électrique ou un fouet à longues branches de préférence, sur un rythme assez lent de façon à incorporer le plus d'air possible dans la crème. Dès qu'elle est mousseuse et tient aux branches du fouet, cessez immédiatement de la battre, car elle tournerait vite en beurre. Conservez au frais.

3 Au moment de servir, tassez la glace dans quatre verres profonds ou dans des coupes. Couvrez avec de la crème Chantilly et servez aussitôt.

Mon avis

• La crème fraîche liquide (parfois appelée « fleurette ») permet de réussir sa chantilly à coup sûr. Cependant, si vous utilisez de la crème épaisse, allongez-la de 1 à 2 cuillerées de lait froid et mettez-la à refroidir fortement avant de la battre.

• Pour le chocolat liégeois, versez au fond du verre un peu de nappage chocolat tout préparé.

• Le café liégeois est une boisson glacée surmontée de crème Chantilly. Il est préparé avec :

- 25 cl de café très fort
- 25 cl de lait
- 200 g de sucre en poudre
- 12 cl de crème fraîche que l'on mélange et qu'on met à refroidir fortement dans le réfrigérateur.

Toutefois vous pouvez le préparer, comme sur la photo, avec de la glace au café.

Préparation et cuisson : 40 min

cailles rôties

Pour 4 personnes :

Cailles (prêt-à-cuire), 4.
Beurre, 25 g.
Cognac, 1 ou 2 verres à liqueur.
Sel, poivre.

1 Préchauffez le four à 230 °C (th. 7-8).

2 Faites chauffer 25 g de beurre dans une cocotte. Faites-y dorer les cailles sur toutes les faces. Salez et poivrez. Mettez ensuite la cocotte, non couverte, dans le four bien chaud. Laissez cuire de 20 à 25 min.

3 Disposez-les dans un plat chaud. Remettez la cocotte sur le feu. Versez dedans le cognac. Faites flamber sur feu vif. Versez sur les cailles et servez aussitôt.

Mon avis

- On peut entourer les oiseaux d'une barde de lard.
- Vous pouvez les faire cuire dans une cocotte, sur le feu, sans les mettre au four. Dans ce cas, couvrez à demi ; le temps de cuisson est à peu près le même.

DESSERTS | FACILE | RAISONNABLE

Préparation et cuisson : 1 h 30

cake aux fruits confits

Pour 4 personnes :

Sucre en poudre, 125 g (7 à 8 cuillerées à soupe).
Beurre, 125 g.
Farine, 200 g (7 cuillerées à soupe très pleines).
Œufs, 3.
Fruits confits hachés, 100 g.
Raisins secs, 100 g.
Rhum, 1 cuillerée à soupe.
Sel, 1 pincée.
Levure en poudre, 1/2 sachet.

1 Préchauffez le four à 200 °C (th. 6-7).

2 Dans un saladier, travaillez énergiquement le beurre ramolli mais non fondu, avec le sucre en poudre. Lorsque le mélange est crémeux, ajoutez-y, un par un, les œufs entiers, en mélangeant vigoureusement entre chaque œuf. Si le mélange granule, ne vous inquiétez pas. Incorporez-y ensuite rapidement, sans trop travailler la pâte, la farine, la levure, le sel, le rhum, les raisins et les fruits confits.

3 Tapissez de papier l'intérieur d'un moule à cake (d'environ 25 cm de long). Enduisez-le de beurre. Versez-y la pâte.

4 Faites cuire 1 h au four. Au bout de 20 min environ, le cake a gonflé ; fendez-le légèrement en longueur et réduisez la chaleur du four à 100 °C (th. 3-4) et prolongez la cuisson de 40 min (soit 1 h de cuisson au total).

Mon avis

Les fruits ne tomberont pas au fond du cake :
- si la pâte est bien ferme ;
- si le four est bien chaud quand vous y mettez le cake ; vous réduirez la chaleur après les premières 20 min ;
- si vous prenez la précaution – supplémentaire mais pas indispensable – de rouler les fruits dans la farine avant de les incorporer à la pâte, juste au moment de verser dans le moule. Pour s'assurer que le gâteau est assez cuit, piquez un couteau jusqu'au fond : il doit en ressortir sec.

Préparation et cuisson : 1 h 15

cake salé aux olives et au parmesan

Pour 4 personnes :

Farine, 250 g.
Parmesan râpé, 100 g.
Œufs, 5.
Levure chimique, 1/2 sachet.
Beurre, 150 g.
Vin blanc, 1/2 verre à moutarde (7 cl).
Grosses olives dénoyautées, 180 g.
Sel, poivre.

Matériel :

1 moule à cake de 25 cm de long

1 Préchauffez le four à 200 °C (th. 6-7). Mélangez intimement la farine et la levure, puis les œufs entiers.

2 Incorporez rapidement le vin blanc et le beurre juste fondu avec une cuiller en bois ; battez vigoureusement mais pas trop longtemps.

3 Sur la planche, coupez en rondelles les olives dénoyautées. Ajoutez-les au mélange précédent ainsi que le parmesan, une pincée de sel (les olives et le parmesan étant déjà salés) et le poivre.

4 Versez dans le moule à cake beurré, glissez dans le four très chaud pendant 15 min. Quand le cake est déjà bien gonflé, modérez la température du four à 150 °C (th. 5). Laissez cuire 45 min supplémentaires (vérifiez la cuisson en appuyant le doigt à la surface du cake). Démoulez et laissez refroidir sur une grille.

Mon avis

- On peut ajouter un peu de curcuma pour apporter une coloration originale à ce cake.
- Choisissez des olives peu salées.

VIANDES ET VOLAILLES I FACILE I CHER

Préparation et cuisson : 1 h 10

canard aux olives

Pour 4 personnes :

Canard, 1,5 kg.
Beurre, 40 g.
Farine, 1 cuillerée à café.
Vin blanc sec, 1 verre.
Bouillon de poulet concentré, 1 tablette.
Olives vertes, 200 g.
Bouquet garni (persil, thym, laurier).
Sel, poivre.

1 Faites bien chauffer le beurre dans une cocotte. Mettez-y le canard à revenir. Lorsqu'il est bien doré sur toutes les faces, retirez-le de la cocotte.

2 À la place, mettez la farine. Mélangez un instant sur le feu. Ajoutez-y le vin blanc, 1 verre d'eau et la tablette de bouillon de poulet concentré. Remuez jusqu'à ébullition avec une cuiller en bois. Replacez le canard dans la cocotte avec le bouquet garni, du poivre et très peu de sel. Couvrez et laissez mijoter environ 1 h.

3 Pendant ce temps, plongez les olives dans une casserole d'eau froide. Portez à ébullition quelques instants. Égouttez-les. Ajoutez-les au canard. Servez dans un grand plat chaud, entouré d'olives et recouvert de sauce (sans bouquet garni).

Mon avis

• Le canard ne revient pas très cher à l'achat mais laisse beaucoup de déchets. Tenez-en compte.
• Il vaut mieux dénoyauter les olives avant de les ébouillanter. À défaut de dénoyauteur spécial, utilisez un couteau pointu et taillez, tout autour du noyau, un ruban en spirale, comme si vous épluchiez une orange. L'olive se reforme ensuite à peu près d'elle-même.

Préparation et cuisson : 1 h 50

canard braisé à l'orange

Pour 4 personnes :
Canard, 1,5 kg.
Beurre, 30 g.
Oranges, 3.
Citron (jus), 1/2.
Liqueur de curaçao, 2 verres.
Persil.
Sel, poivre.
Fond de sauce :
Abattis du canard.
Beurre, 25 g.
Oignon, 1.
Carotte, 1.
Vin blanc sec, 2 verres.
Bouquet garni (persil, thym, laurier).
Fécule, 1 cuillerée à soupe rase.
Gelée de groseilles, 2 cuillerées à soupe.
Sel, poivre.

1 Fond de sauce : à l'avance, faites roussir les abattis et l'oignon haché avec le beurre. Puis ajoutez le vin blanc, 1 verre d'eau, la carotte coupée en rondelles, le bouquet garni, du sel et du poivre. Laissez bouillir 1 h, très doucement, sans couvrir.

2 Dans une cocotte, faites revenir le canard sur toutes les faces avec le beurre, sur feu assez vif. Salez, poivrez. Versez dessus le fond de sauce passé. Laissez mijoter doucement 50 min.

3 Coupez le zeste d'une orange en très fins bâtonnets. Mettez-les à blanchir dans une petite casserole d'eau froide. Portez à ébullition. Égouttez. Laissez macérer avec 1 verre de curaçao. Pelez les autres oranges à vif et coupez-les en rondelles.

4 Retirez le canard cuit de la cocotte. Déposez-le dans un plat tenu au chaud dans le four. À l'aide d'une cuiller, dégraissez bien la surface du jus resté dans la cocotte. Faites bouillir, sur feu vif, pendant quelques minutes, pour le faire réduire.

5 Pendant ce temps, délayez la fécule, la gelée de groseilles et le second verre de curaçao. Avec un fouet, incorporez le tout au jus resté dans la cocotte. Ajoutez le jus de citron, les tranches et zestes d'orange et le curaçao de macération. Laissez bouillir en remuant vivement 2 ou 3 min.

6 Découpez le canard. Présentez-le garni de sauce et d'oranges.

Remarques :

Couper à vif, c'est ne retenir que la pulpe du fruit (orange ou citron), en le débarrassant de la membrane blanche, au goût acre, qui l'entoure. C'est également pour adoucir la saveur d'un zeste (peau d'agrume) qu'on le fait blanchir 1 ou 2 min dans de l'eau en ébullition.

Mon avis

- En fait, cette recette est plus impressionnante quand on la lit que lorsqu'on l'exécute. La première opération (décrite dans le paragraphe 1) n'est ni difficile ni longue, mais elle est très utile car la qualité de votre sauce en dépend.
- Pour servir le canard, simplifiez-vous la tâche : découpez-le en quatre avec un grand couteau hachoir. Ce n'est que pour les très gros canards que vous découperez de fines aiguillettes dans toute la longueur des filets, le long du bréchet (os qui sépare la poitrine en deux, dans le sens de la longueur).
- Pour accompagner : des pommes chips ou, des pommes dauphine. À la rigueur, du riz nature ou des pommes de terre vapeur.

Préparation et cuisson : 2 h. **Fond de sauce :** la veille ou 1 h à l'avance

canard braisé aux navets

Pour 4 personnes :
Canard plumé et vidé, 1.
Beurre, 30 g.
Petits navets ronds, 1 kg.
Petits oignons blancs, 150 g.
Sel, poivre.
Fond de sauce :
Abattis du canard (cou, ailerons, gésier).
Beurre, 25 g.
Oignon, 1 petit.
Carotte, 1 petite.
Vin blanc sec, 1 verre.
Bouquet garni (persil, thym, laurier).
Sel, poivre.

1 La veille ou 1 h à l'avance, préparez le fond de sauce : faites bien revenir les abattis du canard et l'oignon haché avec 25 g de beurre. Ajoutez-y la carotte en rondelles, le vin blanc, 2 verres d'eau, le bouquet garni, du sel et du poivre. Laissez frémir, sans couvrir, pendant 1 h.

2 Faites revenir le canard dans une cocotte avec 30 g de beurre. Lorsqu'il est bien doré sur toutes les faces, salez, poivrez, et versez dessus le fond de sauce passé. Couvrez et laissez mijoter 10 min sur feu doux.

3 Épluchez les oignons et les navets. Coupez-les en morceaux réguliers. Mettez-les dans la cocotte avec le canard. Faites cuire, à couvert, de 40 à 50 min.

Mon avis

• Le bec d'un canard tendre fléchit facilement sous le doigt. Son bréchet est souple.
• Si le canard a rendu beaucoup de graisse, retirez-la avant d'ajouter le fond de sauce.
• Si vous n'utilisez pas de navets et d'oignons nouveaux, faites-les blanchir avant de les ajouter dans la cocotte. Pour cela, plongez-les dans de l'eau en ébullition. Laissez-les bouillir 5 min et égouttez-les avec soin.
• Le fond de sauce peut être préparé la veille et conservé au réfrigérateur.

Préparation et cuisson : 1 h 15

caneton rôti sur canapé

Pour 2 personnes :
Caneton, 1.
Beurre, 75 g.
Vin blanc, 1/2 verre.
Pain de mie, 4 tranches.
Échalote hachée, 1 grosse.
Sel, poivre.

1 Préchauffez le four à 200 °C (th. 6-7). Faites chauffer 30 g de beurre dans une cocotte. Mettez-y le caneton à revenir. Lorsqu'il est bien doré sur toutes les faces, salez-le et poivrez-le. Mettez la cocotte dans le four sans la couvrir. Laissez cuire doucement de 40 à 45 min, en arrosant souvent.

2 Pendant ce temps, laissez revenir très légèrement l'échalote hachée avec une noix de beurre. Salez et poivrez bien. Puis malaxez avec un bon morceau de beurre. Étalez sur les tranches de pain de mie préalablement grillées. Tenez-les au chaud.

3 Découpez le caneton en quatre. Maintenez les morceaux au chaud dans le four. Ôtez la graisse de la cocotte. À la place, délayez-y, sur feu vif, le vin blanc.

4 Présentez chaque part de caneton sur un canapé, avec la sauce à part.

Mon avis

Prenez garde à ce que l'échalote ne brûle pas car cela communiquerait un goût amer à la sauce.

DESSERTS I TRÈS FACILE I RAISONNABLE

Préparation et cuisson : 15 min. **Refroidissement :** 30 min

caramels au chocolat

Pour 40 à 50 caramels :

Chocolat noir corsé de couverture (type Valhrona), 100 g.
Sucre, 100 g.
Miel, 100 g.
Beurre, 50 g.
Huile.

Pour servir :

1 couvercle de boîte ou, mieux, 1 moule à gâteau antiadhésif.
Papier sulfurisé.

1 Dans une casserole (de préférence à revêtement antiadhésif), mettez le chocolat cassé, le sucre, le miel et le beurre.
Faites chauffer et laissez cuire à très petit feu pendant 10 min.
Mélangez de temps en temps.

2 Graissez généreusement le couvercle ou le moule avec un tampon imbibé d'huile. Versez le caramel chaud dedans.

3 Quand le caramel est suffisamment tiédi mais encore souple (30 min environ), démoulez-le en vous aidant pour le décoller d'un couteau à bout rond ou d'une spatule adaptée aux moules antiadhésifs.

4 Posez la plaque obtenue sur une planche à découper, ou marbre.
À l'aide d'un grand couteau, marquez très profondément les séparations.
Laissez durcir avant de détacher les caramels. Enveloppez-les dans des carrés de papier sulfurisé pliés ou tortillés aux extrémités (évitez le papier aluminium qui a tendance à adhérer au caramel).

Mon avis

Si vous craignez de voir les caramels coller obstinément, utilisez des ustensiles à revêtement antiadhésif (casserole et moule). Ils facilitent bien le travail.

CRUDITÉS ET LÉGUMES I FACILE I BON MARCHÉ

Préparation et cuisson : 1 h 20. **Cuisson en autocuiseur :** 25 min

carottes braisées aux oignons

Pour 4 personnes :

Carottes, 1 kg.
Petits oignons blancs, 250 g.
Beurre, 50 g.
Ail, 1 ou 2 gousses.
Bouquet garni (persil, thym, laurier).
Persil haché.
Sel, poivre.

1 Grattez et lavez les carottes. Coupez-les en rondelles minces. Épluchez les petits oignons.

2 Dans une cocotte, faites chauffer modérément le beurre. Mettez-y les carottes et les oignons. Laissez-les revenir quelques minutes en mélangeant avec une cuiller en bois. Ajoutez-y l'ail, le bouquet garni, du sel et du poivre. Couvrez la cocotte avec une assiette creuse remplie d'eau froide. Laissez cuire sur feu très doux environ 1 h. Renouvelez l'eau de l'assiette plusieurs fois au cours de la cuisson.

3 Présentez-les dans un plat creux, après les avoir parsemées de persil fraîchement haché.

Mon avis

• Ajoutez 1 cuillerée à soupe d'eau dans la cocotte si, par suite d'un feu trop vif, les carottes commençaient à attacher.
• Les carottes cuisent très bien, et sans surveillance, dans un autocuiseur ou au micro-ondes.
• À la fin de la cuisson, vous pouvez ajouter 1 ou 2 cuillerées de crème fraîche aux carottes et mettre du cerfeuil ou de la coriandre ou même du cumin, pour changer.

Préparation et cuisson : 1 h

carottes Vichy

Pour 4 personnes :

Carottes, 1 kg.
Beurre, 50 g.
Eau de Vichy (ou eau ordinaire), 1/2 litre environ.
Sucre, 1 cuillerée à café.
Persil.
Sel.

1 Grattez et lavez les carottes. Coupez-les en rondelles minces.

2 Mettez-les dans une casserole avec le beurre, le sucre, du sel et assez d'eau pour que les carottes soient juste recouvertes. Couvrez et faites cuire sur feu très doux jusqu'à évaporation presque complète du liquide (de 30 à 45 min environ, suivant les carottes).

3 Disposez les carottes dans un plat creux. Parsemez-les de persil haché.

Mon avis

• Si vous utilisez de vieilles carottes, faites-les blanchir avant la cuisson ; autrement dit, plongez-les dans de l'eau en ébullition et laissez-les bouillir 10 min puis égouttez-les.

• Il va de soi que les carottes Vichy « devraient » se préparer à l'eau de Vichy... mais c'est rarement le cas chez moi ! Les carottes Vichy sont très rafraîchissantes même cuites avec un peu d'eau du robinet.

Préparation et cuisson : 30 min

carrelets frits

Pour 4 personnes :

Carrelets, 4 petits.

Farine, 3 cuillerées à soupe.

Citron, 1.

Huile de friture.

Sel, poivre.

1 Mettez la bassine à friture sur le feu.

2 Essuyez parfaitement les poissons vidés. Salez-les et poivrez-les. Puis, farinez-les légèrement pour qu'ils soient recouverts entièrement d'une fine pellicule de farine.

3 Plongez-les, deux par deux, dans la friture chaude, mais non fumante. Faites-les cuire de 4 à 5 min, suivant l'épaisseur. Égouttez-les sur du papier absorbant et servez-les très chaud avec des quartiers de citron.

Mon avis

• Carrelet = plie.

• Demandez au poissonnier de nettoyer et de vider les carrelets.

Si vous les préparez vous-même, procédez comme pour tous les poissons plats : videz-les et lavez-les. Coupez-en les nageoires, de chaque côté, avec une paire de ciseaux.

CRUDITÉS ET LÉGUMES I TRÈS FACILE I BON MARCHÉ

Préparation : 15 min

céleri en anchoïade

Pour 4 personnes :

Céleri en branches, 1 cœur.
Filets d'anchois au sel ou à l'huile, 12.
Huile d'olive, 1/2 verre environ.
Vinaigre, quelques gouttes.
Poivre.

1 Détachez les branches tendres d'un cœur de céleri. Grattez-les bien pour en ôter les fils. Lavez-les et épongez-les soigneusement. Disposez-les dans un grand verre ou dans un ravier.

2 Retirez les arêtes des filets d'anchois. Écrasez ceux-ci avec une fourchette ou mieux, avec une moulinette. Incorporez-y peu à peu l'huile, le vinaigre et du poivre. Servez cette purée dans une petite coupe. Chaque convive en prendra une cuillerée pour y tremper son céleri.

Mon avis

- Si vous utilisez des anchois au sel, nettoyez-les et faites-les dessaler quelques minutes dans beaucoup d'eau. Épongez-les et préparez-les ensuite selon la recette.
- Toutes les crudités peuvent se servir en anchoïade : sommités de chou-fleur cru, carottes, concombres, champignons de Paris, petits artichauts poivrade...

Préparation : 20 min

céleri rémoulade

Pour 4 personnes :

Céleri-rave, 400 g.

Citron (facultatif), 1/2.

Rémoulade :

Jaune d'œuf, 1.

Huile de tournesol, 25 cl environ.

Vinaigre, 1 cuillerée à soupe.

Moutarde forte, 1 cuillerée à soupe.

Sel, poivre.

1 Épluchez le céleri. Râpez-le pas trop fin. Arrosez-le tout de suite de jus de citron, si vous voulez qu'il reste blanc.

2 Rémoulade : mettez le jaune d'œuf et la moutarde dans un bol. Incorporez-y peu à peu l'huile en la versant en filet et sans cesser de fouetter. Ajoutez en dernier le vinaigre, du sel et du poivre.

3 Mélangez céleri et sauce avant de servir.

Mon avis

• Cognez le céleri avec le doigt avant de l'acheter – il doit sonner « plein » – ou soupesez-le : s'il est lourd pour un petit volume, c'est qu'il n'est pas creux. Si vous plongez le céleri 1 min dans de l'eau en ébullition, il s'attendrira et perdra le goût fort que certains lui reprochent.

• Pour obtenir un céleri rémoulade un peu confit, assaisonnez-le 1 ou 2 h à l'avance.

• Je recommande l'huile de tournesol pour la mayonnaise qui pourra ainsi être conservée au réfrigérateur sans tourner. Tous les éléments de la sauce doivent être à la même température sinon gare aux accidents ! Pour simplifier, vous pouvez utiliser de la mayonnaise toute préparée et y mélanger une bonne cuillerée à soupe de moutarde forte.

CRUDITÉS ET LÉGUMES | FACILE | BON MARCHÉ

Préparation et cuisson : 1 h 30

céleri-branche braisé

Pour 4 personnes :

Céleri-branche, 2 pieds (1 kg environ).

Gros sel, poivre.

Sauce :

Carotte, 1.

Oignon, 1.

Beurre, 30 g.

Farine, 1 cuillerée à café bombée.

Concentré de tomates, 1 cuillerée à café.

Bouillon concentré, 1 tablette.

1 Sauce : épluchez et coupez en dés la carotte et l'oignon. Faites-les dorer dans une cocotte avec le beurre. Saupoudrez-les de farine. Mélangez bien sur le feu. Ajoutez-y le concentré de tomates, la tablette de bouillon délayée avec 75 cl d'eau chaude. Remuez jusqu'à ébullition. Laissez mijoter, sans couvrir, sur feu très doux, pendant 45 min environ, afin de faire réduire de moitié.

2 Mettez à bouillir une casserole d'eau salée. Épluchez les pieds de céleri. Grattez-les pour en ôter les fils extérieurs. Faites-les cuire 10 min dans la casserole d'eau bouillante. Égouttez-les soigneusement. Fendez-les en deux.

3 Mettez le céleri dans la cocotte où mijote la sauce. Salez et poivrez modérément. Couvrez et laissez cuire à feu doux pendant 45 min.

Mon avis

- Cette recette est particulièrement recommandée pour accompagner un rôti de veau ou un rosbif, éventuellement avec des copeaux de parmesan.
- Pour gagner du temps, pensez au céleri-branche en conserve. Il est excellent et vous évite la corvée d'épluchage et toute la cuisson préalable. Il ne reste plus qu'à le faire mijoter 15 min dans la sauce.

CRUDITÉS ET LÉGUMES I TRÈS FACILE I BON MARCHÉ

Préparation et cuisson : 35 min

céleri-rave gratiné au fromage

Pour 4 personnes :

Céleri-rave, 1 boule.

Beurre, 30 g.

Gruyère râpé, 125 g.

Sel.

1 Pelez le céleri, coupez-le en deux moitiés, puis en tranches de 1,5 cm d'épaisseur. Mettez-les dans l'eau froide salée et faites-les bouillir de 20 à 30 min.

2 Préchauffez le four à 230 °C (th. 7-8). Égouttez le céleri. Beurrez un plat à feu avant d'y disposer, par couches, du céleri, du gruyère râpé et du céleri ; terminez par du gruyère râpé et quelques noisettes de beurre. Faites gratiner en haut du four ou sous le grilloir, pendant 5 à 10 min.

Mon avis

• Un bon céleri-rave est lourd et plein. Cognez-le avec le doigt, comme à une porte : il ne doit pas sonner creux.

• Servez-le en entrée ou en garniture d'une viande blanche (escalope, poulet, rôti de porc…).

CRUDITÉS ET LÉGUMES I FACILE I CHER

Préparation et cuisson : 20 min

cèpes à la bordelaise

Pour 4 personnes :

Cèpes, 750 g.
Vinaigre.
Huile, 4 cuillerées à soupe environ.
Échalotes, 2.
Pain rassis émietté, 1 cuillerée à soupe.
Citron, 1/2.
Persil.
Sel, poivre.

1 Retirez la partie terreuse des cèpes. Lavez-les rapidement à l'eau vinaigrée. Égouttez-les et essuyez-les aussitôt. Coupez-les en lamelles. Hachez les échalotes et le persil.

2 Dans une poêle contenant de l'huile bien chaude, faites rissoler les cèpes sur feu assez vif.

3 Ajoutez alors les échalotes hachées, le pain rassis émietté, du sel et du poivre. Laissez cuire le tout 5 min sur feu moyen.

4 Avant de servir, aspergez de jus de citron et parsemez de persil haché.

Mon avis

• Pour que mon plat de cèpes soit plus économique, j'y ajoute des pommes de terre, préalablement cuites à l'eau, que je fais sauter à part dans une poêle.

• Si les cèpes sont destinés à garnir un plat de viande, 400 à 500 g suffiront.

• Une idée de variante : dans le Sud-Ouest, c'est souvent l'ail qui remplace l'échalote.

Préparation et cuisson : 40 min

cervelle maître-d'hôtel

Pour 4 personnes :

Cervelles de veau, 2.

Vinaigre, 2 cuillerées à soupe.

Beurre, 100 g.

Persil haché, 2 cuillerées à soupe.

Bouquet garni (persil, thym, laurier).

Sel, poivre.

Remarques

L'eau de cuisson des cervelles ne doit pas bouillir, mais seulement « frissonner » ; la cervelle cuite à gros bouillons se désagrège, perd la consistance à la fois ferme et moelleuse qui lui donne tout son prix. Le vinaigre du court-bouillon l'empêche de devenir grisâtre en cuisant.

1 Laissez baigner les cervelles 15 min dans de l'eau froide vinaigrée. Puis, avec les doigts, en les maintenant sous l'eau du robinet, ôtez la membrane et les filaments qui les entourent.

2 Faites chauffer une casserole d'eau avec du sel, le bouquet garni et un filet de vinaigre. Quand elle commence à bouillir, plongez-y complètement les cervelles. Modérez la chaleur et laissez frémir, sans bouillir, de 15 à 20 min. Elles refroidiront complètement dans le bouillon de cuisson. Égouttez-les soigneusement. Déposez-les sur un plat chaud. Aspergez de jus de citron et parsemez de persil haché.

3 Faites fondre le beurre. Versez-le bien chaud sur les cervelles et servez aussitôt.

Mon avis

- Il est déconseillé de laisser tremper les cervelles trop longtemps car elles risqueraient de s'abîmer.
- Si vous le lui demandez gentiment, le tripier acceptera probablement de nettoyer la cervelle que vous lui achetez.
- Si vous préparez des cervelles d'agneau ou de porc (comptez-en une par personne). Le temps de cuisson est plus court de 5 min environ.
- Variante à la « grenobloise » : coupez les cervelles froides en tranches pas trop fines. Farinez-les, dorez-les au beurre, arrosez-les de jus de citron, parsemez-les de câpres, de dés de pain frits et de persil.

Préparation et cuisson : 30 min. **Réfrigération :** 2 à 3 h

champignons à la grecque

Pour 4 personnes :

Petits champignons de Paris, 500 g.
Petits oignons, 10.
Vin blanc sec, 5 cuillerées à soupe.
Citrons, 2.
Fenouil, 1 petite branche.
Céleri, 1 brin.
Coriandre, 12 grains.
Laurier, 1 feuille.
Thym, 1 brin.
Sucre, 2 morceaux.
Grains de poivre, 10.
Huile, 5 cuillerées à soupe.
Sel.

1 Dans une casserole, faites bouillir, pendant une dizaine de minutes, 25 cl d'eau, le vin blanc, le jus des citrons, le fenouil, le céleri, la coriandre, le laurier, le thym, le sucre, le poivre et du sel.

2 Pendant ce temps, coupez le pied sableux des champignons, lavez-les rapidement. Épluchez les oignons. Mettez-les dans la casserole avec l'huile. Couvrez et laissez bouillir doucement de 6 à 8 min. Servez très frais.

Mon avis

• Si vous n'aimez pas retrouver les aromates dans les champignons à la grecque, enfermez fenouil, céleri, coriandre, laurier, thym et poivre dans un morceau de linge fin et nouez-le bien. Retirez-le avant de servir.
• Le sucre adoucit un peu le bouillon de cuisson des champignons, assez acide à cause du citron.
• Si les champignons et les oignons sont trop gros, coupez-les en quatre : c'est moins joli mais plus pratique.

Préparation et cuisson : 1 h 15

champignons farcis

Pour 4 personnes :

Champignons de Paris, 16 gros (de 500 à 750 g).
Ail, 5 gousses.
Persil ou ciboulette, 1 gros bouquet.
Biscottes, 2.
Lait, 1/2 tasse à thé.
Beurre, 30 g.
Poivre de Cayenne, 1 pointe de couteau.
Sel, poivre.

1 Coupez la partie sableuse des champignons. Lavez-les rapidement. Détachez les queues des têtes. Hachez ensemble les queues des champignons, les gousses d'ail et le persil. Trempez les biscottes dans le lait tiède. Égouttez-les et écrasez-les avec une fourchette en éliminant au besoin l'excédent de lait. Incorporez-les au hachis avec le poivre de Cayenne, du sel et du poivre ordinaire.

2 Préchauffez le four à 170 °C (th. 5-6). Remplissez de ce mélange les têtes des champignons. Mettez-les dans un plat à feu bien beurré. Déposez sur chacune 1 noisette de beurre et faites cuire au four de 30 à 45 min, suivant la grosseur des champignons.

Mon avis

• Arrachez délicatement la queue des champignons de façon à bien dégager l'intérieur du chapeau. Vous pourrez ainsi y tasser la farce plus facilement.

• Variante : vous pouvez farcir les champignons avec un reste de viande cuite, hachée et mélangée avec un peu d'ail, de biscottes et de fines herbes, si possible. La viande hachée seule donnerait une farce trop compacte.

Préparation et cuisson : 15 min

champignons sautés aux fines herbes

Pour 4 personnes :

Champignons de Paris, 750 g.
Beurre, 50 g.
Citron, 1/2.
Persil, ciboulette, cerfeuil.
Sel, poivre.

1 Ôtez le pied sableux des champignons. Lavez ceux-ci rapidement puis égouttez-les. Coupez-les en lamelles.

2 Dans une grande poêle, faites chauffer modérément le beurre. Faites-y sauter les champignons sur feu vif pendant 5 ou 6 min. Salez et poivrez. Aspergez-les de jus de citron, dès le début de la cuisson, pour qu'ils noircissent moins.

3 Avant de les servir, parsemez les champignons de fines herbes hachées.

Mon avis

Dans la poêle, en même temps que les champignons, je mets un petit morceau d'ail – ou davantage – haché finement. Les amateurs de cuisine parfumée l'apprécient. D'autres champignons, les girolles par exemple, peuvent s'accommoder de la même manière.

Préparation et cuisson : 30 min. **Repos au frais :** plusieurs heures

charlotte au chocolat

Pour 4 personnes :

Biscuits à la cuiller, 125 g.
Liqueur d'orange ou rhum, 1 petit verre.
Chocolat fin à croquer, 175 g.
Beurre, 75 g.
Purée de marrons non sucrée (en boîte), 200 g.
Œufs, 4.
Sel, 1 pincée.

1 Aspergez les biscuits de liqueur. Disposez-les au fond et contre les parois d'un moule à bords hauts (moule à charlotte). Mettez-en 6 à part.

2 Faites fondre le chocolat en morceaux sur feu doux, avec 1 noix de beurre. Ajoutez-y le reste de beurre et la purée de marrons. Travaillez énergiquement, toujours sur feu doux, avec une cuiller en bois.

3 Quand le mélange est bien lisse, retirez la casserole du feu. Incorporez-y les jaunes d'œufs. Battez les blancs, légèrement salés, en neige très ferme. Incorporez-les délicatement au mélange de marrons bien refroidi.

4 Versez la moitié de cette préparation dans le moule déjà garni de biscuits. Couvrez avec 3 biscuits, puis avec le reste de crème. Terminez par des biscuits. Mettez au frais jusqu'au lendemain. Servez démoulé, sur un joli plat.

Mon avis

- Cet entremets ne demande pour ainsi dire pas de cuisson.
- Vous pouvez garnir le dessus de la charlotte avec de la crème Chantilly ou des fruits confits.

DESSERTS I FACILE I BON MARCHÉ

Préparation et cuisson : 1 h 15. **Repos au frais :** plusieurs heures

charlotte de pommes

Pour 4 personnes :

Pommes (reinettes), 1 kg.
Beurre, 50 g.
Sucre en poudre, 150 g (9 cuillerées à soupe).
Raisins secs, 100 g.
Cannelle (facultatif), 1/4 à 1/2 cuillerée à café.

1 Épluchez et coupez les pommes en lamelles fines. Allumez le bas du four à 200 °C (th. 6-7).

2 Beurrez un moule à charlotte. Mettez le tiers des pommes, 3 cuillerées à soupe de sucre, la moitié des raisins, la moitié du beurre en petits morceaux et la cannelle ; puis, à nouveau, le tiers des pommes, 3 cuillerées à soupe de sucre, le restant des raisins et des pommes. Terminez avec 3 cuillerées à soupe de sucre et le reste du beurre. Tassez bien.

3 Couvrez le moule d'une feuille d'aluminium ou d'un couvercle et enfournez pour 1 h environ. À mi-cuisson, tassez un peu les pommes à l'aide d'une cuiller et remettez dans le four. Ne démoulez qu'une fois la charlotte complètement refroidie.

Mon avis

• À défaut d'un moule à charlotte (en métal, à bords très hauts et muni de 2 petites oreilles), un moule à soufflé, qui est également assez profond, fera l'affaire.
• Il est préférable de préparer cette charlotte avec des pommes un peu acides comme les reinettes. La charlotte prendra mieux en gelée.
• Tout le monde n'aime pas le goût de la cannelle. Certains préfèreront : jus et zeste de citron, sucre vanillé, par exemple.

Préparation et cuisson : 1 h 20

chipolatas au chou

Pour 4 personnes :

Chou bien serré, 1 de 1 kg environ.
Beurre, 70 g.
Oignon, 1.
Carotte, 1.
Ail, 1 gousse.
Chipolatas, 8.
Vinaigre, 2 cuillerées à soupe.
Sel, poivre.

1 Débarrassez le chou de ses feuilles flétries. Lavez-le. Supprimez-en les côtes épaisses. Coupez-le en tranches. Faites-les bouillir 10 min dans de l'eau salée. Égouttez-les aussitôt, en les pressant pour faire sortir toute l'eau.

2 Dans une cocotte, faites chauffer 50 g de beurre. Mettez-y à revenir légèrement l'oignon et la carotte coupés en rondelles. Ajoutez-y ensuite le chou, l'ail, du sel et du poivre. Couvrez et laissez mijoter à feu doux 40 min.

3 5 min avant de servir, faites revenir doucement les chipolatas à la poêle avec une noix de beurre chaude.

4 Disposez le chou dans un plat creux et les chipolatas par-dessus. Délayez le vinaigre dans la poêle restée sur le feu, en grattant bien le fond avec une cuiller en bois pour dissoudre les sucs de cuisson. Versez sur les choux avant de servir.

Mon avis

• Une recette paysanne toute simple qui constitue un repas complet et vite préparé.
• Les choux mijotent très bien dans l'autocuiseur (comptez 15 min) mais ébouillantez-les d'abord de façon traditionnelle puis pressez-les pour les essorer le plus possible.
• Si vous en aimez la saveur douce, vous pouvez utiliser du vinaigre balsamique pour un assaisonnement plus parfumé.

Préparation et cuisson : 2 h 15

chou rouge à la flamande

Pour 4 personnes :

Chou rouge, 1 kg environ.
Beurre, 30 g.
Vinaigre, 2 cuillerées à soupe.
Pommes [reinettes], 4.
Sucre en poudre, 1 cuillerée à café.
Sel, poivre.

1 Coupez le chou en quartiers. Lavez-le. Retirez-en les grosses côtes et le trognon. Avec un grand couteau, tranchez les feuilles en lanières.

2 Enduisez copieusement de beurre une cocotte épaisse. Mettez-y le chou coupé. Salez, poivrez. Aspergez de vinaigre. Couvrez et faites mijoter à feu très doux 1 h 30.

3 Pelez les pommes. Coupez-les en quartiers. Ajoutez-les dans la cocotte 30 min avant la fin de la cuisson, avec le sucre en poudre.

Mon avis

- Utilisez un vinaigre original à la saveur douce tel que du vinaigre balsamique.
- La cuisson doit être conduite à très petit feu, sinon le chou risquerait d'attacher au fond. Quelques couennes de lard tapissant le fond de la cocotte avant d'y préparer le chou évitent cet accident.
- Ces légumes sont excellents avec du porc – côtelettes ou rôti – et des saucisses poêlées.
- Vous pouvez aussi préparer une salade de chou rouge sans les pommes, comme sur la photo.

SPÉCIALITÉS I TRÈS FACILE I BON MARCHÉ

Préparation et cuisson : 1 h

chouchouka (spécialité nord-africaine)

Pour 4 personnes :

Tomates, 800 g.
Oignons doux, 200 g.
Huile, 1/2 verre.
Poivrons, 2.
Aubergines, 2 petites.
Ail, 2 gousses.
Œufs, 4.
Persil.
Sel, poivre.

1 Pelez les tomates, coupez-les en morceaux. Hachez les oignons. Faites sauter le tout dans une poêle contenant de l'huile chaude.

2 Ajoutez-y les poivrons épépinés et coupés en lanières, les aubergines non pelées et coupées en dés, les gousses d'ail entières, du sel et du poivre. Laissez cuire sur feu doux 45 min, en mélangeant souvent. Couvrez si le jus s'évapore trop vite.

3 Préchauffez le four à 250 °C (th. 8-9). Lorsque cette purée est cuite, retirez les gousses d'ail et versez-la dans un plat à feu. Cassez 4 œufs dessus. Mettez dans le haut du four, 5 min environ, jusqu'à ce que les blancs soient pris. Parsemez de persil haché avant de servir.

Mon avis

• Pour peler les tomates plus facilement, plongez-les 1 min dans l'eau bouillante.

• Si vous n'aimez pas croquer les gousses d'ail, vous pourrez les retirer facilement : transpercez-les d'un fil assez long pour qu'il puisse prendre hors de la poêle. Il suffit ensuite de tirer dessus et l'ail vient avec.

• Pour simplifier, n'utilisez pas votre four. Cassez les œufs dans la chouchouka et finissez de cuire sur le feu. Couvrez, cela ira plus vite.

SPÉCIALITÉS I FACILE I RAISONNABLE

Préparation et cuisson : 4 h 30. **À commencer :** la veille

choucroute

Pour 6 personnes :

Choucroute crue, 2 kg.
Lard fumé, 400 g.
Couennes de lard, 300 g environ.
Pied de veau fendu en deux, 1.
Palette fumée, 1.
Carotte, 1.
Oignon piqué d'un clou de girofle, 1 ou 2.
Saindoux, 100 g.
Baies de genièvre, 20 environ.
Vin blanc sec, 50 cl.
Bouquet garni (persil, thym, laurier).
Sel, poivre.
Saucisses de Francfort ou de Strasbourg, 12.
Saucisson à l'ail, 1.
Pommes de terre, 500 g

1 La veille, mettez la choucroute dans une grande bassine. Recouvrez largement d'eau fraîche. Changez cette eau 3 ou 4 fois. Quand vous sortez la choucroute de l'eau, pressez-la fortement. Étalez sur un torchon et démêlez-la, elle ne doit pas rester enchevêtrée.

2 Le jour même, mettez le lard, la palette, le pied de veau et les couennes, dans une grande casserole d'eau froide. Portez lentement à ébullition. Égouttez au bout de 5 min de cuisson.

3 Placez les couennes au fond d'un grand faitout. Puis mettez la moitié de la choucroute crue et les divers ingrédients : oignon, carotte, bouquet garni et baies de genièvre. Ajoutez la viande : le lard de poitrine, le pied de veau, la palette fumée, du saindoux ou de la margarine. Recouvrez de choucroute. Mouillez avec le vin blanc et assez d'eau pour arriver presque à la hauteur de la choucroute. Salez et poivrez. Laissez cuire à feu doux 4 h environ en tout.

4 Retirez le lard au bout de 1 h de cuisson, la palette au bout de 1 h 30 environ.

5 30 min avant le repas, faites cuire les pommes de terre épluchées (15 min à l'eau, puis 15 min sur la choucroute). En même temps, remettez palette et lard dans le faitout, ainsi que le saucisson à l'ail. Laissez mijoter le tout ensemble jusqu'au moment de servir.

6 Faites pocher les saucisses de Francfort ou de Strasbourg dans de l'eau frémissante. Vous ne les déposerez sur la choucroute qu'au dernier moment.

7 Présentez la choucroute dans un grand plat. Mettez dessus la palette coupée en tranches, le saucisson en rondelles, le lard de poitrine en morceaux, les petites saucisses entières. Servez à part les pommes de terre.

Mon avis

• Quand on fait une choucroute, on en prépare une bonne marmite car c'est long à préparer. Je vous donne donc ici les proportions pour 6 personnes au moins. Ce plat se réchauffe bien ou se sert froid, en salade (avec des rondelles d'œufs durs et de betterave rouge, comme en Allemagne).

• Si la choucroute est fraîche, inutile de la faire tremper. Elle aura plus de goût.

• Pour éviter de trouver les légumes et aromates dans la choucroute, enfermez-les dans un morceau de tissu.

• Choucroute-minute : réchauffez très doucement la choucroute achetée cuite chez le charcutier avec un soupçon de vin blanc sec, quelques saucisses pochées par-dessus, des tranches de jambon (comptez une par convive), ainsi que 1 ou 2 fines tranches de lard de poitrine fumée préalablement ébouillanté.

Préparation et cuisson : 40 min

chou-fleur au gratin

Pour 4 personnes :

Chou-fleur, 1 kg.
Sel.
Beurre, 10 g.
Sauce Mornay :
Beurre, 30 g.
Farine, 30 g (1 cuillerée à soupe très pleine).
Lait, 50 cl.
Gruyère râpé, 50 g.
Sel, poivre.

1 Faites bouillir de l'eau salée dans un faitout ou une grande casserole.

2 Séparez le chou-fleur en bouquets égaux. Ôtez-en les très grosses côtes. Lavez les bouquets. Plongez-les dans l'eau bouillante. Laissez bouillir de 15 à 20 min.

3 Sauce Mornay : faites fondre le beurre sur feu doux. Ajoutez-y la farine. Délayez sur le feu pendant quelques secondes jusqu'à ce que le mélange soit mousseux. Ajoutez-y le lait froid tout en remuant avec un fouet à main pour éviter les grumeaux. Salez et poivrez. Mélangez jusqu'à épaississement. Laissez cuire à feu extrêmement doux une dizaine de minutes. Hors du feu, incorporez-y la moitié du gruyère râpé.

4 Allumez le grilloir du four. Égouttez soigneusement le chou-fleur aussitôt cuit. Mettez-le dans un plat à four. Recouvrez de sauce. Parsemez de gruyère râpé et de noisettes de beurre. Glissez sous le grilloir quelques minutes.

Mon avis

• À défaut de grilloir, allumez le bas du four à 240 °C (th. 8) et placez votre plat tout en haut pendant 5 à 10 min, pour qu'il gratine.
Plus simple : contentez-vous d'arroser le chou-fleur de sauce, sans le gratiner.

• Pour un plat plus consistant, disposez quelques pommes de terre préalablement cuites à l'eau et quelques œufs durs autour du chou-fleur puis recouvrez le tout de sauce Mornay.

CRUDITÉS ET LÉGUMES I FACILE I BON MARCHÉ

Préparation et cuisson : 1 h 20

chou-fleur en gâteau

Pour 4 personnes :

Chou-fleur, 1.

Beurre, 1 noix.

Gruyère râpé, 50 g.

Œufs, 3.

Sel.

Sauce béchamel :

Farine, 40 g (2 cuillerées à soupe rases).

Beurre, 40 g.

Lait, 50 cl.

Sel, poivre.

1 Faites bouillir de l'eau salée dans une grande casserole. Divisez le chou-fleur en bouquets. Lavez-les. Plongez-les dans l'eau en ébullition et laissez cuire 15 min.

2 Sauce béchamel épaisse : faites fondre, sur feu doux, le beurre. Ajoutez-y la farine. Délayez sur le feu pendant quelques secondes jusqu'à ce que le mélange soit mousseux. Ajoutez-y le lait froid tout en remuant sans cesse avec un fouet à main pour éviter les grumeaux. Salez et poivrez. Mélangez jusqu'à épaississement. Laissez cuire à feu extrêmement doux une dizaine de minutes.

3 Préchauffez le four à 170 °C (th. 5-6). Séparez les jaunes des blancs d'œufs. Battez ces derniers en neige très ferme.

4 Égouttez bien le chou-fleur. Passez-le au moulin à légumes. Incorporez-y la béchamel, le gruyère râpé, les 3 jaunes d'œufs et, en tout dernier lieu, les blancs battus en neige.

5 Beurrez un moule à soufflé. Versez-y la préparation. Enfournez pendant 40 min. Servez au sortir du four.

Mon avis

• Râpez la valeur de 2 pincées de muscade, pas plus, au-dessus de votre casserole de béchamel. Cela lui donnera un goût un peu particulier, très fin.

• Servez ce gâteau au sortir du four, sans le démouler.

Préparation : 15 min

chou vinaigrette

Pour 4 personnes :

Chou rouge ou blanc, bien serré, 1 petit.

Oignon, 1 ou 2.

Vinaigrette :

Huile, 3 cuillerées à soupe.

Vinaigre, 1 cuillerée à soupe.

Sel, poivre.

1 Ôtez les grosses feuilles du chou. Coupez le cœur en quatre. Posez ces quartiers sur une planche et tranchez-les en fines lanières avec un grand couteau de cuisine bien aiguisé. Coupez l'oignon en fines rondelles.

2 Préparez une vinaigrette bien relevée. Mélangez-la avec le chou râpé. Disposez dessus les rondelles d'oignon.

Mon avis

• Vous pouvez râper le chou cru, coupé en tronçons, avec une râpe mécanique ou électrique.

• Le chou peut être consommé après avoir macéré 12 h ; il a plus de goût mais il est moins croquant. Pour changer, ajoutez-y de fines lamelles de pommes-fruits : les deux font bon ménage ; ou mélangez chou blanc et chou rouge. Attention, le chou rouge déteint... Si cela vous choque, faites le mélange à la dernière minute.

• On peut assaisonner le chou blanc de vinaigre bouillant afin d'attendrir sa chair.

• Si vous souhaitez faire un beau plateau de crudités et de légumes vinaigrette, reportez-vous aussi à la recette des crudités vinaigrette (voir recette p. 230).

Préparation et cuisson : 40 min

choux de Bruxelles sautés

Pour 4 personnes :
Choux de Bruxelles, 1 kg.
Beurre, 50 g.
Ail, 1 gousse.
Persil haché.
Sel, poivre.

1 Faites bouillir beaucoup d'eau dans une grande marmite.

2 Pendant ce temps, ôtez les feuilles fanées en coupant la base des choux de Bruxelles. Lavez-les bien dans plusieurs eaux. Plongez-les dans la marmite d'eau bouillante. Dès que l'eau se remet à bouillir, égouttez-les et passez-les sous l'eau froide.

3 Remettez de l'eau salée à chauffer dans la marmite. Quand elle bout, plongez-y les choux. Laissez cuire à gros bouillons, sans couvrir, environ 15 min. Égouttez-les et passez-les à nouveau sous l'eau froide. Égouttez encore très soigneusement.

4 Dans une grande poêle, faites chauffer le beurre, les choux et l'ail finement coupé. Salez et poivrez. Faites sauter pendant quelques minutes. Avant de servir, parsemez de persil haché.

Mon avis

• Les choux de Bruxelles cuits dans deux eaux différentes sont plus digestes.
• Ils accompagnent bien de la viande de porc, des tranches de lard ou de jambon tiédi.
• On peut aussi les faire sauter avec quelques lardons.

Préparation et cuisson : 1 h 15

choux farcis

Pour 4 personnes :

Chou, 1 gros.
Beurre, 30 g.
Chair à saucisse, 450 g.
Oignon, 1.
Carotte, 1.
Céleri, 1 branche.
Persil haché ou coriandre fraîche, 1 cuillerée à soupe.
Bouillon concentré, 1 tablette.
Sel, poivre.

1 Détachez les feuilles du chou sans les abîmer. Lavez-les. Plongez-les 2 min dans l'eau en ébullition. Égouttez-les.

2 Malaxez la chair à saucisse avec du persil haché. Puis reconstituez chaque petit chou en disposant plusieurs feuilles, les plus larges dessous, en les faisant se chevaucher. Déposez au centre un peu de chair à saucisse, repliez les feuilles par-dessus et maintenez avec du gros fil pour enfermer. Préparez de la même façon 4 ou 6 petits choux.

3 Épluchez et coupez finement oignon, carotte et céleri. Mettez-les dans une cocotte avec le beurre. Lorsqu'ils sont légèrement colorés, ajoutez-y les choux. Laissez-les cuire 5 min. Délayez une tablette de bouillon concentré avec 1/2 bol d'eau bouillante. Versez dans la cocotte. Salez légèrement, poivrez. Couvrez. Laissez mijoter 45 min environ.

Mon avis

• Les petits choux farcis peuvent se manger froids mais ils seront moins digestes.
• Un gros chou farci se prépare de la même façon mais il est plus difficile à reconstituer que les petits choux. Laissez-le mijoter une bonne demi-heure de plus.
• La chair à saucisse peut être remplacée par un reste de viande hachée (porc, bœuf ou veau).
• Coupez et ôtez le fil qui lie les choux avant de les présenter à table.
• Pour un brin d'exotisme, remplacez le persil par de la coriandre fraîche (aussi appelée « persil chinois ») et ajoutez éventuellement un peu de gingembre (frais, haché ou en poudre).

GIBIERS I DIFFICILE I CHER

Préparation et cuisson : 3 h. **Marinade :** de 24 à 48 h

civet de lièvre

Pour 6 personnes :

Lièvre, 1.
Lard frais maigre, 250 g.
Beurre, 100 g.
Farine, 1 cuillerée à soupe.
Marc ou fine champagne, 1 verre à liqueur.
Concentré de tomates, 1 cuillerée à soupe.
Oignons petits, 12.
Pain de mie, 3 tranches.
Lard gras, 30 g.
Champignons de Paris, 400 g.
Sel, poivre.

Marinade :

Vin rouge, 1 litre.
Huile, 1/4 de verre.
Vinaigre, 1/4 de verre.
Carotte en rondelles, 1.
Échalotes, 2.
Oignon en rondelles, 1.
Ail, 1 gousse.
Bouquet garni (persil, thym, laurier).
Sauge.
Estragon.
Poivre, 6 grains.
Clous de girofle, 2.

1 Marinade : 1 ou 2 jours avant de faire cuire le lièvre, videz-le en recueillant dans une tasse le sang qu'il contient encore. Gardez celui-ci au frais avec quelques gouttes de vinaigre pour le conserver liquide. Retirez le fiel du foie. Découpez le lièvre en morceaux. Mettez-le dans une terrine avec le foie et tous les éléments de la marinade. Laissez mariner de 24 à 48 h.

2 3 h avant le repas, égouttez les morceaux de lièvre et le foie. Épongez-les. Passez la marinade, ainsi que les légumes et les aromates. Coupez le lard maigre en dés. Plongez-les dans une casserole d'eau froide. Portez à ébullition. Égouttez. Faites dorer les morceaux de lard dans une cocotte avec 30 g de beurre. Retirez les lardons. À la place, faites bien revenir les morceaux de lièvre, puis les légumes de la marinade. Saupoudrez de farine. Mélangez avec une cuiller en bois. Arrosez de marc ou de fine champagne. Faites flamber sur le feu. Ajoutez ensuite le concentré de tomates et juste assez de marinade pour couvrir le tout. Salez, poivrez et couvrez. Laissez mijoter 2 h sur feu doux.

3 30 min avant de servir, faites dorer les tranches de pain coupées en deux, avec 40 g de beurre. Coupez le lard gras en dés. Mettez-le à fondre doucement dans la poêle. Lorsqu'il est bien chaud, faites-y sauter rapidement le foie coupé en morceaux. Écrasez-le. Tartinez-en le pain.

4 Égouttez les morceaux de lièvre. Tenez-les au chaud dans le plat de service. Passez la sauce. Remettez-la sur le feu avec les petits oignons et les lardons et laissez bouillir 15 min pour la faire réduire.

5 Pendant ce temps, nettoyez les champignons. Faites-les sauter rapidement à la poêle avec 30 g de beurre. Disposez-les sur les morceaux de lièvre.

6 Retirez la sauce du feu. Pour l'épaissir, incorporez-y le sang, en mélangeant vivement avec une cuiller en bois. Versez sur le lièvre, dans le plat de service. Garnissez de croûtons tartinés de foie.

Mon avis

• Le lièvre peut être accommodé de façon beaucoup plus simple : comme le lapin aux pruneaux, par exemple. Toutefois, il est toujours indispensable de le faire mariner afin de l'attendrir. Si vous n'avez pas assez de marinade, complétez avec un peu d'eau pour arriver à hauteur de la viande.
• Le sang du lièvre donne de l'onctuosité à la sauce et la brunit. À défaut de sang de lièvre, procurez-vous du sang de porc, chez votre charcutier. Une fois le sang ajouté à la sauce, ne la remettez plus sur le feu car elle tournerait.
• Accompagnez de pommes de terre vapeur ou de tagliatelles.

DESSERTS | TRÈS FACILE | BON MARCHÉ

Préparation et cuisson : 55 min

clafoutis

Pour 4 personnes :

Cerises, 500 g.

Farine, 60 g (2 cuillerées à soupe très pleines).

Sucre en poudre, 125 g (7 à 8 cuillerées à soupe).

Œufs, 3.

Lait, 2 verres.

Beurre, 1 noix.

Sel, 1 pincée.

1 Lavez et équeutez les cerises. Égouttez-les bien. Préchauffez le four à 200 °C (th. 6-7).

2 Dans une terrine, mélangez farine, sucre en poudre et sel. Incorporez-y, peu à peu, les œufs entiers et le lait froid.

3 Mettez les cerises non dénoyautées dans un plat à gratin beurré. Versez la pâte dessus. Enfournez pour 45 min environ. Servez cet entremets froid ou tiède, après l'avoir saupoudré de sucre.

Mon avis

- La pâte à clafoutis est tout simplement une pâte à crêpes très épaisse. Le clafoutis classique se fait avec des cerises noires, mais il est très bon aussi avec des cerises aigres, dites Montmorency.
- Vous préférerez peut-être dénoyauter les fruits. Cependant, je trouve que les cerises avec leur noyau donnent au clafoutis une saveur incomparable.
- Suivant la saison, remplacez les cerises par des abricots, prunes, mirabelles, pommes, etc.
- Si vous êtes plus « fruit » que « pâte », confectionnez le clafoutis dans une tourtière et non un moule à gâteau (et réduisez les quantités de pâte).
- Une garniture « tendance » : accompagnez d'un verre de granité de cerise.

Préparation et cuisson : 15 min

cocktail de fruits de mer

Pour 4 personnes :
Crabe, 1 boîte (190 g environ).
Crevettes cuites décortiquées, 100 g.
Œufs, 2.
Oignon blanc, 1.
Mayonnaise, 5 cuillerées à soupe.
Ketchup, 2 cuillerées à soupe.
Cognac, 1 cuillerée à café.
Poivre de Cayenne, 1 pincée.
Présentation :
Tomates, 2.
Feuilles de laitue.

1 Faites bouillir les œufs 10 min. Aussitôt cuits, mettez-les à refroidir sous le jet du robinet. Hachez finement l'oignon. Égouttez le crabe et séparez la chair en filaments ; retirez soigneusement les cartilages. Coupez les crevettes en dés.

2 Dans une terrine, mélangez la mayonnaise, 2 cuillerées à soupe de Ketchup, le cognac, le poivre de Cayenne, l'oignon finement haché, le crabe, les crevettes en dés et les œufs durs coupés menu.

3 Présentez soit sur des feuilles de salade, soit dans un grand plat ou dans des bols. Décorez avec des quartiers de tomates.

Mon avis

• De ce cocktail de crustacés, je fais généralement un hors-d'œuvre très complet et très décoratif : sur la même assiette, je dépose le cocktail de crustacés et des petits tas de crudités, assaisonnées ou non de vinaigrette : concombre, tomates, carottes râpées, radis, céleri-branche ou céleri-rave, etc., selon la saison. Ce hors-d'œuvre est toujours très apprécié, si vite fait et économique de surcroît car cela permet de diminuer la quantité de crustacés.
• On peut aussi le préparer avec des langoustines, de la langouste, du homard, seuls ou en mélange.
• Une présentation en vogue : servez dans des verres ou dans des bols évasés garnis de laitue ciselée en chiffonnade, à la façon des « chefs ».
• Si vous n'appréciez pas les tomates, vous pouvez bien sûr vous en passer, comme sur la photo.

Préparation et cuisson : 30 min

colin ou merlu basquaise

Pour 4 personnes :
Colin, 4 tranches
(800 g environ).
Oignon, 1.
Échalotes, 2.
Tomates, 500 g.
Farine, 2 cuillerées à soupe.
Beurre, 40 g.
Huile, 1 cuillerée à soupe.
Sel, poivre.

1 Hachez l'oignon et les échalotes. Plongez les tomates 1 min dans l'eau bouillante. Pelez-les, coupez-les en deux et pressez-les pour en extraire le jus et les pépins.

2 Lavez rapidement, épongez et farinez légèrement les tranches de colin. Faites chauffer modérément le beurre et l'huile dans une sauteuse. Mettez-y les tranches de colin à dorer 2 min de chaque côté. Ajoutez-y l'oignon et les échalotes hachés, les tomates, du sel et du poivre. Couvrez à moitié et laissez mijoter 15 min.

Mon avis

- Colin = merlu.
- On peut le remplacer par un poisson moins coûteux : cabillaud, lieu...
- J'ajoute souvent dans ce plat un poivron coupé en petits morceaux, en même temps que les tomates.
- Il m'est arrivé aussi de lier ma fondue de tomates, tout à la fin, avec 1 cuillerée à soupe de crème fraîche.

Préparation et cuisson : 1 h

colin sauce crevette

Pour 4 personnes :

Colin surgelé, 400 g.
Mie de pain rassis, 100 g.
Lait, 1 verre.
Œufs, 4.
Beurre, 1 noix.
Sel, poivre.

Sauce crevette :

Beurre, 30 g.
Farine, 30 g.
Liquide (jus de poisson + lait), 50 cl.
Crevettes décortiquées, 50 g.
Concentré de tomates, 1 cuillerée à café.
Paprika, 1/2 cuillerée à café.
Poivre de Cayenne, 1 pincée.
Sel, poivre.

1 Cuisez au préalable le poisson surgelé au court-bouillon et égouttez-le (ou égouttez le poisson en conserve) et gardez de côté un peu de jus. Dans une grande terrine, émiettez le pain dans le lait tiède. Pressez le pain et égouttez-le pour ôter le surplus de lait. Ajoutez-y le poisson en morceaux, les jaunes d'œufs, du sel et du poivre. Écrasez avec une fourchette.

2 Préchauffez le four à 170 °C (th. 5-6).

3 Ajoutez 1 pincée de sel dans les blancs d'œufs. Battez-les en neige ferme. Mélangez-les délicatement à la pâte, avec une cuiller en bois.

4 Beurrez un moule à savarin. Versez-y la préparation. Faites cuire au bain-marie et au four, 45 min environ.

5 Sauce crevette : faites fondre, sur feu doux, le beurre ; délayez-y la farine sur le feu pendant quelques secondes jusqu'à ce que le mélange soit mousseux. Ajoutez-y, d'un seul coup, 50 cl de liquide froid (jus de poisson + lait), le concentré de tomates, le poivre de Cayenne, le paprika, du sel et du poivre. Mélangez jusqu'à épaississement. Laissez cuire sur feu extrêmement doux une dizaine de minutes.

6 Démoulez sur un plat rond. Incorporez à la sauce les crevettes décortiquées. Versez-la au centre et autour du turban de poisson.

Mon avis

- Incorporez les blancs d'œufs en coupant et en soulevant la pâte avec une cuiller en bois, de façon à ne pas les faire retomber.
- Si vous n'avez pas de moule à savarin, utilisez un moule à soufflé. Vous n'obtiendrez plus un turban, mais un pain de poisson, tout aussi bon et aussi présentable, comme vous pouvez le voir sur la photo.
- On peut réaliser cette recette avec du thon ou du saumon en conserve ou encore avec du poisson frais à cuire à la vapeur.
- Les crevettes sont vendues toutes décortiquées : en sachet, en boîte et surgelées.

DESSERTS I TRÈS FACILE I RAISONNABLE

Cuisson : 30 min. **À tremper** : la veille

compote d'abricots secs

Pour 4 personnes :

Abricots secs, 250 g.

Sucre en poudre, 75 g
(4 à 5 cuillerées à soupe).

1 Lavez les abricots. Laissez-les tremper une nuit, en les recouvrant largement d'eau.

2 Au moment de les cuire, mettez-les dans une casserole, en les couvrant tout juste avec de l'eau dans laquelle ils ont trempé. Sucrez-les, selon votre goût. Laissez cuire doucement 30 min environ.

Mon avis

• Agrémentez si vous le souhaitez cette compote, pendant qu'elle cuit, de quelques amandes épluchées et, lorsqu'elle est bien refroidie, d'un petit verre de kirsch.

• Servez-la dans des verres, où l'on piquera un biscuit à la cuiller. Parsemez éventuellement de verveine ciselée.

• Pour parfumer, vous pouvez ajouter 1 gousse de vanille ou 1 sachet de sucre vanillé pendant la cuisson.

DESSERTS I TRÈS FACILE I BON MARCHÉ
Préparation et cuisson : 40 min

compote de pommes

Pour 4 personnes :
Pommes, 1 kg environ.
Sucre en poudre, 125 g
(7 à 8 cuillerées à soupe).

1 Épluchez les pommes et coupez-les en quartiers. Mettez-les à cuire sur feu doux, dans une casserole couverte, 30 min environ.

2 En fin de cuisson, ajoutez-y le sucre. Mélangez vigoureusement avec une cuiller en bois, pour faire fondre le sucre et réduire la compote en purée légère.

Mon avis

• Le temps de cuisson peut varier selon la qualité des pommes. Ajoutez un tout petit peu d'eau, si la cuisson se prolonge.
• Je termine souvent ma compote de pommes en y ajoutant 1 noix de beurre frais et un peu de cannelle (1/4 de cuillerée à café). Mais comme tout le monde n'aime pas cela, je remplace parfois la cannelle par du sucre vanillé, mieux accepté.
• Les maîtresses de maison anglaises parfument avec quelques clous de girofle. Ce n'est pas mal… à condition de penser à ôter les clous de girofle avant de servir la compote !
• Pour obtenir une texture mousseuse, mixez la compote.

DESSERTS I TRÈS FACILE I BON MARCHÉ

Préparation et cuisson : 1 h 20

compote de rhubarbe

Pour 4 personnes :

Rhubarbe, 1 kg environ.

Sucre en poudre, 150 g (9 cuillerées à soupe).

1 Épluchez la rhubarbe en ôtant d'abord les feuilles. Coupez ensuite un petit morceau à la base des tiges ; une partie des fils vient avec, comme pour les haricots verts. Coupez chaque tige en tronçons de façon à retirer le plus de fils possible. Lavez à grande eau. Égouttez.

2 Mettez la rhubarbe dans une grande casserole avec 1/2 verre d'eau. Couvrez partiellement (sinon elle risque de déborder) et mettez sur feu moyen. Comme la rhubarbe rend beaucoup d'eau, au bout d'une dizaine de minutes, ôtez le couvercle et laissez cuire sur feu doux de 15 min à 1 h. Incorporez le sucre à mi-cuisson.

3 Elle doit avoir la consistance d'une purée. Laissez cuire quelques minutes à feu fort, si elle vous paraît encore trop liquide.

Mon avis

• Ajoutez quelques pommes ou des abricots secs au début de la cuisson, pour rendre la compote moins acide.

• Ne laissez pas séjourner la rhubarbe dans un récipient en métal car cela l'oxyde. Transvasez-la, aussitôt cuite, dans un bol ou dans un compotier.

Préparation et cuisson : 1 h 15

consommé aux abattis de volaille

Pour 4 personnes :

Abattis (cou, ailerons, pattes, gésier, foie), 1 ou 2 poulets.
Carotte, 1.
Poireaux, 2.
Branche de céleri, 1.
Oignon, 1.
Clous de girofle, 2.
Bouquet garni (persil, thym, laurier).
Tapioca ou vermicelle, 2 cuillerées à soupe.
Sel, poivre.

1 Épluchez la carotte, les poireaux et le céleri. Coupez-les en morceaux. Mettez-les à bouillir avec 1,5 l d'eau, le bouquet garni, l'oignon piqué de 2 clous de girofle, du sel et du poivre.

2 Flambez et nettoyez les abattis. Ajoutez-les dans la casserole. Couvrez. Laissez cuire sur feu doux 45 min.

3 Passez le bouillon. Remettez-le sur le feu. Versez-y, en pluie, le tapioca (10 min de cuisson en remuant avec une cuiller en bois) ou de vermicelle (5 min de cuisson).

Mon avis

• Cette recette est intéressante lorsque, ayant préparé un poulet, vous ne savez que faire des abattis. Sinon, je ne vous conseille pas d'acheter des abattis chez le boucher ou au supermarché.

• Si vous désirez obtenir un consommé très concentré, n'hésitez pas à prolonger le temps de cuisson.

SPÉCIALITÉS I FACILE I RAISONNABLE

Préparation et cuisson : 2 h 30

coq au riesling

Pour 4 personnes :

Gros coq coupé en morceaux, 1.
Beurre, 50 g.
Échalotes, 3.
Farine, 2 cuillerées à soupe.
Riesling, 1 bouteille.
Champignons de Paris, 250 g.
Vinaigre, 1 cuillerée à soupe.
Citron, 1/4.
Crème fraîche, 200 g.
Bouquet garni (persil, thym, laurier).
Céleri, 1 brin.
Sel, poivre.

1 Hachez les échalotes. Faites chauffer 40 g de beurre dans une grande cocotte. Déposez-y les morceaux de volaille. Laissez-les cuire quelques instants sur toutes les faces, sans qu'ils ne colorent. Ajoutez les échalotes hachées. Saupoudrez de farine. Mélangez bien. Versez le riesling et un peu d'eau pour que le liquide arrive juste à hauteur des morceaux. Ajoutez le bouquet garni, le brin de céleri, du sel et du poivre. Couvrez. Laissez mijoter de 1 h 30 à 2 h, suivant la fermeté du coq (la fourchette doit pénétrer facilement dans la cuisse).

2 Ôtez le pied sableux des champignons. Lavez ceux-ci à l'eau vinaigrée. Mettez-les dans une casserole d'eau froide avec une noix de beurre, le jus de citron, du sel, du poivre. Laissez bouillir 5 min. Égouttez-les.

3 Retirez les morceaux de volaille. Tenez-les au chaud dans le plat de service. Remettez la cocotte sur le feu sans la couvrir. Faites bouillir la sauce 10 min pour qu'elle réduise d'un tiers environ. Passez-la. Ajoutez-y champignons et crème fraîche. Faites bouillir de nouveau 1 min. Versez sur la viande.

Mon avis

• Le riesling est un vin blanc sec d'Alsace. Bien entendu, vous pouvez le remplacer par un autre vin blanc sec plus économique, à condition qu'il soit bon.
• Vous pouvez acheter une poule à la place du coq. Attention, ne laissez pas dorer les échalotes. Elles prendraient un goût un peu amer.
• Si les champignons sont gros, coupez-les en quatre.
• Pour accompagnement, préparez du riz pilaf ou nature.

VIANDES ET VOLAILLES | FACILE | BON MARCHÉ

Préparation et cuisson : 2 h 30. **Cuisson en autocuiseur :** 50 min

coq au vin

Pour 6 personnes :

Coq (coupé en morceaux), 2 kg.
Beurre ou margarine, 40 g.
Couenne, 100 g.
Oignon, 1.
Échalotes, 2.
Carotte, 1 petite.
Ail, 3 gousses.
Farine, 40 g (2 cuillerées à soupe rases).
Cognac (ou marc), 1 verre à liqueur.
Concentré de tomates, 1 cuillerée à soupe.
Vin rouge, 3/4 de litre.
Lard de poitrine frais, 125 g.
Champignons de Paris, 250 g.
Bouquet garni (riche en thym, persil, laurier).
Persil.
Sel, poivre.

1 Faites chauffer, dans une cocotte, 40 g de beurre et la couenne coupée en morceaux. Mettez-y la volaille à dorer (sauf le foie que vous gardez en réserve). Ajoutez ensuite oignon, échalotes, carotte, ail, le tout finement coupé. Saupoudrez de farine. Mélangez bien. Arrosez de cognac. Faites flamber sur feu vif. Mouillez avec le vin rouge, 1 verre d'eau et le concentré de tomates. Ajoutez le bouquet garni, du sel et du poivre. Couvrez. Laissez mijoter de1 h 30 à 2 h, suivant la fermeté de la volaille.

2 Coupez le lard en morceaux. Mettez-le à l'eau froide. Faites bouillir quelques secondes et égouttez. Ôtez le pied sableux des champignons. Lavez et coupez ceux-ci en lamelles. Faites fondre le lard dans une petite casserole, sur feu doux, pendant quelques minutes. Ajoutez-y les champignons. Faites sauter sur feu vif, de 5 à 8 min. Versez le tout dans un grand plat creux. Tenez au chaud.

3 Égouttez la volaille. Déposez-la dans le plat en compagnie des champignons et des lardons. S'il est nécessaire de faire réduire la sauce, laissez-la bouillir sur feu vif quelques minutes. Puis incorporez-y le foie cru écrasé. Passez et versez sur le plat. Parsemez de persil haché avant de servir.

Mon avis

• Si vous pouvez recueillir le sang du coq aussitôt tué, conservez-le avec un filet de vinaigre et de l'oignon haché ; vous le mélangerez à la sauce au dernier moment, sans la faire bouillir.
• Une grosse poule fait aussi bien l'affaire qu'un coq.
• Choisissez un bon vin rouge assez épais et corsé.
• Comme légume d'accompagnement : des pommes de terre vapeur ou à l'eau.

Préparation et cuisson : 20 min. **Trempage des coques :** 30 min

coques à la nantaise

Pour 4 personnes :
Coques, 2 litres.
Échalote hachée, 1.
Pain émietté (ou chapelure), 60 g.
Vin blanc sec, 1/2 verre de muscadet.
Beurre, 20 g + 30 g.
Persil haché.
Sel, poivre.
Pour servir :
Coquilles vides ou plats à œufs, 4.

1 Lavez les coques en les laissant séjourner dans de l'eau froide très salée, sans les rincer, puis mettez-les dans une casserole sur feu vif pendant quelques minutes. Retirez-les du feu dès qu'elles sont ouvertes et sortez-les de leur coquille. Égouttez-les. Passez le jus de cuisson à travers une passoire très fine garnie de papier absorbant pour en éliminer le sable.

2 Hachez l'échalote. Faites cuire doucement avec 20 g de beurre et le muscadet. Ajoutez-y les coques, la moitié du pain émietté et suffisamment de jus de coques pour bien l'imprégner. Couvrez et laissez mijoter 1 min. Préchauffez votre four à 230 °C (th. 7-8).

3 Répartissez les coques dans des coquilles vides ou des plats à œufs. Recouvrez-les de pain émietté et de persil haché. Parsemez-les de noisettes de beurre. Faites-les gratiner au four quelques minutes.

Mon avis

• Pour un plat de résistance, accompagnez de riz nature ou de pommes de terre à l'anglaise.
• Plongées 30 min au moins dans de l'eau fortement salée, les coques s'entrouvrent et rejettent du sable, qui tombe au fond du récipient.
• Vous pouvez remplacer l'oignon par 2 échalotes.
• Pour émietter finement le pain rassis, passez-le à la moulinette. Vous pouvez mettre à la place une biscotte écrasée.
• Les pétoncles et les moules peuvent se préparer de la même façon.

POISSONS, CRUSTACÉS ET FRUITS DE MER I FACILE I RAISONNABLE

Préparation et cuisson : 40 min

coquilles de poisson gratinées

Pour 4 personnes :

Poisson, vidé et nettoyé, 400 g.

Court-bouillon :

Vinaigre, 1 cuillerée à soupe.

Oignon, 1.

Clou de girofle, 1.

Bouquet garni (persil, thym, laurier).

Gros sel.

Sauce Mornay :

Beurre, 30 g.

Farine, 30 g (1 cuillerée à soupe bombée).

Lait, 50 cl (3 verres).

Gruyère râpé, 50 g.

Sel, poivre.

Pour servir :

Coquilles Saint-Jacques vides, 4.

1 Faites bouillir pendant 15 min, 2 litres d'eau avec le vinaigre, l'oignon piqué d'un clou de girofle, le bouquet garni et du sel. Puis, laissez tiédir.

2 Plongez le poisson dans le court-bouillon tiède. Réchauffez doucement sans laisser bouillir puis laissez frissonner 10 min, toujours sans bouillir. Faites refroidir le poisson dans son court-bouillon.

3 Sauce Mornay : faites fondre, sur feu doux, 30 g de beurre ; ajoutez-y la farine. Délayez sur le feu pendant quelques secondes jusqu'à ce que le mélange soit mousseux. Ajoutez-y, d'un seul coup, le lait froid. Salez et poivrez. Mélangez jusqu'à épaississement. Laissez cuire à feu doux 5 min. Hors du feu, incorporez-y la moitié du gruyère râpé.

4 Préchauffez le four à 230 °C (th. 7-8). Égouttez le poisson. Divisez-le en petits morceaux. Mélangez-le à la sauce. Répartissez dans les coquilles. Parsemez de gruyère râpé et de noisettes de beurre. Faites gratiner dans le four bien chaud 10 min environ.

Mon avis

• La sauce doit être un peu plus épaisse qu'une sauce ordinaire. Si vous n'aimez ni le gruyère ni le sauce Mornay, vous pouvez préparer à la place une béchamel. Parsemez les coquilles avec de la chapelure ou de la biscotte écrasée avant de les faire gratiner.

• Presque tous les poissons, même les moins coûteux, conviennent pour cette recette : colinot, roussette, lieu, lotte, merlan.

• Si vous utilisez une sauce béchamel toute préparée, en sachet, mouillez-la avec la quantité voulue de court-bouillon de poisson. Ce sera meilleur. Ne salez pas votre court-bouillon.

Préparation et cuisson : 30 min

coquilles Saint-Jacques à la provençale

Pour 4 personnes :

Coquilles Saint-Jacques décortiquées, 12.
Beurre, 50 g.
Échalotes, 4.
Ail, 2 gousses.
Persil.
Sel, poivre.

Remarques

Pour ouvrir les coquilles, il suffit d'introduire la lame du couteau entre les deux valves, comme pour les huîtres. Si vous craignez de vous couper, mettez les coquilles sur la plaque creuse du four et glissez-les dans le four chaud. Elles s'ouvriront d'elles-mêmes au bout de 1 ou 2 min. Vous pouvez aussi les faire ouvrir par le poissonnier.

1 Lavez les saint-jacques à grande eau. Essuyez-les avec soin. Salez-les et poivrez-les.

2 Dans une poêle contenant le beurre chaud, faites dorer vivement les chairs des deux côtés.

3 Hachez les échalotes et les gousses d'ail. Ajoutez-les dans la poêle. Couvrez et laissez cuire 2 min. Parsemez de persil haché avant de servir très chaud.

Mon avis

Si les chairs sont très épaisses, je les coupe en deux dans l'épaisseur.

Préparation et cuisson : 35 min

coquilles Saint-Jacques au gratin

Pour 4 personnes :
Coquilles Saint-Jacques, 8.
Vin blanc sec, 1 verre.
Échalotes, 2.
Beurre, 30 g.
Champignons de Paris, 100 g.
Bouquet garni (persil, thym, laurier).
Citron, 1/2.
Sel, poivre.
Sauce :
Beurre, 30 g.
Farine, 30 g (1 cuillerée à soupe bombée).
Jaune d'œuf, 1.
Jus de cuisson + eau, 25 cl.

1 Détachez la chair et le corail des coquilles. Lavez-les soigneusement. Mettez dans une casserole le vin blanc, les échalotes hachées, 1 noix de beurre, le bouquet garni, du sel et du poivre. Faites bouillir 3 min. Ôtez le pied sableux des champignons. Lavez-les rapidement. Coupez-les en dés. Ajoutez-les dans la casserole. Aspergez de jus de citron. Laissez mijoter le tout pendant 10 min.

2 Ajoutez les saint-jacques. Laissez frémir, sans bouillir, pendant 2 min. Laissez-les dans le jus, hors du feu.

3 Puis retirez coquilles et champignons de la casserole. Passez le jus à travers une passoire très fine. Préchauffez le four à 230 °C (th. 7-8).

4 Sauce : mélangez, sur feu doux, 30 g de beurre et 1 cuillerée à soupe bombée de farine. Lorsque le mélange devient mousseux, ajoutez-y 25 cl de liquide (jus de cuisson des coquilles, allongé d'eau si nécessaire). Remuez jusqu'à ébullition. Laissez mijoter 5 min. Hors du feu, incorporez le jaune d'œuf.

5 Coupez la chair des coquilles en tranches. Répartissez dans les coquilles. Déposez un corail entier sur chacune. Recouvrez-les de sauce. Parsemez-les de noisettes de beurre et faites-les gratiner au four pendant quelques minutes.

Mon avis

• Simplifiez-vous la tâche le plus possible. Choisissez vos coquilles Saint-Jacques et demandez au poissonnier de les ouvrir en un tour de main et de les nettoyer. Il ne vous restera plus, une fois chez vous, qu'à laver vos coquilles à grande eau. Soyez circonspect lorsque vous achetez des coquilles Saint-Jacques décoquillées. Elles ne doivent dégager aucune odeur douteuse.

• Une petite boîte de champignons en conserve peut convenir pour cette recette. De même que des coquilles Saint-Jacques surgelées, que vous préparerez selon la recette.

• Si votre passoire n'est pas assez fine, garnissez-la d'un linge très fin avant d'y verser le jus. Ainsi, aucun grain de sable ne pourra passer à travers.

• Vous pouvez parsemer de chapelure, avant de mettre à gratiner.

• Les coquilles peuvent comporter ou non un corail. Ce n'est pas un indice de qualité mais plutôt d'origine ou de saison.

Préparation et cuisson : 15 min

coquilles Saint-Jacques simplement poêlées

Pour 4 personnes :

Coquilles Saint-Jacques ouvertes par le poissonnier, 12.
Beurre, 30 g.
Persil haché, 1 cuillerée à soupe.
Citron, 1.
Sel, poivre.

1 Détachez la chair et le corail des coquilles. Lavez-les et épongez-les soigneusement.

2 Faites-les poêler dans le beurre mousseux, 3 à 4 min selon leur taille. Salez, poivrez.

3 Poudrez de persil et servez sans attendre avec des quartiers de citron.

Mon avis

• Servez tel quel, dans la plus grande simplicité, ou sur une salade de mesclun (mélange de salades comprenant roquette, laitue…) assaisonné d'un filet d'huile d'olive et de vinaigre balsamique ou vinaigre de framboise.
• On peut aussi poêler les saint-jacques à l'huile d'olive et ajouter alors une gousse d'ail finement hachée en fin de cuisson.
• Coupez les noix de saint-jacques en deux si elles sont vraiment très grosses.
• Le corail n'est pas un gage de qualité pour les coquilles mais plutôt une indication sur leur origine ou la saison. Moi, je préfère les coquilles sans corail… mais à chacun son goût !

Préparation et cuisson : 40 min

côte de bœuf rôtie

Pour 6 personnes :

Côte de bœuf, 1,5 à 2 kg.
Huile.
Beurre, 30 g.
Sel, poivre.

1 Préchauffez le four à 230 °C (th. 7-8) de 15 à 20 min avant d'y enfourner la côte de bœuf.

2 Déposez la viande dans un plat à feu. Enduisez-la d'huile. Faites cuire au four, de 18 à 20 min par kilo, soit 30 min environ au total. N'oubliez pas de la tartiner de beurre à mi-cuisson et de l'arroser souvent.

3 Un peu avant la fin de la cuisson, coupez les ficelles qui maintiennent la viande pour qu'elle puisse gonfler un peu. Salez et poivrez. Avant de la servir, laissez reposer la viande une dizaine de minutes dans le four éteint mais encore chaud, porte entrouverte.

Mon avis

• Présentez, sur des assiettes chaudes, avec un beurre maître-d'hôtel (beurre malaxé avec du persil, du sel, du poivre et du jus de citron) ou un beurre d'échalote (très finement hachée).

• Il est plus facile de couper verticalement, plutôt qu'horizontalement, des tranches dans la côte.

Préparation et cuisson : 1 h 10

côtelettes d'agneau Champvallon

Pour 4 personnes :

Côtelettes d'agneau, 4.
Beurre, 40 g.
Pommes de terre, 1 kg.
Oignons, 2 gros.
Ail, 2 gousses.
Bouillon de viande concentré, 1 tablette.
Bouquet garni (persil, thym, laurier).
Sel, poivre.

1 Épluchez les pommes de terre. Coupez-les en rondelles ainsi que les oignons.

2 Faites dorer les côtelettes d'agneau des deux côtés, dans une poêle, avec le beurre. Retirez-les de la poêle. À la place, faites sauter rapidement pommes de terre et oignons, le temps qu'ils prennent couleur. Salez et poivrez.

3 Mettez la moitié des légumes dans une cocotte. Déposez dessus les côtelettes, l'ail et le bouquet garni. Couvrez avec le reste des légumes.

4 Délayez la tablette de bouillon concentré avec 50 cl d'eau chaude. Versez dans la cocotte : le bouillon doit arriver à mi-hauteur environ de son contenu. Couvrez et faites mijoter à feu doux de 30 à 40 min.

Mon avis

• Pour un repas fin, choisissez des côtes premières ; mais si, par mesure d'économie, vous prenez des basses-côtes, qui sont moins chères, je vous garantis que vous obtiendrez également un excellent plat.
• Si votre poêle est trop petite, il est préférable de faire sauter les pommes de terre en deux ou trois fois.
• Si vous pouvez mettre la cocotte au four à 130 °C (th. 4-5), vous obtiendrez une cuisson plus régulière que sur le feu. Ceci est valable pour toutes les cuissons en cocotte.

VIANDES ET VOLAILLES | TRÈS FACILE | CHER

Préparation et cuisson : 15 min

côtelettes d'agneau grillées

Pour 4 personnes :

Côtelettes, 8.

Huile, 1 cuillerée à soupe.

Beurre, 30 g.

Persil.

Sel, poivre.

1 Allumez le grilloir du four.

2 Badigeonnez les côtelettes avec un peu d'huile. Déposez-les sur la grille, placée elle-même sur la plaque creuse du four (lèchefrite), et faites-les cuire à 250 °C (th. 8-9), porte du four ouverte, de 2 à 3 min sur chaque face, suivant l'épaisseur des côtelettes.

3 Avant de servir, salez et poivrez. Déposez sur chaque côtelette une noisette de beurre malaxée avec du persil haché.

Mon avis

• Le mouton et l'agneau, cuits à la poêle ou rôtis au four sont généralement servis « à point », c'est-à-dire rosés.

• Faites chauffer les assiettes avant d'y servir la viande. C'est une chose toujours souhaitable mais, quand il s'agit de mouton, ce raffinement s'impose, car la sauce du mouton fige très rapidement.

GIBIERS | FACILE | CHER

Préparation et cuisson : 1 h 30

côtelettes de chevreuil au genièvre

Pour 4 personnes :

Côtelettes, 8.
Huile, 1/2 cuillerée à soupe.
Beurre, 50 g.
Oignon, 1 petit.
Carotte, 1 petite.
Ail, 1 gousse.
Baies de genièvre, 10.
Concentré de tomates, 1 cuillerée à café.
Farine, 1 cuillerée à soupe rase.
Genièvre, 1 verre à liqueur + 1 cuillerée à soupe.
Vinaigre, 6 cuillerées à soupe.
Vin rouge, 2 verres.
Bouquet garni (persil, thym, laurier).
Grains de poivre, 4.
Sel.

1 Retirez des côtelettes os et déchets (ils vont servir à préparer la sauce) ; faites-les revenir, dans une casserole contenant 1 noix de beurre, avec l'oignon et la carotte coupés en dés et la gousse d'ail. Lorsqu'ils sont bien dorés, mettez les baies de genièvre écrasées et le concentré de tomates. Saupoudrez de farine, mélangez bien. Arrosez d'un verre à liqueur de genièvre. Flambez-le. Ajoutez le vinaigre, le vin rouge, le bouquet garni, le poivre et du sel. Couvrez. Laissez mijoter très doucement environ 1 h. Passez.

2 Au moment de porter à table, saisissez les côtelettes à la poêle très chaude avec l'huile et 1 noix de beurre, 2 min sur chaque face (elles doivent rester saignantes). Tenez-les au chaud dans le plat de service. Versez 1 cuillerée à soupe de genièvre dans la poêle restée sur le feu, puis la sauce. Laissez bouillir 1 min. Hors du feu, incorporez-y rapidement quelques noisettes de beurre. Versez sur la viande et servez aussitôt.

Mon avis

• Comme la préparation de la sauce est assez longue, je vous conseille de la faire quelques heures à l'avance pour gagner du temps. Sa qualité n'en pâtira pas.
• Si l'évaporation est trop rapide, ajoutez un peu d'eau, mais la sauce doit être réduite et onctueuse à la fin de la cuisson.
• Grattez bien le fond de la poêle avec une cuiller en bois pour en détacher les sucs de la viande.
• La côtelette de chevreuil ne demande pas à être marinée. Cependant, si vous y tenez, vous pouvez la faire séjourner quelques heures au frais dans une marinade pour gibier.

Préparation et cuisson : 15 min

côtes (ou escalopes) de veau à la crème

Pour 4 personnes :
Côtes (ou escalopes) de veau, 4.
Farine, 1 cuillerée à soupe.
Beurre, 30 g.
Crème fraîche pasteurisée, 3 ou 4 cuillerées à soupe.
Sel, poivre.

1 Salez et poivrez la viande, puis farinez-la légèrement des deux côtés.

2 Faites chauffer 30 g de beurre dans la poêle. Mettez-y la viande à cuire sur feu moyen, de 4 à 5 min de chaque côté, suivant l'épaisseur.

3 Déposez les côtes (ou les escalopes) dans un plat chaud. Dans la poêle restée sur le feu, mettez 3 ou 4 cuillerées à soupe de crème fraîche. Délayez-la avec une cuiller en bois. Laissez bouillir un instant. Versez sur la viande et servez aussitôt.

Mon avis

Un raffinement supplémentaire : quand la viande est cuite, versez dans la poêle 1 ou 2 cuillerées à soupe de cognac, de fine ou d'armagnac. Portez à ébullition et faites flamber sur le feu. Retirez ensuite la viande et délayez vivement la crème fraîche avec le jus resté dans la poêle.

Préparation et cuisson : 30 min

côtes (ou escalopes) de veau à l'estragon

Pour 4 personnes :

Côtes (ou escalopes) de veau, 4.
Farine, 1 cuillerée à soupe.
Beurre, 40 g.
Estragon frais, 1 branche.
Vin blanc sec, 1/2 verre.
Crème fraîche, 4 cuillerées à soupe.
Sel, poivre.

1 Salez et poivrez les côtes (ou les escalopes) de veau. Poudrez-les légèrement de farine, des deux côtés.

2 Dans une grande poêle, faites chauffer le beurre. Déposez-y les côtes (ou les escalopes) de veau. Laissez-les dorer de 3 à 4 min de chaque côté.

3 Ajoutez le vin blanc dans la poêle, puis les tiges d'estragon effeuillées (les feuilles seront utilisées plus tard). Couvrez. Terminez, sur feu doux, la cuisson des côtes pendant 10 à 15 min, suivant leur épaisseur.

4 Retirez la viande de la poêle. Déposez-la dans un plat chaud. Remettez la poêle sur le feu. Ôtez les tiges d'estragon. Faites bouillir la sauce 1 ou 2 min sur grand feu. Puis, à feu plus doux, incorporez-y la crème fraîche, les feuilles d'estragon finement hachées. Laissez bouillir 1 min encore. Salez et poivrez au besoin. Versez sur la viande et servez.

Mon avis

• Cette recette ne peut se faire qu'avec de l'estragon frais. Elle est donc plutôt saisonnière.
• Utilisez, de préférence, de la crème fraîche. Vous ne risquerez pas de voir « tourner » votre délicieuse sauce.

Préparation et cuisson : 15 min

côtes (ou escalopes) de veau aux champignons

Pour 4 personnes :

Côtes (ou escalopes) de veau, 4.
Beurre, 40 g.
Farine, 1 cuillerée à soupe.
Champignons de Paris, 150 g.
Citron, 1/2.
Sel, poivre.

1 Salez, poivrez les côtes (ou les escalopes) de veau, puis farinez-les légèrement de part et d'autre.

2 Faites chauffer le beurre dans la poêle. Déposez-y les côtes (ou les escalopes) et laissez-les dorer d'un côté, sur feu moyen, de 4 à 5 min.

3 Pendant ce temps, nettoyez les champignons. Retournez la viande. Ajoutez-y les champignons. Salez, poivrez et aspergez-les de jus de citron. Laissez cuire 5 min.

4 Déposez la viande sur un plat chaud. Mettez les champignons tout autour, arrosés de sauce de cuisson.

Mon avis

• Il n'est pas indispensable de fariner la viande mais c'est conseillé : elle dore mieux et reste plus moelleuse.
• Les escalopes cuisent un peu plus vite que les côtes, plus épaisses près de l'os.
• Le jus de citron empêche les champignons de noircir en cuisant.
• Une fois la viande et les champignons retirés de la poêle, je délaye dans la sauce restée sur le feu 1 ou 2 cuillerées de crème fraîche pour lier. Après un gros bouillon, je verse cette sauce sur mon plat.

VIANDES ET VOLAILLES I TRÈS FACILE I BON MARCHÉ

Préparation et cuisson : 30 min

côtes de porc à la flamande

Pour 4 personnes :

Côtes de porc, 4.

Beurre, 40 g.

Pommes-fruits, golden (à chair ferme), 4.

Sel, poivre.

1 Faites chauffer 1 grosse noix de beurre dans une poêle. Déposez-y les côtes de porc et laissez-les cuire de 7 à 8 min sur chaque face, à feu moyen. Salez et poivrez.

2 Pendant la cuisson du porc, épluchez les pommes. Coupez-les en lamelles assez fines.

3 Retirez les côtes de porc de la poêle. Mettez-les dans un plat. Couvrez-le et gardez-le au chaud.

4 Remettez 20 g de beurre dans la même poêle. Faites-y sauter les pommes, sur feu vif, pendant 5 ou 6 min. Disposez-les dans le plat, autour de la viande.

Mon avis

• La pomme de terre – à l'eau ou en purée – s'accommodera très bien de l'association, un peu audacieuse, pommes-fruits et viande.

• Les pommes-fruits accompagnant de la viande doivent cuire nature, c'est-à-dire sans sel ni sucre.

Préparation et cuisson : 30 min

côtes de porc panées

Pour 4 personnes :

Côtes de porc, 4.
Farine, 2 cuillerées à soupe.
Œuf, 1.
Chapelure, 4 cuillerées à soupe.
Beurre, 50 g.
Vinaigre, 2 cuillerées à soupe.
Sel, poivre.

1 Salez et poivrez les côtes de porc. Passez-les, de part et d'autre et dans l'ordre, dans la farine, dans l'œuf battu salé et poivré puis dans la chapelure. Tapotez avec le plat d'un couteau pour faire bien adhérer la chapelure.

2 Faites chauffer le beurre dans une grande poêle. Déposez-y les côtes de porc panées et laissez cuire, sur feu moyen, de 8 à 10 min sur chaque face. Mettez les côtes dans un plat. Reportez la poêle sur le feu avec 2 cuillerées à soupe de vinaigre. Faites bouillir 1 à 2 min en mélangeant avec une cuiller en bois. Versez sur la viande et servez aussitôt.

Mon avis

- Avant de paner un aliment, préparez 3 assiettes. Dans la première, mettez la farine ; dans la seconde, l'œuf salé et poivré battu en omelette ; dans la dernière, de la chapelure ou de la biscotte écrasée finement. Passez, des deux côtés, l'aliment à paner dans les 3 assiettes, en respectant bien l'ordre.
- Vous pouvez vous abstenir de « déglacer » la poêle avec un peu de vinaigre mais, en ce cas, accompagnez de citron. Cette courte sauce-minute relève la saveur de la viande de porc, un peu fade.

Préparation et cuisson : 40 min

côtes de veau Lucullus

Pour 4 personnes :

Côtes de veau épaisses, 4.
Fines tranches de bacon ou de jambon fumé, 4 (100 g).
Gruyère râpé, 50 g.
Beurre, 50 g.
Citron, 1.
Sel, poivre.

1 Fendez la viande dans l'épaisseur jusqu'à l'os. À l'intérieur de chaque côte, glissez 1 tranche de bacon ou de jambon fumé et 2 pincées de gruyère râpé ; poivrez. Refermez en pressant.

2 Faites chauffer 40 g de beurre dans une poêle. Mettez-y les côtes à dorer 5 min sur chaque face. Salez, poivrez. Couvrez et laissez mijoter de 5 à 10 min, selon l'épaisseur de la viande. Préchauffez le four à 230 °C (th. 7-8).

3 Déposez les côtes dans un plat à feu. Parsemez-les de gruyère râpé et de noisettes de beurre. Faites gratiner en haut du four pendant 10 min. Au sortir du four, aspergez de jus de citron avant de servir.

Mon avis

• Vous pouvez demander à votre boucher de fendre les côtes de veau horizontalement jusqu'à l'os.
• On ne fait pas tous les jours ce bon plat facile à préparer parce qu'il revient assez cher mais il fait toujours beaucoup d'effet.
• Pour l'accompagner : des spaghettis ou du riz nature et un vin rouge léger qui vient d'Italie... comme cette recette. Mettez au four 4 tomates entières 5 min avant d'y enfourner la viande. Elles continueront à cuire en même temps que celle-ci.

Préparation et cuisson : 1 h 15. **À dégorger :** 30 min

courgettes à la marseillaise

Pour 4 personnes :

Courgettes, 4.
Huile d'olive, 3 cuillerées à soupe.
Oignon, 1.
Ail, 1 gousse.
Tomates, 2.
Riz, 80 g (environ 5 cuillerées à soupe rases).
Sel, poivre.

1 Coupez les courgettes en dés. Laissez-les dégorger 15 min avec du sel. Hachez finement la gousse d'ail et l'oignon. Pelez les tomates mais ce n'est pas indispensable. Coupez-les grossièrement.

2 Faites chauffer l'huile dans une cocotte. Jetez-y ail, oignon et tomates. Au bout de 5 min, ajoutez les courgettes. Salez et poivrez généreusement. Couvrez. Laissez mijoter 30 min.

3 Lavez et égouttez 80 g de riz. Mettez-le dans la cocotte. Mélangez avec une fourchette. Laissez cuire, à couvert, sur feu doux, environ 25 min de plus (ou le temps indiqué sur le paquet).

Mon avis

- Inutile d'éplucher les courgettes, par contre, lavez-les bien car leur peau – un peu poilue – retient la terre.
- Pour peler facilement les tomates, plongez-les 1 min, pas plus, dans l'eau bouillante.
- Les courgettes rendent en général suffisamment de jus pour que le riz y cuise sans autre liquide. Toutefois, si le riz vous paraissait un peu sec vers la fin de la cuisson, ajoutez-y un peu d'eau bouillante.

Préparation et cuisson : 1 h. **À dégorger** : 30 min

courgettes gratinées au four

Pour 4 personnes :

Courgettes, 4 petites.
Huile d'olive, 2 à 3 cuillerées à soupe.
Tomates, 4.
Ail, 2 gousses.
Persil.
Chapelure, 2 cuillerées à soupe.
Sel, poivre.

1 Lavez les courgettes. Coupez-les en rondelles sans les éplucher. Laissez-les dégorger 30 min avec du sel.

2 Faites chauffer l'huile d'olive dans la poêle. Épongez bien les courgettes. Mettez-les à cuire sur feu modéré en plusieurs fois, car elles doivent être toutes en contact avec le fond de la poêle (2 min de cuisson sur chaque face). Égouttez-les et disposez-les ensuite dans un plat allant au four. Salez et poivrez. Préchauffez le four à 170 °C (th. 5-6).

3 Coupez les tomates non épluchées en deux. Disposez-les en couronne sur les courgettes. Hachez finement ail et persil. Parsemez-en, en même temps que de chapelure. Enfournez pendant 30 min.

Mon avis

On peut presque toujours supprimer la chapelure, mais c'est dommage. Il est si facile d'écraser 1 ou 2 biscottes avec un rouleau à pâtisserie ou avec une petite moulinette. Cette chapelure maison est très économique.

Préparation et cuisson : 3 h

COUSCOUS

Pour 8 personnes :

Semoule moyenne, 1 kg.
Mouton (collier ou plat de cotes), 1 kg.
Oignons, 4.
Concentré de tomates, 1 petite boîte (70 g).
Ail, 2 gousses.
Raisins de Smyrne, 100 g.
Huile d'olive, 1 tasse.
Poulet (un peu ferme), 1,2 kg.
Carottes, 2.
Navets, 2.
Courgettes, 4.
Tomates, 2.
Pois chiches en conserve, 1 petite boîte.
Piments doux (*morones*), 1 boîte.
Ras-el-hanout, 1 ou 2 cuillerées à café.
Cumin arabe (*kamoun*), 1 cuillerée à café.
Harissa (sauce forte), 1 petite boîte.
Beurre, 125 g.
Safran, 0,5 g.
Petits pois en conserve, 1/2 boîte.
Sel, poivre.

Matériel :

Couscoussier.

1 Bouillon : dans la marmite à couscous, mettez 2 litres d'eau environ avec la viande de mouton, oignons, safran, sel, poivre, huile d'olive, concentré de tomates, 1 cuillerée à café de harissa, ail. Couvrez. Laissez cuire ce bouillon en tout 2 h.

2 Versez la semoule à couscous dans une grande bassine. Humectez-la, en plusieurs fois, avec de l'eau froide salée jusqu'à ce qu'elle en soit saturée (75 cl environ). Aspergez aussi d'un peu d'huile. Égrenez avec une fourchette. Laissez gonfler le temps indiqué sur le paquet.

3 Quand le bouillon a déjà cuit 30 min, ajoutez-y les carottes et les navets fendus en deux, ainsi que le poulet.

4 Versez la semoule dans la passoire du couscoussier. Posez-la au-dessus du bouillon. Couvrez d'un torchon seulement. Laissez cuire 30 min environ.

5 Au bout de ce temps, reversez la semoule sur un torchon. Aspergez-la abondamment d'eau froide salée. Aérez-la avec une fourchette.

6 Ajoutez au bouillon resté sur le feu les courgettes non épluchées et les tomates coupées, 1 ou 2 cuillerées à café de *ras-el-hanout* et le *kamoun*. Remettez la semoule dans la passoire, au-dessus du bouillon. Laissez cuire à nouveau, couvert d'un torchon, 30 min.

7 Versez un peu de bouillon dans une casserole. Mettez-y les petits pois, les raisins préalablement lavés, les pois chiches égouttés, les piments doux et plus ou moins de harissa pour pimenter. Mettez sur feu doux jusqu'à frémissement.

8 Versez enfin le couscous dans un très grand plat creux. Incorporez-y

Remarques

Ceci est une recette de couscous parmi d'autres, car il en existe bien des variantes.

Choisissez un poulet pas trop tendre, sinon il se déferait dans le bouillon. Une petite poule peut faire l'affaire.

Les épices : *ras-el-hanout*, *kamoun* et harissa se trouvent dans les magasins de produits exotiques. Le *kamoun*, à la rigueur, peut être remplacé par du cumin ordinaire.

Le couscoussier, en aluminium généralement, se compose d'une marmite surmontée d'une sorte de passoire qui s'y emboîte parfaitement. On en trouve chez les quincailliers. Le couscoussier peut aussi servir à cuire des pommes de terre à la vapeur et tous autres légumes, le pot-au-feu, la blanquette, etc.

Ne buvez pas beaucoup avec le couscous. On peut, selon la tradition, servir pour l'accompagner du thé vert à la menthe ou bien un vin rouge léger, assez frais.

125 g de beurre par petits morceaux. Mettez le couscous en dôme. Formez un creux au centre pour y verser la viande coupée en morceaux et les légumes. À part, présentez le bouillon et un petit récipient de harissa (sauce forte). Chaque convive arrosera son couscous de bouillon et l'épicera à son gré.

Mon avis

- Pour un couscous plus économique, remplacer le poulet par des abattis de volaille ; le bouillon sera quand même excellent.
- Vous pouvez compléter avec un peu de viande de bœuf à pot-au-feu.
- Toutes sortes de légumes peuvent être ajoutés au couscous : aubergines, fonds d'artichauts, chou, fèves, etc.
- Prenez bien garde à utiliser de la semoule pour couscous.

POISSONS, CRUSTACÉS ET FRUITS DE MER I TRÈS FACILE I RAISONNABLE

Préparation et cuisson : 30 min

crabe au naturel

Pour 4 personnes :

Crabe, 1 seul de 1 kg à 1,5 kg ou 2 moyens.

Bouquet garni (persil, thym, laurier).

Sel, poivre.

1 Faites bouillir de l'eau dans une grande casserole avec sel, bouquet garni et poivre.

2 Plongez le crabe vivant dans l'eau en ébullition. Laissez-le bouillir de 20 à 30 min, suivant sa grosseur. Égouttez-le aussitôt cuit et arrosez-le d'eau froide pour le raffermir.

Mon avis

• Les crustacés doivent être achetés vivants : vigoureux et pesants parce que bien pleins. Si vous les achetez cuits, sentez-les pour être fixé sur leur état de fraîcheur. Il y a des périodes où le crabe est très bon marché. Sachez en profiter.

• Présentez le crabe à la bonne franquette : simplement tranché en quatre. Mettez un casse-noix sur la table. Chacun décortiquera sa part, plus ou moins proprement, avec les doigts. Si vous avez des rince-doigts – de simples bols font l'affaire – apportez-les à table.

SOUPES ET CONSOMMÉS | FACILE | BON MARCHÉ

Préparation et cuisson : 45 min

crème à l'oseille

Pour 4 personnes :

Oseille, 250 g.

Beurre, 25 g.

Pommes de terre, 500 g.

Crème fraîche, 1 ou 2 cuillerées à soupe.

Sel.

1 Épluchez les pommes de terre. Coupez-les en morceaux. Faites-les bouillir 30 min dans 125 cl d'eau salée. Couvrez.

2 Pendant ce temps, lavez l'oseille. Hachez-la. Faites-la « fondre », sur feu moyen, avec 1 grosse noix de beurre, en tournant avec une cuiller en bois, pendant 5 min. Égouttez-la au besoin et ajoutez-la aux pommes de terre ; elles finiront leur cuisson avec l'oseille.

3 Passez le potage au moulin à légumes ou au mixeur. Incorporez-y la crème fraîche et servez.

Mon avis

• L'oseille risquant d'attacher au fond de la casserole, il faut la mélanger pendant la cuisson.

• Ne la mettez pas directement dans le potage ; elle peut lui donner un goût acide. Il vaut mieux la faire mijoter doucement quelques minutes auparavant.

DESSERTS I DIFFICILE I RAISONNABLE

Préparation et cuisson : 20 min. **Au frais :** 2 à 3 h

crème anglaise

Pour 4 personnes :

Lait, 50 cl.

Jaunes d'œufs très frais, 4 ou 5.

Sucre en poudre, 100 g (6 cuillerées à soupe).

Sel, 1 très petite pincée.

Sucre vanillé, 1 sachet ou 1 gousse.

1 Faites bouillir le lait avec un soupçon de sel et la vanille.

2 Mettez les jaunes d'œufs dans une terrine avec le sucre. Travaillez le tout avec une cuiller en bois, jusqu'à ce que le mélange blanchisse un peu. Incorporez-y, peu à peu, hors du feu, le lait bouillant.

3 Reversez dans la casserole. Reportez celle-ci sur feu doux, sans cesser de remuer avec la cuiller en bois et en grattant bien le fond, jusqu'à ce que la crème prenne un peu de consistance et enrobe la cuiller. Retirez du feu juste avant l'ébullition, sinon la crème tournerait. Servez cette crème très froide.

Mon avis

• Un bon truc pour les débutantes : délayez au départ 1 cuillerée à café de fécule de pommes de terre avec le lait et votre crème ne tournera pas.

• Vous pouvez même vous permettre d'y ajouter que 2 ou 3 jaunes d'œufs pour un dessert économique. Forcez un peu sur le parfum : vanille ou zeste de citron.

• La crème ne doit surtout pas bouillir. Si votre crème a pris un coup de chaleur et « tourne », retirez-la immédiatement du feu et fouettez-la avec un batteur.

• Pour un arôme plus accentué, cuisez la crème avec une gousse de vanille fendue et grattée au-dessus du lait. On peut parfumer cette crème de mille façons : avec 1 zeste de citron, du caramel liquide du commerce, 1 cuillerée de café soluble, etc.

DESSERTS I DIFFICILE I RAISONNABLE

Préparation et cuisson : 20 min. **Au frais :** 2 à 3 h

crème au chocolat

Pour 4 personnes :

Chocolat noir, 100 g.

Crème anglaise :

Lait, 50 cl.

Jaunes d'œufs, 4 ou 5.

Sucre en poudre, 100 g (6 cuillerées à soupe).

Sel, 1 pincée.

1 Faites bouillir 50 cl de lait avec un soupçon de sel, et le chocolat cassé en morceaux.

2 Mettez les jaunes d'œufs dans une terrine avec le sucre. Travaillez le tout avec une cuiller en bois, jusqu'à ce que le mélange blanchisse un peu. Incorporez-y, peu à peu, hors du feu, le lait bouillant chocolaté.

3 Reversez dans la casserole. Reportez celle-ci sur feu doux, sans cesser de remuer avec la cuiller en bois et en grattant bien le fond, jusqu'à ce que la crème prenne un peu de consistance et enrobe la cuiller. Retirez du feu avant l'ébullition, sinon la crème tournerait. Servez très froid avec des biscuits à la cuiller.

Mon avis

Si vous utilisez du chocolat en poudre, déjà bien sucré, mettez moins de sucre dans votre crème.

DESSERTS I DIFFICILE I CHER

Préparation : 10 min

crème Chantilly (ou crème fouettée)

Pour 4 personnes :

Crème fraîche liquide pasteurisée («fleurette»), 20 cl.

Sucre vanillé, 2 ou 3 sachets.

1 Mettez la crème fraîche à l'endroit le plus froid du réfrigérateur avant de la battre.

2 Battez avec un fouet à longues branches (genre fouet à sauce), sur un rythme assez lent et d'un geste assez large, de façon à incorporer le plus d'air possible dans la crème. Ou procédez avec un batteur électrique si votre crème est assez liquide et bien froide.

3 Dès que la crème mousse et tient aux branches du fouet, incorporez le sucre vanillé puis cessez immédiatement de la battre car elle tournerait assez vite en beurre. Conservez-la au frais jusqu'au moment de la servir.

Mon avis

La crème fraîche doit être extrêmement froide, ainsi que le bol où vous la fouettez. Si vous n'avez pas eu le temps de la laisser séjourner dans un réfrigérateur, mettez le bol de crème sur de la glace pilée pendant toute l'opération de fouettage.

DESSERTS | TRÈS FACILE | RAISONNABLE

Préparation et cuisson : 15 min

crème pâtissière

Pour 4 personnes :

Lait, 50 cl.
Œufs, 4.
Sucre, 150 g (8 cuillerées à soupe).
Sucre vanillé, 2 sachets.
Farine, 30 g (1 cuillerée à soupe très pleine).
Sel, 1 pincée.

1 Mettez le lait salé à bouillir dans une grande casserole.

2 Avec le fouet à sauce, travaillez le sucre, le sucre vanillé et les œufs entiers dans un saladier jusqu'à ce que le mélange blanchisse. Incorporez-y ensuite la farine, puis le lait bouillant, peu à peu.

3 Reversez dans la casserole et laissez cuire doucement, sans cesser de remuer avec une cuiller en bois jusqu'à ce que la crème épaississe. Ne laissez pas attacher au fond de la casserole. Laissez bouillir quelques instants et retirez du feu.

Mon avis

• La crème pâtissière est généralement utilisée pour garnir un fond de tarte. Si elle est destinée à fourrer des choux, faites-la plus épaisse : mettez 2 cuillerées à soupe de farine au lieu d'une seule et 175 g de sucre.

• Vous pouvez la parfumer au kirsch ou au rhum, aussi bien qu'à la vanille. Un bâton de vanille parfume autant que le sucre vanillé, sinon mieux s'il est très frais : mettez-le dans le lait. Remuez la crème de temps en temps pendant qu'elle refroidit, pour éviter la formation d'une peau à la surface. Une noix de beurre juste fondue en surface évitera ce désagrément.

• Il est tout simple de faire une très bonne frangipane à partir d'une crème pâtissière. Il suffit d'y ajouter 2 cuillerées à soupe de poudre d'amandes ou même 3 ou 4 macarons finement écrasés.
La frangipane s'étale sur le fond d'une croûte à tarte.

Préparation et cuisson : 1 h. **Au frais :** 2 à 3 h

crème renversée au caramel

Pour 4 personnes :

Crème :
Lait, 50 cl
Sucre en poudre, 100 g (6 cuillerées à soupe).
Sucre vanillé, 1 sachet.
Œufs, 3 ou 4.

Caramel :
Sucre en poudre, 50 g (3 cuillerées à soupe).
Citron, quelques gouttes.

1 Caramel : dans un moule, mettez le sucre, 1/4 de verre d'eau et quelques gouttes de jus de citron. Faites cuire sur feu moyen. Quand le caramel commence à prendre couleur, faites-le voyager à l'intérieur du moule en le tenant sur le feu. Retirez du feu aussitôt que le caramel est suffisamment coloré pour votre goût.

2 Préchauffez le four à 200 °C (th.6-7). Faites bouillir le lait avec le sucre et le sucre vanillé.

3 Battez les œufs en omelette dans un saladier. Versez-y le lait bouillant, petit à petit en fouettant sans arrêt.

4 Versez le mélange dans le moule caramélisé. Déposez celui-ci sur la plaque creuse du four, emplie d'eau (bain-marie). Enfournez de 30 à 45 min. Ne laissez surtout pas bouillir. La crème est suffisamment cuite lorsqu'elle est ferme sous le doigt et couverte d'une croûte dorée. Laissez refroidir complètement avant de démouler.

Mon avis

- Enfilez une moufle ou un gant de cuisine pour manipuler le moule enduit de caramel brûlant. À défaut de gant, utilisez un petit carré de tissu éponge, mais surtout pas un grand torchon avec lequel vous risquez d'accrocher la queue d'une casserole.
- Pour récupérer le caramel resté au fond du moule, versez dessus 2 à 3 cuillerées à soupe d'eau chaude. Reportez doucement à ébullition en frottant le fond du moule avec une cuiller en bois, puis versez sur la crème.
- Plus pratique : le caramel liquide vendu en petites bouteilles dans le commerce.

Préparation et cuisson : 30 min. **Repos avant cuisson :** 1 h

crêpes

Pour 4 personnes, soit 12 crêpes moyennes :

Farine, 150 g (5 cuillerées à soupe très pleines).
Œufs, 2.
Lait, 2,5 verres environ.
Beurre, 40 g.
Sucre en poudre.
Sel, 1/2 cuillerée à café.

Matériel :

Petite poêle antiadhésive, 1.

1 Dans une terrine, mettez la farine et le sel. Cassez-y les œufs et mélangez avec une cuiller en bois jusqu'à ce que vous obteniez une pâte lisse. Incorporez-y, peu à peu, le lait froid et 1 noix de beurre fondue. Battez bien cette pâte assez liquide.

2 Faites cuire les crêpes en versant un peu de pâte dans une poêle très chaude, sur feu vif. Faites tout de suite voyager la pâte au fond de la poêle pour qu'elle s'étale en couche très fine. Quand la crêpe est cuite d'un côté, elle se décolle sur les bords. Retournez-la et laissez-la cuire rapidement jusqu'à ce qu'elle se décolle facilement. Mettez un peu de beurre dans la poêle entre chaque crêpe.

3 Saupoudrez les crêpes de sucre en poudre au fur et à mesure de la cuisson et pliez-les en quatre ou roulez-les. Disposez-les dans un plat chaud.

Mon avis

- S'il reste des crêpes, utilisez-les dès le lendemain pour préparer une entrée ou un dessert un peu différent. Les crêpes, bien enveloppées dans du papier d'aluminium, se conservent très bien deux ou trois jours dans le réfrigérateur.
- Avec un mixeur électrique, le travail est plus rapide : mettez tous les ingrédients solides et liquides à la fois, dans un bol ; mixez et battez quelques secondes.
- Autant que possible, laissez reposer la pâte 1 h ou plus avant de la cuire.
- Plutôt que d'ajouter du beurre entre chaque crêpe, badigeonnez la poêle avec du papier absorbant huilé. Elles seront moins grasses.

DESSERTS | FACILE | BON MARCHÉ

Préparation et cuisson : 15 min

crêpes à l'orange

Pour 4 personnes :

Crêpes froides, 8.
Beurre, 50 g.
Oranges, 2.
Sucre en poudre, 75 g
(4 à 5 cuillerées à soupe).

Matériel :

Petite poêle antiadhésive, 1.

1 Préparez une pâte à crêpes (voir recette p. 206) ou utilisez quelques crêpes restant d'un repas précédent. Sucrez-les abondamment et pliez-les en quatre.

2 Faites juste fondre un bon morceau de beurre dans une grande poêle, sur feu doux. Déposez-y 4 crêpes côte à côte. Retournez-les au bout de quelques instants. Déposez-les ensuite dans un plat tenu au chaud. Remettez un morceau de beurre dans la poêle et faites-y chauffer les 4 autres crêpes de la même façon. Une fois chaudes, déposez-les sur les autres crêpes.

3 Pressez les 2 oranges. Versez leur jus dans la poêle. Ajoutez-y 2 bonnes cuillerées à soupe de sucre. Portez juste à ébullition en délayant avec une cuiller en bois. Versez sur les crêpes et servez chaud.

Mon avis

- Quand il n'y a pas d'enfants à table, j'ajoute dans la poêle un peu de rhum au jus d'orange. Je peux même le faire flamber si j'en mets suffisamment et j'en arrose mes crêpes qui sont fameuses.
- Si vous faites de la pâte à crêpes spécialement pour cette recette, râpez-y le zeste d'une orange pour la parfumer.

Préparation et cuisson : 40 min

crêpes flambées au rhum

Pour 4 personnes, soit 12 crêpes moyennes :

Farine, 150 g (5 cuillerées à soupe très pleines).
Œufs, 2.
Lait, 2,5 verres environ.
Sel, 1/4 de cuillerée à café.
Beurre, 40 g.
Sucre en poudre, 100 g environ (6 cuillerées à soupe).
Rhum, 2 ou 3 verres à liqueur.

Matériel :

Petite poêle antiadhésive, 1.

1 Dans une terrine, mettez la farine et le sel. Cassez-y les œufs et mélangez avec une cuiller en bois jusqu'à ce que vous obteniez une pâte lisse. Incorporez-y, peu à peu, le lait froid et 1 noix de beurre fondu. Battez bien cette pâte assez liquide. Utilisez un batteur électrique pour aller plus vite. Faites sauter des crêpes bien fines dans une poêle très chaude, sur feu vif. Mettez un peu de beurre dans la poêle entre chaque cuisson.

2 Au fur et à mesure de leur cuisson, sucrez les crêpes et pliez-les en quatre. Déposez-les dans un plat que vous garderez au chaud.

3 Au moment de servir, versez le rhum dans une petite casserole. Portez-le à ébullition. Enflammez-le sur le feu et versez-le, flambant, sur les crêpes bien chaudes. Servez aussitôt.

Mon avis

• Gardez les crêpes au chaud : dans le four chaud, mais éteint, ou entre deux assiettes posées sur une casserole d'eau en ébullition.
• Le mieux est d'apporter les crêpes et le rhum bouillant à table, d'enflammer ce dernier et de le verser brûlant sur les crêpes devant les convives. Un petit réchaud, ou chauffe-plat à bougie, peut faciliter ce tour de magie.

Préparation et cuisson : 1 h

crêpes fourrées sauce Mornay

Pour 4 personnes :

Pâte à crêpes :

Farine, 150 g (5 cuillerées à soupe bombées).

Œufs, 2.

Lait, 2 verres ordinaires.

Beurre, 40 g.

Sel, 1/2 cuillerée à café.

Matériel :

Poêle antiadhésive de taille moyenne (18 cm de diamètre), 1.

Sauce Mornay :

Beurre, 30 g.

Farine, 30 g (1 cuillerée à soupe bombée).

Lait, 50 cl (3 verres).

Gruyère râpé, 50 g.

Sel, poivre.

1 Crêpes : dans une terrine, mettez la farine et le sel. Cassez-y les œufs et mélangez avec une cuiller en bois jusqu'à ce que vous obteniez une pâte lisse. Incorporez-y peu à peu le lait froid et 1 noix de beurre fondu. Battez bien. Utilisez un batteur électrique très pratique pour ces manipulations. Cette pâte doit être assez liquide. Faites cuire les crêpes dans une poêle très chaude, sur feu vif. Mettez un peu de beurre dans la poêle entre chaque cuisson.

2 Sauce Mornay : faites fondre sur feu doux le beurre. Ajoutez-y la farine. Délayez sur le feu pendant quelques secondes jusqu'à ce que le mélange soit mousseux. Ajoutez-y d'un seul coup le lait froid. Salez et poivrez. Mélangez jusqu'à épaississement. Laissez cuire à feu extrêmement doux, une dizaine de minutes. Hors du feu, incorporez-y 40 g de gruyère râpé.

3 Préchauffez le four à 230 °C (th. 7-8) ou allumez le grilloir du haut, si vous en avez un.

4 Déposez 1 grosse cuillerée à soupe de sauce sur chaque crêpe. Roulez-la pour l'enfermer. Disposez les crêpes dans un plat à gratin beurré. Parsemez de gruyère râpé et de noisettes de beurre. Faites gratiner quelques minutes en haut du four.

Mon avis

- Avec les proportions indiquées, vous obtiendrez environ 16 crêpes moyennes (18 cm de diamètre).
- La quantité de liquide nécessaire pour mouiller la pâte peut varier légèrement suivant la qualité de la farine employée et la grosseur des œufs.
- Bien sûr, il vous restera des crêpes, mais cela vous laisse le luxe de choisir les plus belles pour cette recette et d'utiliser le reste au cours des deux ou trois jours qui suivront.
- Cette préparation peut devenir le plat principal d'un repas du soir si vous garnissez chaque crêpe, avant de la rouler, avec de la sauce et une demi-tranche de jambon.
- Entièrement fait quelques heures à l'avance, enfournez ce plat à four doux pendant 15 min au moins puis faites-le gratiner quelques minutes avant de le présenter à table.

Préparation et cuisson : 10 min

crevettes au naturel

Pour 4 personnes :

Crevettes vivantes (roses ou grises), 500 g.

Bouquet garni (persil, thym, 1/2 feuille de laurier).

Gros sel, poivre.

1 Faire bouillir une casserole d'eau très salée avec du gros sel, le bouquet garni et du poivre.

2 Jetez les crevettes vivantes dans cette eau en ébullition. Laissez frémir – sans bouillir – juste 3 min. Égouttez et servez tiède de préférence, ou froid.

Mon avis

• Si vous êtes au bord de la mer, faites cuire les crevettes dans de l'eau de mer. Bien entendu, vous ne la salerez pas.

• Vous pouvez aussi les faire sauter simplement à la poêle 3 min.

• Vous pouvez présenter les crevettes sur des morceaux de pain beurré comme sur la photo.

Préparation et cuisson : 30 min

croissant au jambon

Pour 4 personnes :

Croissant, 4.

Farce :

Farine, 30 g.

Beurre, 30 g.

Lait, 25 cl environ.

Jambon de Paris, 2 tranches.

Sel, poivre.

1 Préchauffez le four à 200 °C (th. 6-7). Beurrez une tôle à pâtisserie. Disposez la pâte dessus en lui donnant la forme de petits éclairs. Faites cuire 20 min environ.

2 Farce : mélangez, sur feu doux, le beurre et la farine. Ajoutez-y le lait froid. Remuez jusqu'à ébullition. Salez, poivrez. Laissez cuire 10 min. Coupez le jambon en petits morceaux. Incorporez-les à la sauce.

3 Fendez les croissants en deux sans les détacher complètement. Remplissez-les de farce. Mettez-les dans un plat, quelques minutes, à four chaud. Servez chaud.

Mon avis

Pour un repas maigre, je remplace le jambon par des champignons. Une petite boîte de champignons de Paris fait l'affaire. Je les coupe en lamelles avant de les incorporer à la sauce. Attention : salez et poivrez un peu plus.

Préparation et cuisson : 30 min

croque-mignon

Pour 4 personnes :

Brioches, 4.
Œufs, 4 petits.
Beurre, 30 g.
Gruyère râpé, 4 pincées.
Sel, poivre.

1 Tartinez les brioches de beurre.

2 Préchauffez le four à 170 °C (th. 5-6).

3 Creusez les brioches avec un petit couteau, sans percer la croûte. Enduisez l'intérieur de beurre. Salez-les et disposez-les dans un plat à feu. Enfournez pendant 5 min.

4 Retirez les brioches du four. Cassez 1 petit œuf dans chacune. Ajoutez du sel, du poivre et 1 pincée de gruyère râpé. Remettez en haut du four à 200 °C (th. 6-7), jusqu'à ce que le blanc des œufs soit pris (de 10 à 12 min).

Mon avis

• Les enfants, même les plus difficiles, ne se font jamais prier pour croquer cette entrée différente et vite prête.

• Choisissez des œufs petits et des brioches assez ventrues, sinon le blanc d'œuf aura tendance à déborder. Avant d'y casser les œufs, faites bien chauffer les brioches creusées. Le temps de cuisson en sera bien diminué. Attention à la chaleur du four : la brioche, comme les croûtons, brûle vite ! Au besoin, recouvrez-les, en fin de cuisson, d'une feuille d'aluminium.

Préparation et cuisson : 15 min

croque-monsieur

Pour 4 croque-monsieur :

Pain de mie, 8 tranches.

Jambon de Paris, 2 tranches minces.

Gruyère, 100 g.

Beurre, 80 g.

1 Couvrez une tranche de pain d'une lamelle de gruyère, d'une demi-tranche de jambon, à nouveau d'une lamelle de gruyère, puis d'une deuxième tranche de pain. Pressez le tout ensemble pour former un sandwich bien soudé. Procédez de la même façon pour les trois autres croque-monsieur.

2 Dans une grande poêle, faites chauffer modérément 40 g de beurre. Mettez-y les croque-monsieur. Laissez cuire sur feu moyen. Lorsqu'ils sont bien blonds d'un côté, rajoutez 40 g de beurre et retournez-les. Laissez blondir à feu moyen sur l'autre face. Égouttez bien et servez aussitôt.

Mon avis

• Vos croque-monsieur seront moins gras si vous les laissez égoutter sur un papier absorbant pendant quelques instants, avant de les servir.

• Cuits au four, ils seront moins imprégnés de beurre : beurrez les tartines de pain de mie et formez les croque-monsieur comme je l'indique dans la recette. Mettez-les quelques minutes à 200 °C (th. 6-7), très près du grilloir allumé. Retournez-les quand ils sont dorés d'un côté. Ou utilisez un appareil à croque-monsieur.

• Un potage, un croque-monsieur, de la salade et un fruit : votre menu du dîner est tout trouvé.

Préparation et cuisson : 30 min. **Au réfrigérateur** : 2 h

croquettes de maïs

Pour 4 personnes :

Maïs au naturel, 500 g environ (1 boîte).
Chapelure, 5 cuillerées à soupe.
Beurre, 100 g.

Béchamel épaisse :

Beurre, 40 g.
Farine, 60 g (2 cuillerées à soupe très pleines).
Lait, 25 cl.
Jaune d'œuf, 1.
Sel, poivre.

1 Égouttez le maïs avec soin.

2 Béchamel : délayez, sur feu doux, 40 g de beurre et 60 g de farine pendant quelques secondes, jusqu'à ce que le mélange soit mousseux. Ajoutez-y, d'un seul coup, le lait froid. Salez, poivrez. Mélangez jusqu'à épaississement.

3 Incorporez le maïs bien égoutté. Étalez dans un plat creux. Laissez refroidir complètement (si possible dans un réfrigérateur).

4 Découpez-y ensuite des rectangles d'environ 7 cm sur 4 cm. Passez-les dans la chapelure.

5 Faites chauffer 100 g de beurre dans la poêle. Lorsqu'elle est chaude, mais non fumante, déposez les croquettes dedans et faites-les dorer sur feu moyen de 1 à 2 min de chaque côté. Égouttez bien et servez très chaud.

Mon avis

- Avec ces proportions, on obtient environ 10 croquettes.
- Cette béchamel doit être suffisamment épaisse pour tenir les grains de maïs, donc le poids de farine employé est supérieur à celui de la matière grasse ; alors que, dans une béchamel ordinaire, farine et matière grasse sont en quantités égales, et la quantité de lait est double.
- Ces croquettes peuvent accompagner les viandes et les volailles rôties.

CRUDITÉS ET LÉGUMES | FACILE | BON MARCHÉ

Préparation et cuisson : 1 h

croquettes de pommes de terre

Pour 16 croquettes :

Pommes de terre, 800 g.
Beurre, 100 g.
Œufs, 2.
Farine, 1 tasse.
Chapelure.
Sel, poivre.

1 Faites cuire les pommes de terre, avec leur peau, 30 min à l'eau bouillante salée.

2 Épluchez les pommes de terre. Écrasez-les en purée. N'y ajoutez pas de liquide.

3 Séparez les blancs des jaunes d'œufs. Hors du feu, incorporez à la purée, les jaunes d'œufs seulement, 1 cuillerée à soupe de farine, du sel et du poivre. Battez ce mélange épais avec une cuiller en bois.

4 Façonnez des croquettes de purée. Roulez-les successivement dans trois assiettes contenant l'une : la farine, l'autre : les blancs d'œufs légèrement battus, et la troisième : la chapelure.

5 Faites dorer doucement quatre ou cinq croquettes à la fois, dans une grande poêle contenant du beurre pas trop chaud. Une fois dorées d'un côté, retournez-les avec une cuiller pour ne pas les briser.

Mon avis

• N'ajoutez pas de liquide à la purée, car les croquettes trop molles auraient tendance à se désagréger dans la poêle. Ne faites pas cuire trop de croquettes à la fois, vous auriez du mal à les retourner sans les abîmer. Mettez suffisamment de beurre ou d'huile pour les cuire, sinon elles attacheraient au fond.

• Pour des croquettes de pommes de terre à l'ail, ajoutez un fin hachis d'ail et de persil, ou d'ail et de ciboulette à votre purée, puis faites les croquettes comme d'habitude. C'est aussi très bon. C'est encore meilleur avec de vieilles pommes de terre qu'avec des pommes de terre nouvelles qui tiennent mal.

Préparation et cuisson : 40 min

crosnes sautés

Pour 4 personnes :

Crosnes, 750 g.
Beurre, 30 g.
Persil, cerfeuil.
Gros sel.
Sel, poivre.

1 Mettez de l'eau salée à bouillir dans une grande casserole.

2 Pendant ce temps, nettoyez les crosnes. Coupez-en les extrémités. Mettez-les dans un torchon avec du gros sel. Refermez le torchon et frottez bien pour que le gros sel gratte les crosnes. Secouez-les en maintenant bien les extrémités du torchon. Lavez-les ensuite à grande eau, puis jetez-les dans l'eau en ébullition. Laissez cuire de 15 à 20 min. Égouttez.

3 Faites-les sauter ensuite dans le beurre. Ajoutez persil et cerfeuil coupés et servez.

Mon avis

Si vous manquez de temps pour les faire sauter à la poêle, vous pouvez tout simplement ajouter le beurre et les fines herbes hachées aux crosnes, au sortir de l'eau.

Préparation : 15 min

crottin chaud en salade

Pour 4 personnes :

Crottins, 4.
Salade, 1.
Pain, 4 tranches.
Ciboulette.
Huile, 1 cuillerée à soupe.
Tomate, 1 (facultatif).

Sauce :

Huile, 2 cuillerées à soupe.
Vinaigre, 1 cuillerée à soupe.
Moutarde, 1 cuillerée à café.
Sel, poivre.

1 Dans un saladier, délayez : vinaigre, sel, huile, moutarde, poivre. Épluchez et lavez la salade.

2 Coupez les crottins en deux. Huilez-les. Posez chacun sur une tranche de pain (face coupée dessous). Faites gratiner sous le grilloir du four en surveillant bien. Posez sur la salade assaisonnée. Parsemez de ciboulette coupée. Décorez éventuellement de tomate avant de servir.

Mon avis

• Ajoutez dans la salade des lamelles de pommes-fruits et des raisins secs.

• On peut aussi corser la sauce avec un trait de cognac (s'il n'y a pas d'enfants à table).

Préparation et cuisson : 15 min

croûte au pot gratinée

Pour 4 personnes :

Bouillon de viande concentré, 2 tablettes.

Tranches de pain grillé ou rassis (ou biscottes), 4.

Gruyère râpé, 50 g.

Beurre, 1 noix.

1 Dans une cocotte allant au four, faites chauffer 1 litre d'eau. Ajoutez les 2 tablettes de bouillon concentré (ni sel, ni poivre ; le bouillon en tablette est assaisonné). Allumez le four ou mieux le grilloir.

2 Lorsque les tablettes sont fondues, retirez du feu. Disposez le pain à la surface. Saupoudrez de gruyère râpé. Parsemez de noisettes de beurre. Faites gratiner quelques minutes dans le haut du four très chaud.

Mon avis

• Excellent potage pour des invités de grand appétit arrivant chez vous à l'improviste.

• Vous pouvez l'améliorer encore en y ajoutant quelques oignons émincés et dorés à la poêle, ainsi qu'un petit verre à apéritif de porto, avant de mettre à gratiner.

CRUDITÉS ET LÉGUMES I TRÈS FACILE I RAISONNABLE

Préparation : 10 min

crudités vinaigrette

Pour 4 personnes :

Endives, 2.
Cresson, 1 botte.
Concombre, 1/2.
Carotte, 3.
Champignons de Paris, 250 g.
Citron, 2.
Huile, 3 cuillerées à soupe.

Vinaigrette :

Huile, 3 cuillerées à soupe.
Vinaigre, 1 cuillerée à soupe.
Sel, poivre.

1 Endives : ôtez les feuilles flétries. Avec un couteau pointu, creusez l'intérieur du pied qui est parfois amer.

2 Cresson : séparez les belles feuilles vertes des tiges. Lavez-les à grande eau. Égouttez avec soin.

3 Concombre : rincez le concombre. Fendez-le en deux. S'il a de gros pépins, ôtez-les en creusant l'intérieur du concombre à l'aide d'une petite cuiller. Coupez-le en rondelles fines. Saupoudrez de sel et, si possible, laissez dégorger au frais 1 h environ. Égouttez bien.

4 Râpez finement les carottes crues. Aspergez-les tout de suite d'un jus de citron et d'huile. Salez, poivrez.

5 Ôtez le pied sableux des champignons. Lavez rapidement ceux-ci. Coupez-les en lamelles et aspergez-les aussitôt d'un jus de citron pour qu'ils restent blancs.

6 Dans un grand saladier, délayez tous les éléments de la vinaigrette. Répartissez sur toutes les crudités (sauf les carottes, déjà assaisonnées).

Mon avis

• À la salade d'endives, vous pouvez ajouter : des demi-noix décortiquées, des pommes-fruits en lamelles, de la betterave rouge en rondelles ou en dés, des pommes de terre, des croûtons frottés d'ail.

• À la salade de cresson, on peut ajouter : des œufs durs, en quartiers ou en rondelles ; des pommes de terre ; des croûtons frottés d'ail ; une échalote hachée.

• Il est inutile de peler le concombre, surtout si vous le faites dégorger (ce qui est une affaire de goût, selon la texture désirée, croquant ou tendre). Le concombre peut être assaisonné de crème fraîche ou avec un mélange moitié mayonnaise et moitié crème fraîche.

• Aux carottes, vous pouvez ajouter : ail haché, olives noires, quartiers d'œufs durs.

• Le choix des champignons est très important pour cette recette où ils sont consommés crus : prenez-les très frais, petits et bien blancs. Leur calotte doit être attachée au pied. Autrement dit, la peau blanche ne doit pas laisser apparaître l'intérieur brun, parce qu'ils sont fermés. Vous pouvez mélanger les champignons avec de la crème fraîche, tout simplement.

• La vinaigrette peut être renforcée avec 1 cuillerée à café de moutarde forte ou aromatisée.

• Si vous aimez les crudités un peu « confites », assaisonnez-les un peu à l'avance et gardez-les au réfrigérateur.

• Pour compléter ce bel assortiment, reportez-vous à la recette des betteraves vinaigrette, chou vinaigrette et artichauts vinaigrette.

Préparation et cuisson : 45 min

crumble aux pommes-poires

Pour 4 personnes :

Pommes, 2.
Poires, 2.
Beurre, 60 g.
Farine, 4 cuillerées à soupe très pleines.
Sucre, 6 cuillerées à soupe.
Sel, 1/2 cuillerée à café.
Plat à four creux moyen, 1.

Remarques

Ce crumble peut se préparer avec d'autres fruits : abricots, prunes, pêches, rhubarbe et abricots secs ou rhubarbe seule en sucrant davantage.

1 Épluchez les fruits. Coupez-les en petits morceaux. Mettez-les dans le plat à four généreusement enduit de beurre. Préchauffez votre four à 200 °C (th. 6-7).

2 Dans un grand saladier, mélangez la farine et le beurre coupé en dés, en frottant entre vos paumes de mains. Ajoutez-y le sucre et le sel. Pétrissez encore pour obtenir un mélange assez sec et granuleux comme du gros sable. Parsemez-en les fruits. Enfournez pour 30 min.

3 Servez tiède ou froid, dans le plat de cuisson.

Mon avis

Si vous hésitez à faire une pâte à tarte parce que vous manquez de confiance en vous ou que vous êtes rebuté par la vaisselle que cela entraîne, cette recette est pour vous ! Toute simple et bien qu'un peu moins présentable, elle est aussi succulente que la meilleure des tartes aux fruits.

Préparation et cuisson : 25 min

cuisses de grenouilles sautées aux fines herbes

Pour 4 personnes :

Cuisses de grenouilles, 4 douzaines.
Beurre, 50 g.
Ail, 1 gousse.
Échalote, 1 petite.
Persil.
Citron, 1.
Poivre de Cayenne, 1 petite pincée.
Sel, poivre.

1 Salez et poivrez les cuisses de grenouilles. Faites-les sauter, sur feu vif, dans une poêle avec le beurre. Laissez cuire 10 min sur feu moyen.

2 Hachez finement l'échalote et l'ail. Mettez-les dans la poêle avec le poivre de Cayenne. Couvrez et laissez cuire doucement 5 min supplémentaires.

3 Saupoudrez de persil haché et servez avec des quartiers de citron.

Mon avis

- Les cuisses de grenouilles se vendent généralement en brochettes toutes préparées. En juin et juillet, leur chair est meilleure. Choisissez-les assez grosses, arrondies et fermes, sans odeur.
- Si votre poêle est trop petite, faites sauter les cuisses de grenouilles en deux fois en ajoutant 30 g de matière grasse par poêlée.
- Pour ne rien laisser perdre de cette sauce parfumée : ajoutez de la mie de pain rassis émiettée (passez-la à la moulinette) à la fin de la cuisson, dans la poêle.

Préparation et cuisson : 3 h 10. **Cuisson en autocuiseur :** 1 h 30. **À mariner :** 24 h

daube provençale

Pour 4 personnes :
Bœuf (gîte coupé en cubes), 1,5 kg.
Lard de poitrine, 200 g.
Beurre, 30 g.
Couenne, 100 g.
Oignons, 4.
Olives noires, 100 g.
Tomates, 2.
Écorce d'orange séchée, 1 petit morceau.
Persil.
Sel, poivre.
Marinade :
Vin blanc, 1 bouteille.
Ail, 3 gousses.
Thym, laurier et persil.
Huile, 2 cuillerées à soupe.

1 La veille, mettez à mariner la viande avec ail, thym, laurier, persil, vin blanc et huile. Réservez au frais.

2 Au moment de cuire la daube, égouttez la viande. Essuyez-la. Faites chauffer le beurre dans une cocotte. Coupez le lard en dés. Mettez-les à revenir, puis retirez-les de la cocotte. À la place, déposez la viande et la couenne. Lorsque le tout est doré, ajoutez les oignons coupés en quatre. Laissez prendre couleur. Mouillez avec la marinade passée jusqu'à hauteur de la viande. Salez, poivrez. Ajoutez le morceau d'écorce d'orange séchée. Couvrez et laissez mijoter 2 h 30 au moins.

3 Coupez les tomates en morceaux. Ajoutez-les dans la cocotte, ainsi que les lardons et les olives, 30 min avant la fin de la cuisson. Présentez le plat parsemé de persil coupé.

Mon avis

• L'huile est indispensable à la marinade. Elle lui permet de mieux garder tout son parfum. Vous pouvez y ajouter également un verre à liqueur de cognac. C'est encore plus fin.
• Il peut être nécessaire de prolonger le temps de cuisson si la viande est particulièrement dure.
• Ce plat est très bon réchauffé. Servez-le avec des pommes de terre cuites à l'eau.

Préparation et cuisson : 1 h 15. **Cuisson en autocuiseur** : 30 min

dinde braisée

Pour 4 personnes :
Dinde en morceaux, 800 g.
Beurre, 30 g.
Carotte, 1.
Oignon, 1.
Cognac, 1 verre à liqueur.
Bouquet garni (persil, thym, laurier).
Sel, poivre.

1 Faites chauffer le beurre dans une cocotte. Mettez-y les morceaux de dinde à dorer sur toutes les faces. Retirez-les de la cocotte.

2 Déposez carotte et oignon coupés en dés dans la cocotte. Lorsqu'ils sont bien revenus, ajoutez-y les morceaux de volaille. Arrosez de cognac. Faites flamber sur feu vif. Puis ajoutez 2 verres d'eau, du sel et du poivre. Laissez mijoter à couvert, de 45 min à 1 h environ, avec le bouquet garni que vous enlèverez au moment de servir.

Mon avis

• Après les fêtes de fin d'année, la dinde est moins coûteuse. Comme elle est généralement très grosse, on la débite en morceaux pour en faciliter la vente. Profitez-en.
• Elle est avantageuse et bonne si vous la préparez comme il faut, c'est-à-dire selon cette recette si simple. La dinde peut être également préparée comme l'oie, la poularde ou la poule. Mais la chair de la dinde étant beaucoup plus sèche, la cuisson doit se faire lentement et à couvert.
• La dinde braisée peut être servie avec des pommes de terre sautées ou en purée, des pâtes, du riz pilaf ou des marrons.

VIANDES ET VOLAILLES I FACILE I RAISONNABLE
Préparation et cuisson : 2 h 15

dindonneau rôti

Pour 10 personnes :
Dindonneau, 3 kg environ.
Beurre, 60 g.
Thym.
Sel, poivre.

1 Préchauffez le four à 230 °C (th. 7-8) 15 min environ avant d'y mettre le dindonneau.

2 Salez et poivrez l'intérieur de la volaille. Mettez-y un bon morceau de beurre et du thym effeuillé. Mettez le dindonneau sur la plaque creuse du four. Tartinez-le de beurre. Salez et poivrez.

3 Enfournez. Lorsque la volaille est bien dorée, au bout de 45 min environ, modérez la chaleur du four à 170 °C (th. 5-6). Laissez cuire encore 1 h 15 (ce qui fera 2 h environ au total). Attention : arrosez très souvent au cours de la cuisson.

4 Déposez le dindonneau dans un plat chaud. Versez un verre et demi d'eau bouillante dans le plat de cuisson. Grattez-en le fond avec une cuiller en bois pour récupérer les sucs de la viande. Portez à ébullition. Salez et poivrez si c'est nécessaire et versez cette sauce à part dans une saucière chaude.

Mon avis

• Les Américaines présentent de la confiture de myrtilles avec le dindonneau rôti. Essayez. Peut-être l'aimerez-vous !
• Comme légumes d'accompagnement : pommes chips, en croquettes, duchesse ; mais aussi : champignons sautés, céleris (en boîte) braisés, petits pois et marrons en purée.

DESSERTS I FACILE I RAISONNABLE

Préparation et cuisson : 40 min. **Au réfrigérateur :** quelques heures

diplomate

Pour 6 personnes :
Biscuits à la cuiller, 500 g.
Kirsch ou rhum, 1 verre à liqueur.
Gelée de groseilles, 1/2 pot.
Crème anglaise :
Lait, 50 cl.
Jaunes d'œufs, 4.
Sucre en poudre, 100 g
(6 cuillerées à soupe).
Sucre vanillé, 1 sachet.
Sel, 1 très petite pincée.
Matériel :
Moule à soufflé, 1.

1 Mettez une rondelle de papier blanc au fond d'un moule à soufflé. Garnissez-en l'intérieur avec les biscuits à la cuiller légèrement imbibés d'alcool.

2 Emplissez-le bien en mettant, tour à tour, des couches de gelée de groseilles et de biscuits. Terminez par des biscuits. Tassez avec un poids et mettez au frais quelques heures.

3 Crème anglaise : faites bouillir le lait avec un soupçon de sel et le sucre vanillé. Mettez les jaunes d'œufs dans une terrine avec le sucre. Travaillez le tout avec une cuiller en bois, jusqu'à ce que le mélange blanchisse un peu. Incorporez-y, peu à peu, hors du feu, le lait bouillant. Reportez la casserole sur feu doux, sans cesser de remuer avec la cuiller en bois et en grattant bien le fond, jusqu'à ce que la crème prenne un peu de consistance et enrobe la cuiller. Retirez du feu avant l'ébullition, sinon la crème tournerait. Laissez refroidir. Vous pouvez rattraper facilement une crème qui tourne en la battant aussitôt avec un fouet électrique.

4 Démoulez le diplomate sur un plat rond. Arrosez-le de crème anglaise très froide.

Mon avis

• Vous pouvez rendre la présentation du diplomate encore plus élégante en éparpillant des pralines écrasées sur le dessus. Pour écraser les pralines, enfermez-les simplement dans un torchon et tapez dessus avec un rouleau à pâtisserie.
• Mettez la partie arrondie des biscuits contre les parois du moule, le côté plat vers l'intérieur. Au fond, disposez les biscuits en rosace. Coupez-en l'extrémité en biseau pour qu'ils se rejoignent au centre.

POISSONS, CRUSTACÉS ET FRUITS DE MER I TRÈS FACILE I BON MARCHÉ

Préparation et cuisson : 40 min

dorade au citron

Pour 4 personnes :

Dorade, 1 kg.
Échalotes, 3.
Ail, 1 gousse.
Beurre, 30 g.
Persil, 1 gros bouquet.
Thym, 1 brin.
Citron, 1.
Sel, poivre.

1 Préchauffez le four à 200 °C (th. 6-7). Lavez et essuyez la dorade préalablement écaillée et vidée.

2 Hachez les échalotes, le persil et l'ail. Tassez le hachis à l'intérieur du poisson.

3 Tranchez le citron en minces rondelles puis coupez-les en deux. Faites des incisions assez profondes de biais jusqu'à l'arête sur le poisson. Glissez-y les demi-rondelles de citron. Saupoudrez de sel, poivre, thym et ajoutez 1 noix de beurre. Laissez cuire à four chaud 30 min environ.

Mon avis

• Voici une recette spécial débutantes qui est en même temps raffinée et originale. C'est un de mes plats à succès, que j'ai notamment présenté à Télé Luxembourg.
• Vous pouvez remplacer les échalotes par un ou deux oignons.
• Toutes les herbes aromatiques peuvent entrer dans la composition de cette farce.

Préparation et cuisson : 1 h

dorade farcie

Pour 4 personnes :

Dorade, 1 kg à 1,3 kg.
Vin blanc sec ou eau, 1 verre.
Beurre, 20 g.

Farce :

Champignons de Paris, 200 g.
Beurre, 20 g.
Échalote, 1.
Mie de pain rassis, 60 g.
Lait, 6 cuillerées à soupe environ.
Jaune d'œuf, 1.
Persil.
Sel, poivre.

1 Faites écailler et vider la dorade par le poissonnier. Lavez-la et essuyez-la bien. Préchauffez le four à 200 °C (th. 6-7).

2 Farce : émiettez la mie de pain dans le lait chaud. Ôtez le pied sableux des champignons, puis lavez-les rapidement. Coupez-les en lamelles. Hachez l'échalote. Faites sauter vivement champignons et échalote dans une poêle avec 20 g de beurre pas trop chaud. Mélangez-les avec la mie de pain pressée, le jaune d'œuf, le persil haché, du sel et du poivre.

3 Emplissez la dorade de farce. Cousez l'ouverture avec du gros fil ou, plus simplement, maintenez fermé avec des piques. Déposez la dorade dans un plat à feu avec un verre de vin blanc ou d'eau et quelques noisettes de beurre. Faites cuire de 40 à 50 min. Servez dans le plat de cuisson.

Mon avis

• Vous pouvez aussi plaquer sur l'ouverture du poisson une bande de barde avant de le ficeler. Il n'y aura aucun risque de voir s'échapper la farce. Plus simple encore : retenez la farce avec du papier d'aluminium froissé et bien serré (sur la farce, à l'intérieur du poisson).
• Le vin blanc corse la sauce du poisson, mais ce n'est pas indispensable dans cette recette. Si vous mettez de l'eau à la place, ce sera aussi bien ; mais ajoutez-y le jus d'un demi-citron.

Préparation et cuisson : 50 min

encornets niçoise à la tomate

Pour 4 personnes :
Encornets, 1 kg.
Oignon ou échalote, 1.
Ail, 1 gousse.
Beurre, 40 g.
Concentré de tomates, 1 petite boîte (70 g).
Thym, 1 brin.
Laurier, 1/4 de feuille.
Clous de girofle, 2.
Sel, poivre.

1 Ouvrez les encornets en les coupant avec des ciseaux de haut en bas. Ôtez la poche d'encre et les boyaux qui l'entourent. Lavez le reste à grande eau, y compris les tentacules. Ôtez la fine peau qui les recouvre. Coupez les tentacules en tronçons de 1 cm environ, avec des ciseaux.

2 Hachez l'oignon ou l'échalote et l'ail. Faites-les revenir doucement dans une cocotte avec le beurre. Ajoutez ensuite les morceaux d'encornets, le concentré de tomates, 2 verres d'eau, du thym, du laurier, du girofle, du sel et du poivre. Mélangez bien, couvrez et laissez mijoter doucement 30 min environ. À mi-cuisson, retirez le couvercle pour laisser réduire la sauce.

Mon avis

• On désigne aussi les encornets sous les noms de calamar, calmar ou chipirone. Il en existe de nombreuses variétés. On peut les battre, avec un rouleau à pâtisserie par exemple, pour en attendrir la chair. Il en existe d'excellents en surgelé, entiers ou coupés en anneaux.
• Présentez les encornets avec des pommes de terre cuites à l'eau ou du riz nature, qui vous permettront d'apprécier la bonne sauce.
• Et s'il vous en reste, ne vous inquiétez pas ; c'est aussi bon froid, en entrée, que chaud ou réchauffé.

Préparation et cuisson : 1 h 15

endives au gratin

Pour 4 personnes :

Endives, 1 kg.
Beurre, 50 g.
Oignon, 1.
Citron, 1/2.
Sel, poivre.

Sauce Mornay :

Farine, 30 g (1 cuillerée à soupe très pleine).
Beurre, 30 g.
Lait, 50 cl.
Gruyère râpé, 50 g.
Muscade.
Sel, poivre.

1 Ôtez les feuilles flétries des endives. Avec un couteau pointu, creusez l'intérieur du pied qui, souvent, est amer. Lavez les endives à grande eau et essuyez-les aussitôt.

2 Dans une cocotte, faites fondre 30 g de beurre. Mettez-y l'oignon coupé en rondelles et les endives. Aspergez de citron. Salez, poivrez. Couvrez et laissez mijoter 1 h. Retournez pendant la cuisson qui doit être lente.

3 Sauce Mornay : sur feu doux, mélangez la farine avec le beurre. Laissez cuire un instant. Versez-y le lait froid d'un seul coup. Remuez jusqu'à ébullition. Ajoutez sel, poivre et muscade râpée. Laissez cuire 5 min. Hors du feu, incorporez-y le gruyère râpé.

4 Disposez les endives dans un plat à gratin. Couvrez de sauce Mornay. Parsemez de quelques noisettes de beurre et faites gratiner 5 min au four à 250 °C (th. 8-9).

Mon avis

• Les endives au gratin deviennent, chez moi, le plat principal lorsque, avant de les mettre dans le plat à gratin, je les enrobe d'une demi-tranche de jambon très fine. Même ceux qui n'aiment pas beaucoup les endives, les apprécient ainsi.

• Les endives qui séjournent dans l'eau deviennent amères. Lavez-les rapidement.

• Le jus de citron, ajouté aux endives pendant leur cuisson, les empêche de noircir. Pour ôter leur amertume, vous pouvez les cuire d'abord à l'eau salée 30 min et les mettre ensuite à gratiner avec de la sauce Mornay. Attention : égouttez-les bien avant de les couvrir de sauce, sinon elles rendraient de l'eau dans la sauce.

CRUDITÉS ET LÉGUMES I TRÈS FACILE I RAISONNABLE

Préparation et cuisson : 1 h 15

endives braisées

Pour 4 personnes :

Endives, 1 kg.
Beurre, 50 g.
Oignon, 1.
Citron, 1/2.
Sel, poivre.

1 Ôtez les feuilles flétries des endives. Avec un couteau pointu, creusez l'intérieur du pied qui est souvent amer. Lavez les endives et essuyez-les aussitôt.

2 Mettez les endives dans une cocotte avec le beurre. Lorsqu'elles sont légèrement dorées sur toutes les faces, ajoutez-y l'oignon coupé en rondelles, le jus de citron, du sel et du poivre. Couvrez. Laissez mijoter environ 1 h sur feu doux. Retournez les endives au cours de la cuisson.

Mon avis

Si vous voulez cuire les endives plus rapidement, coupez-les en tronçons ou par moitié, en longueur. C'est un peu moins présentable, mais ça va deux fois plus vite.

Préparation et cuisson : 15 min

entrecôtes Bercy

Pour 4 personnes :

Entrecôtes, 2 (de 350 à 400 g chacune).
Beurre, 40 g.
Huile, 1 cuillerée à soupe.
Échalote, 1.
Vin blanc sec, 1/2 verre.
Farine, 1 cuillerée à café rase.
Persil.
Sel, poivre.

1 Hachez l'échalote et le persil.

2 Enduisez la viande d'huile. Faites préchauffer une grande poêle. Lorsqu'elle est très chaude, déposez-y la viande (procédez en deux temps). Une fois bien saisies d'un côté, au bout de 1 à 4 min selon votre goût, retournez-les sans les piquer. Salez et poivrez. Laissez-les cuire sur la deuxième face. Mettez la viande sur un plat. Tenez celui-ci au chaud.

3 Remettez la poêle sur feu vif, avec le vin blanc, 1 cuillerée à café d'eau, l'échalote et le persil. Faites bouillir 1 min sur feu moyen.

4 Pendant ce temps, malaxez avec une fourchette 1 cuillerée à café rase de farine et 1 noix de beurre. Incorporez à la sauce. Mélangez sur feu doux jusqu'à épaississement de la sauce. Versez sur la viande et servez dans des assiettes chaudes.

Mon avis

• La bonne viande de bœuf est d'un beau rouge franc. Elle est sillonnée de fines veines de graisse blanc ivoire. On dit qu'elle est « persillée ».

• Tenez la viande au chaud entre deux plats, soit dans le four chaud mais éteint, soit au-dessus d'une casserole d'eau en ébullition. Ce temps d'attente permet à la viande de s'attendrir.

Préparation et cuisson : 1 h environ

épaule d'agneau rôtie

Pour 4 personnes :

Épaule d'agneau, 1,5 kg.
Ail, 3 gousses.
Huile.
Sel, poivre.

1 Préchauffez le four à 200 °C (th. 6-7).

2 Piquez l'épaule d'agneau avec un couteau pointu pour y introduire les gousses d'ail coupées en deux. Enduisez la viande d'huile. Salez, poivrez et mettez dans un plat à feu.

3 Enfournez environ 1 h (de 20 à 25 min par livre). Laissez reposer la viande une dizaine de minutes, dans le four chaud mais éteint, avant de la découper. Elle sera plus tendre.

Mon avis

• Effeuillez plusieurs brindilles de thym au-dessus du rôti avant de le mettre au four. Cela ajoute encore à sa saveur.
• À mi-cuisson, vous pouvez tartiner la viande d'un peu de beurre, mais pas trop car le jus de cuisson de l'agneau est déjà un peu gras.
• Accompagnez de haricots, mojettes, haricots verts ou blancs… Ainsi que pommes dauphine, gratin dauphinois…

Préparation et cuisson : 1 h 15

épaule de mouton à la cocotte

Pour 4 personnes :

Épaule de mouton, 1,5 kg.
Ail, 1 ou 2 gousses.
Beurre, 30 g.
Huile.
Oignons, 2.
Sel, poivre.

1 Piquez l'épaule de mouton avec un couteau pointu pour y introduire l'ail. Enduisez-la d'huile.

2 Dans une cocotte, faites bien chauffer le beurre. Sur feu vif, mettez la viande à dorer sur toutes les faces.

3 Ajoutez-y ensuite les oignons coupés en quatre. Laissez cuire sur feu moyen, sans couvrir, pendant 25 min. Retournez le rôti à mi-cuisson. Salez et poivrez à ce moment-là. Couvrez la cocotte et laissez cuire de nouveau de 20 à 25 min. Servez, en tranches, sur un plat chaud.

Mon avis

• Comme j'aime la cuisine très parfumée, j'ajoute souvent, dans la cocotte, un bouquet garni et même une petite carotte coupée en très petits morceaux pas plus gros que des pois.

• Il vaut toujours mieux laisser reposer la viande, cocotte fermée, hors du feu, avant de la découper, pour qu'elle s'attendrisse.

Préparation et cuisson : 2 h. **Autocuiseur :** 40 min

épaule de mouton bretonne

Pour 4 personnes :

Épaule de mouton, 1,5 kg.
Haricots blancs secs, 250 g.
Beurre, 30 g.
Huile.
Oignons, 2.
Ail, 2 gousses.
Concentré de tomates, 1 petite boîte (70 g).
Bouquet garni (persil, thym, laurier).
Sel, poivre.

1 Mettez les haricots dans une casserole d'eau froide non salée. Faites-les bouillir 15 min. Égouttez-les. Remettez-les dans la même casserole. Recouvrez-les largement d'eau bouillante. Ajoutez-y 1 gousse d'ail et le bouquet garni. Laissez mijoter doucement de 1 h 30 à 2 h. Salez à mi-cuisson seulement.

2 Enduisez d'huile la viande. Faites chauffer le beurre dans une cocotte. Mettez-y à dorer sur toutes les faces l'épaule de mouton. Ajoutez-y les oignons coupés en quatre, puis, un peu plus tard, 1 gousse d'ail, du sel et du poivre. Couvrez et laissez cuire doucement environ 1 h 30.

3 Retirez la viande de la cocotte. Gardez-la au chaud dans un plat. À la place, versez dans la cocotte le concentré de tomates et les haricots bien égouttés. Faites chauffer 5 à 10 min. Coupez la viande en tranches. Servez-la avec les haricots sur des assiettes chaudes.

Mon avis

• Si vous voulez aller au plus pressé, utilisez des haricots en boîte pour cette recette, il en existe d'excellents. Il vous suffira de les faire réchauffer dans la cocotte avec du concentré de tomates et le jus de la viande. Un peu de persil haché saupoudré sur le dessus donnera de la fraîcheur. Le sel ajouté dès le début de la cuisson des haricots risquerait de les faire durcir.

• Le temps de cuisson des haricots est plus court s'ils sont de l'année ; plus long, s'ils sont très vieux. Dès qu'ils s'écrasent facilement sous une fourchette, ils sont assez cuits.

CRUDITÉS ET LÉGUMES I TRÈS FACILE I RAISONNABLE

Préparation et cuisson : 45 min

épinards à la crème

Pour 4 personnes :

Épinards, 2 kg.

Beurre, 30 g.

Crème fraîche, 10 cl.

Sel, poivre.

1 Faites bouillir de l'eau dans une grande marmite.

2 Équeutez les épinards et lavez-les dans beaucoup d'eau. Plongez-les dans l'eau en ébullition. Laissez-les bouillir 5 min. Égouttez-les en les pressant fortement pour en exprimer l'eau.

3 Mettez les épinards dans une cocotte avec le beurre. Mélangez avec une cuiller en bois, sur feu vif, afin de les faire dessécher un peu, pendant 2 ou 3 min. Ajoutez-y les trois quarts de la crème fraîche, du sel et du poivre. Couvrez et laissez mijoter tout doucement 10 min.

4 Incorporez le reste de crème fraîche aux épinards, juste avant de les apporter à table.

Mon avis

• Pour relever le goût des épinards, j'y ajoute de la muscade râpée : une petite pincée, mais pas plus ! Les épinards ne sont jamais trop bien lavés ; ils retiennent la terre et croquent sous la dent. Faites-la bien dessécher avant d'y ajouter la crème, sinon l'eau ressortirait et la noierait.

• C'est une excellente garniture pour des viandes blanches avec un bon jus de cuisson, ainsi qu'avec des œufs.

Préparation et cuisson : 50 min

épinards gratinés à la romaine

Pour 4 personnes :

Épinards, 1,5 kg.
Lard de poitrine, 1 fine tranche.
Beurre, 20 g.
Ail, 1 gousse.
Œufs, 2.
Lait, 1/2 tasse.
Gruyère râpé, 50 g.
Gruyère coupé en lamelles, 50 g.
Sel, poivre.

1 Équeutez et lavez les épinards. Plongez-les 5 min dans de l'eau en ébullition. Égouttez-les. Coupez-les grossièrement.

2 Dans une cocotte, faites revenir le lard coupé en dés avec le beurre chaud. Ajoutez-y les épinards, l'ail écrasé, du sel et du poivre. Couvrez. Laissez mijoter 15 min puis transvasez dans un plat à feu. Préchauffez le four à 230 °C (th. 7-8).

3 Battez ensemble œufs, lait, gruyère râpé, sel et poivre. Versez sur les épinards. Décorez avec des lamelles de gruyère disposées en quadrillage. Faites dorer pendant 15 min.

Mon avis

- Vous pouvez mettre moitié gruyère râpé, moitié parmesan. Mais veillez à ce que le parmesan ne soit pas trop piquant, ni rance. Cela arrive parfois. Goûtez-le avant de l'ajouter au plat.
- Les épinards en conserve ou surgelés peuvent s'accommoder de même façon. Le fait de les ébouillanter les rend plus digestes.

Préparation et cuisson : 25 min

escalopes de veau panées

Pour 4 personnes :

Escalopes minces, 4.
Farine, 2 cuillerées à soupe.
Œuf, 1.
Chapelure, 4 à 5 cuillerées à soupe.
Beurre, 40 g.
Citron, 1.
Sel, poivre.

1 Salez et poivrez les escalopes. Passez-les successivement dans la farine, dans l'œuf battu salé et poivré, puis dans la chapelure. Tapotez avec le plat d'un couteau pour bien faire adhérer cette dernière.

2 Dans une poêle, faites chauffer modérément le beurre. Déposez-y les escalopes. Laissez cuire, à feu moyen, 5 min sur chaque face.

3 Mettez les escalopes panées dans un plat. Décorez-les avec des quartiers de citron.

Mon avis

• Au départ, mettez un bon morceau de beurre dans la poêle, car la chapelure en absorbe beaucoup. Si vous en mettez trop peu, elle aurait tendance à brûler. N'hésitez pas à renouveler cette opération pour que la viande soit suffisamment et régulièrement enveloppée.

• Si votre poêle est petite, il est préférable de faire cuire les escalopes deux par deux. Remettez chaque fois du beurre dans la poêle.

Préparation et cuisson : 45 min

escargots en coquilles

Pour 4 personnes :

Escargots de Bourgogne (en boîte), 4 douzaines.
Vin blanc sec, 1 verre.
Coquilles vides, 4 douzaines.

Farce :

Beurre, 250 g.
Ail, 1 gousse (15 g).
Échalote, 1 moyenne (20 g).
Vin blanc sec, 2 cuillerées à soupe.
Persil, 1 bouquet.
Sel, 1 cuillerée à café.
Poivre.

1 Farce : hachez très finement ail, échalote et persil. Malaxez le beurre avec une cuiller en bois pour lui donner la consistance d'une crème. Incorporez-y le hachis (échalote, ail, persil), du sel, du poivre et le vin blanc.

2 Égouttez les escargots. Mettez-les dans une casserole avec le verre de vin blanc sec. Réchauffez-les sur feu doux 5 min.

3 Préchauffez le four à 150 °C (th. 5). Garnissez chaque coquille vide avec une noisette de farce, un escargot égoutté et, de nouveau, de la farce ; tassez-la bien. Déposez-les au fur et à mesure dans un plat à feu. Versez dedans le vin qui a servi à réchauffer les escargots. Enfournez de 5 à 10 min, c'est-à-dire jusqu'au moment où la farce devient mousseuse.

Mon avis

• Je vous invite à préparer les escargots à partir de conserves. C'est beaucoup plus rapide... c'est bon... et on en a toujours sous la main. Vérifiez qu'ils sont vendus avec leur coquille, séparément.

• Vous pouvez aussi faire sauter rapidement les escargots à la poêle, avec du beurre, et les mettre dans les coquilles. Bien entendu, comme pour la plupart des conserves, passez-les sous l'eau froide au préalable.

Préparation et cuisson : 3 h 15. **Cuisson en autocuiseur :** 1 h 30

estouffade à la provençale

Pour 4 personnes :

Bœuf (coupé en gros cubes), 1 kg.
Lard de poitrine, 150 g.
Beurre, 30 g.
Oignons, 3.
Farine, 20 g (1 cuillerée à soupe rase).
Concentré de tomates, 1 cuillerée à café.
Tomates fraîches, 2.
Vin rouge, 50 cl.
Bouillon de viande ou eau, 50 cl.
Ail, 1 gousse.
Champignons de Paris, 150 g.
Olives vertes ou noires, 50 g.
Bouquet garni (persil, thym, laurier).
Sel, poivre.

1 Coupez le lard en morceaux. Plongez-les 2 min dans de l'eau en ébullition. Égouttez et faites-les sauter dans une cocotte avec le beurre. Ôtez les lardons de la cocotte.

2 Dans la même cocotte, faites dorer les morceaux de viande avec les oignons coupés en quatre. Salez et poivrez. Saupoudrez de farine. Mélangez bien pour que toute la farine puisse roussir.

3 Ajoutez le concentré de tomates, les tomates fraîches en morceaux, le vin rouge, le bouillon, l'ail et le bouquet garni. Couvrez hermétiquement. Laissez mijoter doucement 2 h 30. 20 min avant la fin, ajoutez alors les champignons nettoyés et coupés en quatre, les lardons, les olives et laissez mijoter.

Mon avis

• Pour celles qui craignent le goût un peu particulier des olives, je recommande de les plonger 5 min dans de l'eau en ébullition, avant de les ajouter dans la cocotte. Elles seront moins âcres et moins salées.
• Pour obtenir du bouillon de viande, délayez une tablette de bouillon concentré avec 50 cl d'eau chaude.
• L'estouffade et la daube sont bien meilleures si, à mi-cuisson, on glisse la cocotte au four (à 150°C ou th.5) pour terminer le mijotage.

GIBIERS I DIFFICILE I CHER

Préparation et cuisson : 1 h 30. **À l'avance :** 2 h

faisan farci aux noix

Pour 4 personnes :

Faisan, 1,2 kg.

Beurre, 70 g.

Barde de lard, 1.

Carotte, 1.

Oignon, 1.

Bouquet garni (persil, thym, laurier).

Pain de mie, 4 tranches.

Sel, poivre.

Farce :

Noix décortiquées, 250 g.

Raisins secs de Smyrne, 50 g.

Cognac, 2 verres à liqueur.

Mie de pain rassis, 50 g.

Lait, 1/2 verre environ.

Œuf, 1.

Sel, poivre.

1 Farce : faites macérer les raisins dans le cognac pendant 2 h au moins. 1 h 30 avant de faire cuire le faisan, faites tremper la mie de pain dans le lait. Mettez une douzaine de noix de côté. Hachez le reste avec le foie et le cœur du faisan. Incorporez-y l'œuf entier, la mie de pain pressée, les raisins égouttés. Salez et poivrez bien.

2 Préchauffez le four à 170 °C (th. 5-6). Tassez la farce à l'intérieur du faisan. Salez et poivrez-en l'extérieur. Entourez-le d'une barde de lard et ficelez le tout.

3 Faites chauffer dans une cocotte 40 g de beurre. Mettez-y le faisan à dorer sur toutes les faces. Ajoutez la carotte et l'oignon coupés en morceaux et le bouquet garni. Mettez la cocotte au four pendant 10 min. Puis couvrez la cocotte et laissez cuire 1 h environ.

4 Pendant ce temps, coupez les tranches de pain de mie en triangles. Faites-les dorer à la poêle avec 30 g de beurre.

5 Débarrassez le faisan de sa barde de lard. Disposez-le sur un plat long préalablement chauffé. Décorez avec des demi-noix et croûtons. Dans la sauce restée dans la cocotte, ajoutez le cognac dans lequel les raisins ont macéré. Faites-le flamber. Arrosez-en le faisan et servez tout de suite.

Mon avis

• Hachez les noix avec un grand couteau. Elles s'écrasent trop si on les passe à travers la grille d'une moulinette.

• Vous pouvez tartiner les triangles de pain avec un peu de farce ou du pâté de foie, puis poser dessus une demi-noix.

• Pour accompagner : pommes de terre sautées, frites ou chips et de la compote de pommes-fruits non sucrée.

GIBIERS I FACILE I CHER

Préparation et cuisson : 1 h 10

faisan rôti

Pour 4 personnes :

Faisan, 1,2 kg environ.

Barde de lard, 1.

Beurre, 60 g.

Pain de mie, 8 tranches.

Sel, poivre.

1 Préchauffez le four à 200 °C (th. 6-7). Beurrez un plat à feu.

2 Mettez de côté le foie. Salez et poivrez l'intérieur du faisan. Entourez-le avec la barde de lard. Maintenez celle-ci avec un gros fil. Déposez le faisan dans le plat beurré et faites-le cuire au four 45 min environ. Arrosez plusieurs fois au cours de la cuisson.

3 Pendant ce temps, taillez les tranches de pain de mie en forme de triangles. Faites chauffer 50 g de beurre dans la poêle. Mettez-y le pain de mie à dorer sur les deux faces. Égouttez-le.

4 Coupez le foie en dés, faites-les sauter rapidement dans la poêle avec 1 noix de beurre. Égouttez les morceaux et écrasez-les avec une fourchette. Salez, poivrez. Tartinez-en les triangles de pain.

5 Égouttez le faisan. Retirez-en la barde et déposez-le sur un grand plat chaud. Disposez autour le pain de mie tartiné de foie. Délayez le jus de cuisson resté dans le plat avec 2 cuillerées à soupe d'eau bouillante. Laissez bouillir un instant. Servez ce jus à part dans une saucière chaude.

Mon avis

• Si votre faisan n'est plus très jeune, il vaut mieux le mettre à mijoter en cocotte plutôt que de le faire rôtir. Préparez-le comme la perdrix braisée aux choux, dont vous trouverez la recette plus loin.

• Le faisan supporte d'être légèrement faisandé.

DESSERTS | TRÈS FACILE | BON MARCHÉ

Préparation et cuisson : 1 h 30

far breton

Pour 4 personnes :

Farine, 155 g (5 cuillerées à soupe très pleines).

Sucre en poudre, 90 g (3 cuillerées à soupe).

Œufs, 3.

Lait, 50 cl.

Raisins secs, 100 g.

Rhum, 1 verre à liqueur.

Sel, 1 pincée.

Beurre, 1 noix.

1 Mettez les raisins secs à tremper dans le rhum. Préchauffez le four à 200 °C (th. 6-7).

2 Travaillez dans un saladier, avec une cuiller en bois : farine, sucre, sel et œufs battus en omelette. Puis ajoutez, peu à peu, le lait froid et les raisins secs imbibés de rhum.

3 Beurrez un plat à four creux. Versez-y cette pâte. Enfournez puis, après 15 min, modérez la chaleur à 170 °C (th. 5-6). Laissez cuire 1 h. Servez froid dans le plat de cuisson.

Mon avis

• Vous pouvez remplacer les raisins secs par des pruneaux dénoyautés. Inutile alors de les faire tremper dans du rhum.

• Vous pouvez saupoudrer un peu de sucre glace pour décorer, comme sur la photo.

Préparation et cuisson : 50 min

fenouil gratiné

Pour 4 personnes :

Bulbes de fenouil, 4.
Beurre, 30 g.
Gruyère râpé, 50 g.
Sel, poivre.

1 Mettez de l'eau salée à bouillir dans une grande casserole. Épluchez les bulbes de fenouil en ôtant les grosses feuilles trop filandreuses et lavez-les. Coupez-les en deux dans l'épaisseur. Plongez-les dans l'eau en ébullition. Laissez cuire 30 min. Égouttez-les bien en les pressant pour faire sortir l'eau.

2 Préchauffez le four à 250 °C (th. 8-9). Beurrez un plat à feu. Disposez-y les morceaux de fenouil. Recouvrez de gruyère râpé. Parsemez de noisettes de beurre. Faites gratiner quelques minutes en haut du four.

Mon avis

- Au lieu de gratiner dans le four, mettez-le plutôt sous le grilloir si vous en avez un.
- Ce fenouil accompagne particulièrement bien le veau et toutes les viandes blanches.

Préparation et cuisson : 1 h 30. **Cuisson en autocuiseur :** 20 min

fèves à la sarriette

Pour 4 personnes :

Fèves écossées et, si possible, pelées, 500 g.

Beurre, 30 g.

Bouquet garni (persil, thym, laurier).

Sarriette ou cerfeuil.

Persil.

Sel, poivre.

1 Faites bouillir de l'eau non salée. Écossez les fèves. Plongez-les 4 min dans l'eau en ébullition. Égouttez-les.

2 Remettez de l'eau à bouillir. Autant que possible, retirez la peau des fèves en les pinçant entre deux doigts. Jetez-les dans l'eau bouillante salée avec le bouquet garni, une branche de sarriette ou de cerfeuil et laissez cuire de 5 à 10 min. Assurez-vous qu'elles sont cuites à point avant de les égoutter.

3 Incorporez-y rapidement le beurre malaxé avec du persil ou du cerfeuil haché. Poivrez.

Mon avis

• Les fèves très fraîches peuvent se manger crues, à la croque-au-sel.

• Il existe de la sarriette en poudre qui peut remplacer la sarriette fraîche dans cette recette.

• Hors saison, si vous utilisez des fèves sèches, cuisez-les longuement (le temps variant selon leur âge).

• Pour préparer des fèves à la crème : une fois les fèves égouttées, remettez-les sur feu doux avec 3 cuillerées à soupe de crème fraîche et des fines herbes hachées. Laissez bouillir 1 min et servez. C'est très fin.

Préparation et cuisson : 15 min

filets de poisson à la vapeur

Pour 4 personnes :

Filets de poisson, 4 (600 g environ).
Citron, 1.
Beurre, 30 g.
Sel, poivre.

1 Faites bouillir de l'eau dans une grande casserole.

2 Déposez les filets de poisson dans une assiette un peu plus large que la casserole. Salez et poivrez. Arrosez de jus de citron. Parsemez de noisettes de beurre. Recouvrez d'une seconde assiette.

3 Placez le tout sur la casserole d'eau en ébullition. Laissez sur le feu de 10 à 12 min, suivant l'épaisseur des filets.

Mon avis

• Voilà une recette pour les véritables amateurs de poisson que l'on peut réaliser avec des filets très frais de sole, merlan, cabillaud... Rien ne vient en modifier le goût.
• Pour un convive au régime, vous pouvez aussi faire cuire les filets de poisson uniquement avec du jus de citron, sans beurre. C'est délicieux parsemé de fines herbes fraîches.
• Le micro-ondes est tout à fait indiqué si l'on filme l'assiette au lieu de la recouvrir d'une autre assiette.

Préparation et cuisson : 45 min

filets de poisson au fromage blanc et au basilic

Pour 4 personnes :

Filets de poisson blanc (merlan, dorade, sole), 4 ou 8 (600 g).
Fromage blanc, 100 g.
Crème fraîche ou lait, 1 cuillerée à soupe.
Citron, 1/2.
Beurre, 25 g.
Chapelure, 1 cuillerée à soupe.
Sel, poivre.

1 Mettez les filets dans une assiette. Salez, poivrez. Aspergez-les avec le jus du demi-citron. Préchauffez le four à 130 °C (th. 4-5).

2 Mélangez le fromage blanc avec la crème fraîche ou le lait. Étalez ce mélange sur les filets de poisson puis repliez-les en trois.

3 Beurrez un plat allant au four. Déposez-y les filets de poisson. Parsemez-les de chapelure et de noisettes de beurre. Laissez cuire 30 min environ. Parsemez de basilic fraîchement coupé avant de servir.

Mon avis

• On incorpore de la crème fraîche ou du lait au fromage blanc pour le ramollir un peu et l'étaler plus facilement sur le poisson.
• On peut remplacer le basilic par de la menthe fraîche, et le fromage blanc par du chèvre frais.
• La chapelure s'achète, toute préparée, chez le boulanger ou chez l'épicier. Mais on peut fort bien la faire soi-même, à la maison, avec du pain rassis ou séché au four. On l'écrase avec un rouleau à pâtisserie ou, mieux encore, à l'aide d'une moulinette.

Préparation et cuisson : 30 min

filets de poisson bonne femme

Pour 4 personnes :

Filets de poisson (dorade, merlan, limande, saint-pierre), 8.
Champignons de Paris, 200 g.
Beurre, 30 g.
Échalotes, 2.
Vin blanc sec, 1/2 verre.
Farine, 1 cuillerée à café.
Sel, poivre.

1 Préchauffez le four à 200 °C (th. 6-8). Beurrez un plat à four.

2 Ôtez le pied sableux des champignons. Lavez-les rapidement. Coupez-les en fines lamelles dans le fond du plat. Hachez les échalotes. Ajoutez-les dans le plat. Posez dessus les filets de poisson.

3 Mettez-y le vin blanc, 1 verre d'eau, du sel et du poivre. Couvrez d'une feuille d'aluminium et enfournez de 10 à 20 min selon l'épaisseur des filets.

4 Malaxez à la fourchette 1 noix de beurre avec 1 cuillerée à café de farine. Égouttez les filets de poissons. Déposez-les dans un plat chaud. Incorporez le mélange beurre et farine à la sauce restée dans le plat de cuisson. Remuez sur le feu, en laissant bouillir 1 ou 2 min et versez sur les filets de poisson.

Mon avis

- Vous pouvez remplacer le vin blanc par le jus d'un demi-citron. Mettez un peu plus d'eau par ailleurs.
- Pour une petite réception, ajoutez : crevettes décortiquées, moules ou coques décoquillées et de la crème fraîche.
- Préparez du riz nature pour l'accompagner.
- Pour réaliser ce plat au micro-ondes, remplacez l'aluminium par du film alimentaire et réduisez les temps de cuisson selon vos habitudes.

Préparation et cuisson : 1 h

filets de soles Marguery

Pour 4 personnes :

Filets de soles, 8.
Moules, 1 litre.
Vin blanc sec, 1 verre.
Crevettes décortiquées, 50 g.
Crevettes roses non décortiquées pour décorer, 50 g.
Bouquet garni (persil, thym, laurier).
Sel, poivre.

Sauce :

Beurre, 30 g.
Farine, 30 g (1 cuillerée à soupe très pleine).
Jus de cuisson des soles, 1 bol.

1 Grattez et lavez les moules. Mettez-les dans une cocotte et faites-les ouvrir, sur feu vif. Décoquillez-les. Passez le jus et conservez-le.

2 Mettez les filets de soles dans une grande casserole. Ajoutez le vin blanc sec, 1 bol d'eau, le jus des moules, du sel, du poivre et le bouquet garni. Mettez sur feu doux. Retirez juste à ébullition.

3 Égouttez les filets en conservant le jus de cuisson. Disposez-les dans un plat de service chaud. Entourez-les de moules et de crevettes décortiquées. Tenez au chaud sur une casserole d'eau bouillante.

4 Sauce : faites fondre, sur feu doux, le beurre ; ajoutez-y 1 cuillerée à soupe de farine. Délayez sur le feu pendant quelques secondes, jusqu'à ce que le mélange soit mousseux. Ajoutez-y un bol de jus de cuisson. Mélangez jusqu'à épaississement. Laissez cuire à feu extrêmement doux, une dizaine de minutes.

5 Versez la sauce sur le poisson. Décorez le plat avec des crevettes roses non décortiquées.

Mon avis

• C'est du vin blanc sec qui doit être utilisé pour la préparation du poisson. Le vin blanc doux, à cause de sa teneur en sucre, vire au gris pendant la cuisson.
• Avant de verser la sauce sur les filets de soles, goûtez-la pour vous rendre compte si elle est suffisamment assaisonnée.

Préparation et cuisson : 50 min

flan d'œufs à la tomate

Pour 4 personnes :

Œufs, 5.

Lait, 50 cl.

Noix de muscade râpée, 1 pointe de couteau.

Beurre, 1 noix.

Sel, poivre.

Sauce tomate :

Oignon, 1.

Beurre, 20 g.

Farine, 20 g (1 cuillerée à soupe rase).

Concentré de tomates, 1 petite boîte (70 g).

Ail, 1 gousse.

Bouquet garni (persil, thym, laurier).

Sel, poivre.

1 Préchauffez le four à 200 °C (th. 6-7). Mettez le lait à bouillir. Battez les œufs en omelette dans une terrine, avec sel, poivre et muscade râpée. Incorporez-y peu à peu le lait bouillant.

2 Versez dans un moule à soufflé bien beurré. Déposez le moule dans un plat creux allant au four. Mettez-y un peu d'eau chaude. Enfournez 20 min environ.

3 Sauce tomate : hachez l'oignon. Faites-le revenir avec 20 g de beurre chaud. Jetez-y la farine. Mélangez bien. Ajoutez le concentré de tomates, 3 verres d'eau, la gousse d'ail, le bouquet garni, du sel et du poivre. Laissez mijoter 15 min. Retirez l'ail et le bouquet garni.

4 Démoulez le flan d'œufs dans un plat rond et creux. Versez la sauce dessus et servez aussitôt.

Mon avis

• À ma sauce tomate préparée avec du concentré, j'ajoute chaque fois que je le peux, 5 min environ avant la fin de cuisson, un peu de chair de tomate fraîche, pelée et coupée en tout petits morceaux que l'on retrouve dans son assiette. Ce petit raffinement – qui n'entraîne pas beaucoup de travail – change le goût et l'apparence de ma sauce... Cette recette pourrait être intitulée « œufs au lait salés », car elle se prépare comme celle des œufs au lait que l'on sert couramment en entremets.

• Ne laissez pas bouillir ce flan d'œufs, sa présentation ne serait pas homogène. Pour éviter cet accident, saisissez le flan dans un four bien chaud, comme indiqué dans la recette.

• À la saison, servez le flan avec une sauce aux tomates fraîches bien assaisonnée (voir recette p. 608).

• En variante, ajoutez un peu de saumon fumé finement coupé dans la préparation aux œufs et remplacez la sauce tomate par de la crème fraîche chauffée et assaisonnée (sel, poivre, aneth, herbes fraîches...).

Préparation et cuisson : 15 min

foie sauté

Pour 4 personnes :

Foie, 4 tranches de 125 g chacune.

Farine, 30 g (1 cuillerée à soupe très pleine).

Beurre, 50 g.

Vinaigre balsamique, 1 cuillerée à soupe.

Sel, poivre.

1 Farinez légèrement les tranches de foie.

2 Dans une poêle, faites chauffer 30 g de beurre. Lorsqu'il est bien chaud, déposez-y les tranches de foie et laissez cuire sur feu moyen, environ 2 ou 3 min de chaque côté. Salez, poivrez et déposez dans un plat chaud.

3 Remettez dans la poêle 1 noix de beurre et le vinaigre. Laissez bouillir sur feu vif un instant en agitant la poêle, puis versez sur le foie.

Mon avis

• Une variante agréable de ce plat : le foie sauté à l'américaine. Vous faites d'abord revenir quelques instants, dans la poêle, de petits morceaux de lard de poitrine. Vous les retirez de la poêle et, à la place, vous faites cuire le foie. Servez ces tranches de foie recouvertes de lardons et de persil haché.

• Un peu inhabituel et très bon. Le foie de veau est le plus fin, mais le plus cher aussi. Très bon et moins cher : le foie d'agneau. Bon marché : le foie de génisse.

• On farine le foie pour éviter les éclaboussures à la cuisson. Le même résultat est obtenu si on passe le foie dans du lait et qu'on l'égoutte avant de le déposer dans la poêle.

• Ajoutez un peu de persil haché au moment de servir. On peut préparer de la même façon des foies de volaille et les servir sur une salade fraîche, mesclun, roquette ou autre.

Préparation et cuisson : 50 min

foies de volaille aux tomates

Pour 4 personnes :
Foies de volaille, 4.
Tomates, 4.
Huile, 2 cuillerées à soupe.
Vinaigre, 2 cuillerées à soupe.
Beurre, 40 g.
Mie de pain rassis (ou biscottes écrasées), 2 cuillerées à soupe (50 g).
Ail, 3 gousses.
Persil.
Sel, poivre.

1 Coupez les tomates en deux. Pressez-les très légèrement pour en extraire le jus et les pépins. Salez-les et retournez-les sur une assiette pour les égoutter.

2 Faites chauffer l'huile dans une poêle. Déposez-y les tomates sur la face coupée. Laissez frire 2 min sur cette face puis 2 min sur l'autre, à feu vif. Déposez-les ensuite dans un plat à four.

3 Préchauffez le four à 230 °C (th. 7-8). Hachez le persil et l'ail. Mélangez avec 2 cuillerées à soupe de mie de pain émiettée. Recouvrez-en les demi-tomates. Déposez 1 noisette de beurre sur chacune. Mettez à gratiner en haut du four pendant 15 min.

4 Pendant ce temps, coupez les foies de volaille en deux. Faites-les sauter rapidement à la poêle avec 1 noix de beurre. Salez, poivrez. Mettez-les de côté. Versez le vinaigre dans la poêle, grattez les sucs avec une spatule en bois, ajoutez 1 noix de beurre puis remettez les foies pour les enrober et déposez-les sur les tomates et servez aussitôt.

Mon avis

Les foies de volaille ne laissent pas de déchets ou très peu. Ôtez juste les petits filaments du centre et vérifiez que tout le vert du fiel a été bien retiré.

Préparation et cuisson : 30 min

fondue bourguignonne

Pour 4 personnes :

Filet de bœuf, 750 g environ.
Sauces fortes.
Condiments divers.
Huile, 50 cl environ.

Matériel indispensable :

Poêlon épais, 1.
Réchaud à alcool, 1.
Fourchettes à long manche isolant, 4.

1 Coupez la viande crue en dés assez gros. Disposez-les dans 4 grandes assiettes. Mettez également dans chacune les condiments et les diverses sauces, côte à côte.

2 Apportez à table les assiettes ainsi garnies, le réchaud à alcool et le poêlon empli aux deux tiers d'huile. Faites chauffer l'huile sur le réchaud, devant les convives. Quand l'huile est très chaude, chacun y plonge un morceau de viande piqué sur sa fourchette pour le faire frire. Puis, dans l'assiette, on enrobe le morceau de la sauce de son choix, avant de le déguster.

Mon avis

- Plus la gamme des sauces sera variée, mieux ce sera ; présentez des moutardes diverses, des cornichons hachés, des câpres, de la sauce ketchup et des sauces toutes prêtes en tubes : béarnaise, tartare, ailloli ainsi que de la sauce au piment que l'on trouve chez les marchands de produits exotiques.
- Si vous tenez à préparer les sauces vous-même, je vous conseille la sauce ravigote et la sauce diable.
- Que chacun pique bien à fond les morceaux de viande avant de les tremper dans l'huile bouillante. On se tache, et on se brûle même facilement en dégustant la fondue bourguignonne. Mettez tout le monde en garde.

SPÉCIALITÉS I FACILE I CHER

Préparation et cuisson : 15 min

fondue savoyarde

Pour 4 personnes :

Fromage de gruyère, 600 à 800 g.
Ail, 2 gousses.
Vin blanc sec, 3 verres.
Kirsch, 2 verres à liqueur.
Fécule, 1 cuillerée à café.
Bicarbonate de soude, 2 pincées.
Muscade râpée, 2 pincées.
Pain, quelques tranches.
Sel, poivre.

1 Coupez le pain en petits morceaux. Mettez-en dans chaque assiette.

2 Râpez le fromage en copeaux. Frottez d'ail un poêlon. Laissez-y le reste des gousses. Versez-y le vin et faites chauffer sur feu moyen. Ajoutez-y peu à peu les copeaux de fromage, sans cesser de tourner avec une cuiller en bois.

3 Lorsque la fondue prend consistance, incorporez-y le kirsch, le bicarbonate, la fécule et la muscade râpée. Poivrez et salez si c'est nécessaire.

4 Apportez la fondue à table et maintenez-la au chaud sur un réchaud. Chaque convive fait glisser un morceau de pain entre les dents de sa fourchette et le trempe dans la fondue en opérant un mouvement tournant.

Mon avis

• Si vous tenez à servir quelque chose avant la fondue, que ce soit de simples crudités ou un léger potage. Pour terminer, un entremets aux fruits ou, mieux encore, une glace. Comme boisson : un vin blanc sec bien frais, suisse de préférence ou un vin blanc d'Alsace.
• Autant que possible, faites la fondue avec deux sortes de fromages : moitié gruyère, moitié emmental, par exemple, ou même du gruyère de deux meules différentes.
• Le bicarbonate mis en fin de cuisson rend la fondue plus digeste.
• La fécule l'empêche de tourner, mais si l'accident se produisait malgré tout, une goutte de vinaigre rattraperait la fondue.

Préparation : 30 min

fraises ou framboises à la chantilly

Pour 4 personnes :

Fraises ou framboises, 500 g.

Sucre en poudre, quelques cuillerées à soupe.

Crème Chantilly :

Crème fraîche liquide, 15 cl.

Sucre vanillé, 2 sachets.

1 Lavez rapidement les fraises. Ne les laissez pas séjourner dans l'eau. Égouttez-les avec soin. Retirez-en les queues. Contentez-vous d'équeuter les framboises sans les laver.

2 Crème Chantilly : dans une terrine très froide, fouettez au batteur électrique la crème avec le sucre vanillé. Si vous procédez avec un fouet à main, choisissez-le à longues branches de préférence, et battez sur un rythme assez lent, de façon à incorporer le plus d'air possible dans la crème. Dès que la crème fouettée est mousseuse et tient aux branches du fouet, cessez immédiatement de la battre, car elle tournerait vite en beurre. Conservez au froid.

3 Disposez les fruits dans un compotier. Vous pouvez servir la chantilly sur les fruits ou à part, et avec du sucre en poudre.

Mon avis

- J'asperge les fraises ou les framboises de jus de citron quand elles sont dans le compotier. Je trouve que le citron accentue leur parfum.
- Vous pouvez parfumer la chantilly avec de la noix de coco râpée, du zeste de citron vert et 1 pointe de gingembre râpée. Ou tout simplement la remplacer par de la crème fraîche non battue et agrémentée de sucre vanillé, de copeaux de chocolat…
- Mettez la chantilly sur les fruits à la dernière minute seulement.

Préparation : 10 min

fraises ou framboises au sucre

Pour 4 personnes :

Fraises ou framboises, 500 g.

Sucre en poudre, quelques cuillerées à soupe.

1 Lavez très soigneusement les fruits. Ne les laissez pas séjourner dans l'eau. Égouttez-les bien. Laissez les queues. Si vous avez des feuilles, lavez-les également et mettez-les au fond du compotier. Disposez les fruits dessus et rangez au frais jusqu'au moment de servir.

2 Servez les fruits avec, à part, du sucre en poudre (et éventuellement de la crème fraîche).

Mon avis

• Par temps d'orage, les fraises tournent très vite.

• Transvasez-les, aussitôt achetées, dans un bol et mettez-les, bien couvertes, à l'endroit le moins froid du réfrigérateur.

• Vous pouvez aussi présenter les fruits sur un lit de sucre coloré, comme sur la photo, que vous trouverez en épiceries ou grandes surfaces.

DESSERTS I FACILE I RAISONNABLE

Préparation : 15 min. **Au réfrigérateur** : 2 à 3 h

framboises Melba

Pour 4 personnes :

Framboises fraîches ou surgelées, 250 g.

Confiture de framboises ou gelée de groseilles, 2 cuillerées à soupe.

Amandes effilées ou broyées, 1 cuillerée à soupe.

Glace :

Toute préparée (à la vanille), 4 portions.

1 Délayez, sur feu doux, la confiture ou la gelée avec 1 cuillerée à soupe d'eau, juste pour la liquéfier un peu.

2 Répartissez la glace dans des assiettes à dessert. Disposez les fruits dessus. Arrosez avec la confiture liquide. Parsemez avec des amandes effilées ou broyées.

Mon avis

• Vous pouvez mettre de l'alcool (kirsch ou cognac) pour délayer la confiture ou la gelée.

• Il est préférable de ne pas laisser décongeler complètement les fraises ou les framboises. Elles gardent, ainsi, parfaitement leur forme et leur goût.

• Ce dessert se fait aussi bien avec des fraises ou même un mélange de fruits. De toute façon, vous faites une entorse au classicisme car la recette d'origine est préparée avec une pêche : c'est la « pêche Melba ».

Préparation et cuisson : 30 min

friture de petits poissons

Pour 4 personnes :

Petits poissons (ablettes, gardons, éperlans, équilles), 750 g à 1 kg.
Huile de friture.
Farine.
Citron, 1.
Persil.
Sel.

1 Appuyez sur le ventre des poissons pour les vider. Écaillez-les et lavez-les. Épongez-les soigneusement dans un linge.

2 Au moment de les frire, salez-les, farinez-les légèrement et jetez-les dans la friture chaude, mais non brûlante. Égouttez les poissons lorsqu'ils sont dorés. Servez-les avec du persil et des quartiers de citron.

Mon avis

• Plus les poissons sont petits, plus la friture doit être chaude au moment de les y plonger et plus le temps de cuisson est court.
• Il est préférable d'égoutter les poissons sur un papier absorbant qui « boira » l'excédent d'huile.
• Autrefois, cette friture se faisait souvent avec des goujons, mais tout petit poisson fera l'affaire.
• Servez avec une sauce verte (mayonnaise au citron agrémentée d'herbes fraîches, voir recette p. 644). Une présentation amusante : servez la friture dans un cornet de papier.

Préparation : 15 min

fromage blanc aux raisins secs et aux amandes

Pour 4 personnes :

Fromage blanc, 250 g.
Raisins secs, 50 g.
Rhum, 1 verre à liqueur.
Lait, 2 à 3 cuillerées à soupe.
Amandes effilées (en copeaux), 50 g.
Sucre en poudre, 75 g (4 à 5 cuillerées à soupe).

1 Faites tremper les raisins secs dans le rhum pendant 1 h environ.

2 Mettez le fromage blanc bien froid et le lait dans un saladier. Fouettez le tout avec un batteur à blancs d'œufs, pendant quelques instants.

3 Ajoutez, en dernier lieu, les raisins, le rhum, le sucre et les amandes effilées. Mélangez avec une cuiller. Versez dans quatre petites coupes et laissez au frais jusqu'au moment de servir.

Mon avis

Il faut que tout soit bien froid au départ, afin que cet entremets puisse être servi très frais sans qu'il soit nécessaire de le faire séjourner dans le réfrigérateur.

DESSERTS I FACILE I BON MARCHÉ

Préparation et cuisson : 1 h 30

gâteau de riz au caramel

Pour 4 personnes :

Riz, 200 g.
Lait, 75 cl environ.
Sucre vanillé, 1 sachet.
Sucre en poudre, 150 g (9 cuillerées à soupe).
Beurre, 1 noix.
Œufs, 2.
Sel, 1 pincée.

Caramel :

Sucre, 10 morceaux.
Citron (facultatif), quelques gouttes.

1 Lavez le riz à grande eau. Mettez-le à bouillir dans une grande casserole d'eau 5 min environ. Égouttez-le ensuite. Mettez le lait sur le feu avec le sucre vanillé, le sel et le riz bien égoutté. Couvrez à demi et laissez cuire, sur feu très doux, jusqu'à absorption presque complète du lait (de 30 à 35 min).

2 Pendant la cuisson du riz, allumez le bas du four. Caramélisez un moule : mettez celui-ci sur le feu avec les morceaux de sucre, 2 cuillerées à soupe d'eau et, si possible, quelques gouttes de jus de citron. Quand le sucre brunit, faites-le glisser contre les parois du moule. Retirez du feu avant que le caramel ne soit trop brun. Préchauffez le four à 170 °C (th. 5-6).

3 Quand le riz est cuit, retirez-le du feu. Mélangez-y le sucre, 1 noix de beurre, puis les œufs battus en omelette. Versez dans le moule caramélisé et enfournez de 30 à 45 min environ. Laissez refroidir dans le moule.

Mon avis

• J'ajoute souvent, dans mon riz, 1 ou 2 poignées de raisins secs (bien lavés) en même temps que les œufs. Inutile de les faire tremper avant, ils ont le temps de gonfler pendant la cuisson.
• Grâce au jus de citron, le caramel, juste un peu liquide, adhère davantage au gâteau qu'au moule. Mais je ne prends pas toujours le temps de caraméliser le moule ; j'enduis tout simplement un plat à gratin ou un moule à soufflé de beurre avant d'y verser le riz.
• La quantité de lait peut varier selon le riz employé qui en absorbe plus ou moins. Il doit être bien moelleux au moment d'aller au four.

Préparation et cuisson : 50 min

gâteau de riz aux mandarines

Pour 4 personnes :

Riz, 150 g.
Lait, 50 cl.
Sucre vanillé, 1 sachet.
Sucre en poudre, 75 g
(4 à 5 cuillerées à soupe).
Œuf, 1.
Mandarines, 2.
Beurre, 1 noix.
Sel, 1 pincée.

1 Lavez le riz à grande eau. Mettez-le à bouillir dans une grande casserole d'eau, 5 min environ. Égouttez-le ensuite. Mettez le lait sur le feu avec le sucre vanillé, le sel et le riz bien égoutté. Couvrez à demi et laissez cuire, sur feu très doux, jusqu'à absorption presque complète du lait (de 30 à 35 min).

2 Quand le riz est cuit, retirez-le du feu. Mélangez-y le sucre pour le faire fondre, la noix de beurre, l'œuf battu en omelette et le zeste finement râpé des deux mandarines.

3 Servez, très froid, dans un joli plat décoré de quartiers de mandarines.

Mon avis

• Pour « habiller » cet entremets, présentez-le accompagné d'une crème anglaise très fine.
• Si vous souhaitez mouler le riz, versez-le, encore chaud, dans un moule à soufflé bien beurré que, juste avant de démouler, vous tremperez quelques instants dans de l'eau très chaude : la matière grasse, en fondant, aidera le gâteau à glisser.
• Pour décorer, vous pouvez ajouter, comme sur la photo, du sucre coloré que vous saupoudrerez au moment de servir. On en trouve facilement en épicerie ou grande surface.

DESSERTS I FACILE I BON MARCHÉ

Préparation et cuisson : 1 h

gâteau de semoule au caramel

Pour 4 personnes :

Semoule, 100 g.

Raisins secs, 100 g.

Lait, 50 cl.

Sucre en poudre, 70 g (4 cuillerées à soupe environ).

Sucre vanillé, 1 sachet.

Œufs, 2.

Sel, 1/4 de cuillerée à café.

Caramel :

Sucre, 10 morceaux.

Citron, 1 quartier.

1 Mettez les raisins à tremper dans de l'eau chaude pendant 15 min.

2 Faites chauffer le lait avec le sel et le sucre vanillé. Dès qu'il bout, jetez-y la semoule en pluie. Mélangez avec une cuiller en bois, sans arrêt, jusqu'à épaississement. Laissez bouillir doucement 10 min.

3 Hors du feu, incorporez-y le sucre en poudre, les raisins égouttés et les œufs battus en omelette. Allumez le bas du four à 170 °C (th. 5-6).

4 Caramel : dans un moule, mettez les morceaux de sucre, 2 cuillerées à soupe d'eau et quelques gouttes de jus de citron. Faites cuire sur feu moyen. Lorsque le sucre brunit, faites-le voyager à l'intérieur du moule. Retirez du feu avant que le caramel ne soit trop brun.

5 Versez la semoule dans le moule et enfournez pour 30 min environ.

6 Démoulez le gâteau lorsqu'il est tiède. Servez-le bien froid, tel quel ou accompagné d'une crème anglaise, de confiture ou de marmelade de fruits.

Mon avis

Les raisins secs ne sont pas indispensables, mais ils agrémentent cet entremets. Vous pouvez les remplacer par du zeste de citron ou d'orange.

DESSERTS I FACILE I BON MARCHÉ

Préparation et cuisson : 1 h

gâteau marbré au chocolat

Pour 4 personnes :

Farine, 200 g.

Sucre en poudre, 200 g.

Beurre, 200 g.

Chocolat à croquer, 100 g.

Œufs, 4.

Sel, 1 pincée.

Matériel :

Moule de 23 cm de diamètre (ou moule long).

1 Battez les jaunes d'œufs avec le sucre en poudre. Ajoutez le beurre (préalablement fondu, sur feu doux ou au micro-ondes) et la farine. Fouettez les blancs en neige avec le sel et mélangez à la pâte délicatement.

2 Préchauffez le four à 180 °C (th. 6). Beurrez le moule. Partagez la pâte en la répartissant dans deux saladiers. Faites fondre le chocolat au bain-marie. Versez dans l'un des saladiers. Versez les deux pâtes (nature et au chocolat) en alternance dans le moule beurré.

3 Cuisez au four pendant environ 20 min (le temps qu'il monte) puis baissez la température à 150 °C (th. 5) et cuisez encore 25 min environ.

4 Démoulez sur une grille au sortir du four et laissez refroidir avant de servir.

Mon avis

La pâte chocolatée, versée de haut, se mélange de façon irrégulière à la pâte blanche, ce qui produit les marbrures recherchées.

Préparation et cuisson : 1 h. **Cuisson en autocuiseur** : 5 à 6 min par livre

gigot à l'anglaise

Pour 6 personnes :

Gigot, 1,8 kg.
Carottes, 250 g.
Navets, 250 g.
Oignon, 1 gros.
Clous de girofle, 2.
Bouquet garni (persil, thym, laurier).
Ail, 2 gousses.
Sel, poivre.

1 Mettez de l'eau jusqu'à mi-hauteur dans une marmite haute. Ajoutez-y les légumes, le bouquet garni, l'oignon piqué des clous de girofle, du sel et du poivre. Portez à ébullition. Glissez les gousses d'ail près du manche du gigot.

2 Plongez le gigot dans l'eau bouillante. Couvrez. Laissez bouillir de 12 à 15 min par livre. Une fois la cuisson terminée, égouttez le gigot. Servez-le immédiatement (ou tenez-le au chaud), entouré des légumes qui ont cuit dans le bouillon de cuisson.

Mon avis

• Voici une recette à mettre à votre répertoire, surtout si votre régime vous interdit les corps gras. Cuire un gigot à l'eau n'est pas dans vos habitudes. Ne vous laissez pas impressionner par l'aspect grisâtre de la viande au sortir du bouillon. À l'intérieur, elle est saignante à souhait et conserve toute sa saveur.

• Les Anglo-saxons servent ce plat avec une sauce à la menthe. Pour nous, Français, mieux vaut une sauce béarnaise (voir recette p. 610)ou une sauce paloise (béarnaise aromatisée de feuilles de menthe fraîche au lieu d'estragon).

• Comme légumes d'accompagnement : pommes frites, en purée, gratin dauphinois, haricots verts ou blancs.

Préparation et cuisson : 1 h

gigot rôti aux haricots

Pour 6 personnes :

Gigot d'agneau, 1,8 kg environ.

Ail, 4 à 5 gousses.

Beurre, 30 g.

Sel, poivre.

Garniture :

Flageolets, 1 boîte de 1 kg.

Haricots verts, 1 boîte de 1 kg.

Beurre, 50 g.

1 Préchauffez le four à 230 °C (th. 7-8).

2 Glissez 1 gousse d'ail près du manche du gigot. Piquez la viande avec un couteau pour y introduire les autres gousses. Enduisez le gigot de beurre. Salez, poivrez. Déposez dans un grand plat allant au four ou directement sur la plaque creuse du four.

3 Enfournez à four bien chaud, de 35 à 40 min. Arrosez deux ou trois fois au cours de la cuisson.

4 Garniture : 15 min avant de servir, égouttez les flageolets. Réchauffez-les doucement dans une casserole avec un gros morceau de beurre. Égouttez les haricots verts. Rincez-les sous l'eau froide et glissez-les dans le micro-ondes 3 ou 4 min pour les réchauffer, ou mettez-les dans une casserole d'eau bouillante. Égouttez à nouveau les haricots verts et incorporez-y 1 gros morceau de beurre.

5 Servez, sur un plat long et chaud, le gigot découpé en tranches. Décorez avec une partie des haricots verts et des flageolets. Servez le reste à part.

Mon avis

- Comptez de 10 à 15 min de cuisson par livre, selon la grosseur du gigot. Exemple : 30 min pour un morceau de 1 kg, mais 35 à 40 min seulement pour un gigot de 3 livres et 40 à 45 min pour une grosse pièce de 2 kg.
- Pour une présentation plus soignée, habillez le manche du gigot d'une papillote.
- Les restes de mouton se prêtent peu à des transformations. Il vaut mieux les présenter froids, avec cornichons, mayonnaise ou salade plutôt que de les réchauffer.
- Un gigot avantageux ne pèse pas moins de 3 livres.

Préparation et cuisson : 35 min

girolles à la crème

Pour 4 personnes :
Girolles, 1,5 kg.
Huile, 1 cuillerée à soupe.
Beurre, 50 g.
Crème fraîche, 100 g.
Sel, poivre.

1 Coupez la partie sableuse du pied des girolles. Lavez celles-ci plusieurs fois dans de l'eau vinaigrée sans les y laisser séjourner. Égouttez-les très bien, en les pressant avec la main.

2 Mettez les girolles dans une grande poêle avec l'huile. Faites-les dégorger, sur feu moyen, 5 min. S'il y a lieu, égouttez-les dans une passoire.

3 Remettez 50 g de beurre dans la même poêle. Faites-y mijoter, à couvert, les girolles avec du sel et du poivre, pendant 15 min.

4 Avant de servir, arrosez de crème fraîche. Mélangez en faisant bouillir un instant. Servez aussitôt.

Mon avis

• Il est indispensable de cuire les girolles en deux fois. Pendant la première cuisson, elles rendent énormément d'eau qu'il vaut mieux jeter.
• Très bon plat pour accompagner un poulet, un rôti de veau ou des escalopes.
• Ajoutez un peu de persil ou de cerfeuil haché sur les girolles à la crème, juste en les apportant à table.

CRUDITÉS ET LÉGUMES I TRÈS FACILE I CHER

Préparation et cuisson : 40 min

girolles sautées à l'ail ou à l'échalote

Pour 4 personnes :

Girolles, 1 kg.

Huile, 4 cuillerées à soupe.

Échalote ou gousse d'ail, 1.

Persil.

Sel, poivre.

1 Coupez l'extrémité sableuse du pied des girolles. Lavez les girolles plusieurs fois dans de l'eau vinaigrée sans les y laisser séjourner. Égouttez bien.

2 Mettez les girolles dans une grande poêle avec 3 cuillerées à soupe d'huile. Laissez-les dégorger, sur feu moyen, 5 min. Versez-les dans une passoire pour les égoutter parfaitement. Pressez-les avec la main au besoin.

3 Faites chauffer 1 cuillerée à soupe d'huile dans la poêle qui vient de servir. Jetez-y les girolles, l'échalote ou l'ail coupé finement, du sel et du poivre. Faites sauter quelques minutes sur feu assez vif. Couvrez et laissez mijoter 15 min sur feu doux. Parsemez de persil haché avant de servir.

Mon avis

Si vous faites sauter des pommes de terre dans une autre poêle, vous les mélangerez aux girolles au moment de servir. Vous obtiendrez un plat plus économique, car vous pouvez diminuer la quantité de girolles, toujours chères.

SPÉCIALITÉS I FACILE I RAISONNABLE

Préparation et cuisson : 1 h 20

gougère bourguignonne

Pour 6 personnes :

Gruyère, 1 morceau de 50 g environ.

Beurre, 1 noix.

Pâte à choux :

Beurre, 75 g.

Farine, 1,5 verre.

Œufs, 3.

Gruyère râpé, 150 g.

Sel, 1/2 cuillerée à café.

1 Pâte à choux : dans une casserole, faites chauffer un verre et demi d'eau, le sel et le beurre en morceaux. Dès que celui-ci est fondu, retirez la casserole du feu. Jetez-y la farine d'un seul coup. Mélangez et reportez sur le feu. Remuez énergiquement avec une cuiller en bois jusqu'à ce que la pâte n'adhère plus à la cuiller, ni à la casserole. Hors du feu, ajoutez les œufs un à un, en battant énergiquement la pâte avec une cuiller en bois. Incorporez-y le gruyère râpé.

2 Préchauffez le four à 200 °C (th. 6-7).

3 Sur une tourtière beurrée, disposez la pâte en couronne à l'aide d'une cuiller à soupe. Coupez le morceau de gruyère en dés.

4 Posez-les sur la gougère. Enfournez pendant 45 min environ. À mi-cuisson, baissez la température du four à 170 °C (th. 5-6). Servez chaud de préférence.

Mon avis

• Assurez-vous de la bonne cuisson de la pâte à choux : si elle est souple sous le doigt, la cuisson est encore insuffisante. Remettez au four quelques minutes à 100 °C (th. 3-4).

• La gougère peut se consommer aussi bien chaude que froide. À mon avis, c'est tiède qu'elle est la meilleure : l'intérieur en est encore moelleux.

• Façonnées en petits choux individuels, les petites gougères sont délicieuses à l'apéritif !

Préparation et cuisson : 1 h 20

gratin dauphinois

Pour 4 personnes :

Pommes de terre, 1 kg.
Beurre, 30 g.
Gruyère râpé, 50 g.
Lait, 2 verres environ.
Œuf, 1.
Ail (facultatif), 1 gousse.
Sel, poivre.

1 Préchauffez le four à 200 °C (th. 6-7).

2 Épluchez les pommes de terre. Coupez-les en rondelles fines. Mettez le lait à bouillir.

3 Frottez un grand plat à gratin avec la gousse d'ail écrasée. Enduisez-le de beurre. Étalez-y les pommes de terre et la moitié du gruyère râpé.

4 Versez les trois quarts du lait bouillant sur les pommes de terre et enfournez pour 50 min environ. Mélangez délicatement deux ou trois fois avec deux fourchettes. Les pommes de terre cuiront plus régulièrement.

5 10 min avant la fin de la cuisson du gratin, battez l'œuf entier en omelette avec du sel, du poivre et le reste de lait. Versez sur les pommes de terre. Parsemez avec le reste de gruyère râpé et des noisettes de beurre. Remettez au four à 170 °C (th. 5-6), quelques minutes, le temps que la sauce épaississe.

Mon avis

• La sauce du gratin donne parfois l'impression d'avoir « tourné » à la cuisson. Mais si vous suivez ma façon de faire, en ajoutant 1 œuf battu presque à la dernière minute (étape 5), vous éviterez cet inconvénient. La sauce de cuisson aura l'aspect d'une belle crème prise. On peut aussi ne mettre que de la crème à la place du lait qui sera entièrement absorbée par les pommes de terre.
• Si vous craignez le parfum de l'ail, n'en frottez pas le plat. Ce n'est pas indispensable. Une pincée de muscade râpée parfume agréablement.
• Ce gratin accompagne plutôt les viandes blanches.

POISSONS, CRUSTACÉS ET FRUITS DE MER I TRÈS FACILE I BON MARCHÉ

Préparation et cuisson : 40 min

grondins au four

Pour 4 personnes :

Grondins, 4, de 300 à 400 g.
Carotte, 1.
Oignon, 1.
Échalote, 1.
Vin blanc sec, 1/2 verre.
Beurre, 50 g.
Sel, poivre.

1 Videz et lavez les grondins. Épongez-les. Avec la pointe d'un couteau tranchant, faites quelques incisions dessus. Préchauffez le four à 200 °C (th. 6-7).

2 Beurrez un plat à feu. Étalez dans le fond : carotte, oignon et échalote coupés en rondelles. Déposez dessus les grondins salés et poivrés. Ajoutez 1/2 verre de vin blanc, autant d'eau. Parsemez de noisettes de beurre. Enfournez durant 30 min environ.

Mon avis

• Grondins = rougets-grondins.
• Attention à la nageoire dorsale du grondin, elle est très piquante et un peu venimeuse. Coupez-la.
• C'est un poisson épais qu'on incise assez profondément pour qu'il cuise en profondeur.
• L'odeur du poisson peut persister dans la cuisine, après le repas. Pour la faire disparaître, il suffit d'y brûler un morceau de sucre, d'écorce d'orange ou même la peau d'une pomme.

Préparation et cuisson : 1 h

hachis Parmentier

Pour 4 personnes :

Pommes de terre, 1 kg.
Oignon, 1.
Beurre, 50 g.
Restes de viande cuite, 300 g environ.
Ail, 1 gousse.
Lait, 2 verres environ.
Gruyère râpé ou chapelure, 50 g.
Sel, poivre.

1 Épluchez les pommes de terre. Faites-les bouillir de 25 à 30 min.

2 Hachez l'oignon. Faites-le cuire très doucement à la poêle, 10 min, avec 1 noix de beurre. Hachez la viande et l'ail. Ajoutez-les dans la poêle quelques minutes. Salez, poivrez. Laissez revenir le tout 5 min.

3 Préchauffez le four à 230 °C (th. 7-8). Écrasez les pommes de terre. Incorporez-y, en battant avec une cuiller en bois, d'abord 20 g de beurre, puis le lait bouillant, du sel et du poivre.

4 Beurrez un plat à gratin. Mettez-y la moitié de la purée de pommes de terre, le hachis de viande et le reste de purée. Parsemez de fromage râpé ou de chapelure et de noisettes de beurre. Faites gratiner dans le four bien chaud, 15 min environ.

Mon avis

• Le hachis Parmentier peut n'être qu'une entrée s'il est préparé avec un reste peu important de viande ou de purée. Mais je vous conseille de le faire en respectant à peu près les proportions indiquées ici.
• Il peut constituer le plat central d'un repas du soir : un potage pour commencer, le hachis Parmentier, une salade et un fromage ou un fruit pour finir.
• Si vos restes de viande sont insuffisants, complétez-les avec un peu de chair à saucisse.
• Très à la mode : le Parmentier de canard, dont la farce se fait avec du confit effiloché.

Préparation et cuisson : 20 min. **Préparation** à l'avance : 2 h (**dessalage** parfois conseillé : 1 ou 2 h)

haddock grillé

Pour 4 personnes :
Haddock, 500 g.
Huile, 1 verre.
Citron, 1.
Beurre, 30 g.
Persil.

1 Coupez le haddock en quatre morceaux. Mettez-les dans un plat creux. Recouvrez-les d'huile. Laissez mariner 2 h au réfrigérateur.

2 Allumez le grilloir du four.

3 Égouttez les morceaux de haddock. Déposez-les sur une grille placée elle-même sur la plaque creuse du four (lèchefrite). Glissez sous le grilloir. Faites cuire en laissant la porte du four ouverte, de 8 à 10 min sur chaque face.

4 Mettez les morceaux de haddock dans un plat chaud. Aspergez-les de jus de citron et parsemez de noisettes de beurre malaxées avec du persil haché.

Mon avis

• Le haddock, c'est du filet de poisson (aiglefin ou églefin) fumé. Sa couleur est jaune soutenu. Il se conserve plus longtemps que du poisson frais.
• Vous pouvez aussi faire griller le haddock sur un gril de contact, placé directement sur la flamme de votre réchaud. Faites chauffer le gril quelques minutes avant d'y déposer le poisson bien huilé.
• Le haddock est parfois trop salé au goût de certain. Il peut alors être utile de le faire dessaler pendant 1 ou 2 h, à l'eau et au réfrigérateur, avant de l'accommoder.
• Vous pouvez accompagner votre haddock de choucroute.

Préparation et cuisson : 25 min

haddock poché

Pour 4 personnes :
Haddock, 500 g.
Lait, 50 cl.
Beurre, 100 g.

1 Lavez le haddock à grande eau. Égouttez-le. Mettez-le dans une casserole avec le lait et la même quantité d'eau. Portez lentement à ébullition. Laissez-le frémir dans le court-bouillon, environ 15 min.

2 Égouttez le haddock. Mettez-le dans un plat chaud. Au moment de servir, arrosez-le de beurre, juste fondu.

Mon avis

• Ne salez pas le haddock, il l'est déjà suffisamment. Parfois même, il faut le dessaler 1 ou 2 h.
• Dans la sauce, j'ajoute le jus d'un demi-citron ; je trouve cela très fin.
• Je parsème aussi de persil haché tout frais.

Préparation et cuisson : 25 min

hamburgers

Pour 4 personnes :
Beefsteak haché, 500 g.
Oignon, 1 gros.
Beurre, 40 g.
Petits pains ronds, 2.
Tomates, 2.
Sauce tomate épicée (type ketchup).
Sel, poivre.

1 Hachez finement l'oignon. Mélangez-le avec la viande hachée, salée et poivrée. Formez-en 4 boulettes aplaties.

2 Faites chauffer le beurre dans une poêle. Mettez-y les boulettes de viande à dorer rapidement, sur feu assez vif, de chaque côté. Puis laissez cuire doucement, sur feu moyen, de 10 à 15 min.

3 Servez ces « hamburgers » sur la moitié d'un petit pain rond, chaud, avec des tranches de tomates crues et de la sauce tomate très épicée.

Mon avis

• Pour être tout à fait dans la note américaine, vous pouvez accompagnez de frites et de ketchup à part.
• Variante : vous pouvez aussi réaliser des hamburgers de volaille (filet de volaille haché à la place de bœuf).
• Essayez de préparer vous-même un « ketchup » en cuisant des tomates en marmelade avec un peu de vinaigre, du sucre, du sel et une pointe de piment.

Préparation et cuisson : 25 min

harengs frais meunière

Pour 4 personnes :

Harengs frais moyens, 4.
Farine, 2 cuillerées à soupe.
Huile, 2 cuillerées à soupe.
Beurre, 30 g.
Citron, 1.
Sel, poivre.

1 Videz les harengs. Mettez à part les laitances ou les œufs, s'il y en a. Lavez rapidement les poissons et essuyez-les. Salez, poivrez et farinez-les légèrement.

2 Dans une poêle, faites chauffer modérément l'huile et le beurre. Déposez-y les poissons et faites-les cuire, sur feu moyen, de 6 à 7 min sur chaque face.

3 Servez avec des quartiers de citron.

Mon avis

• Si vous digérez difficilement les harengs, essayez de les accommoder avec une sauce moutarde bien relevée.
• Les laitances et les œufs du hareng sont très bons sautés à la poêle, avec 1 noix de beurre. 10 min de cuisson, sur feu moyen, suffisent.

Préparation : 15 min. **Marinade** : 24 h

harengs saurs à l'huile

Pour 4 personnes :
Filets de harengs saurs, 300 à 400 g.
Oignon, 1.
Huile, 2 verres.
Carotte, 1/2.
Ail, 1 gousse.
Thym, laurier.
Clous de girofle, au goût.
Petit piment fort (facultatif), 1.

1 Lavez les filets sous l'eau froide et essuyez-les bien. Laissez dessaler ou non selon votre goût.

2 Disposez-les dans une terrine en intercalant : rondelles d'oignon, de carotte, brins de thym, feuilles de laurier, gousse d'ail, clous de girofle et petit piment fort, si vous aimez la marinade bien relevée. Recouvrez d'huile et laissez mariner 24 h au moins au réfrigérateur avant de consommer.

Mon avis

• Faites dessaler un peu les filets de harengs en les laissant tremper 1 h ou plus dans de l'eau ou dans du lait. Retournez les filets, de temps en temps, pendant qu'ils marinent.
• Les filets de harengs à l'huile se conservent très bien pendant plusieurs jours au réfrigérateur.

Préparation et cuisson : 1 h 15. **Cuisson en autocuiseur :** 15 min

haricots blancs à la bretonne

Pour 4 personnes :
Haricots blancs frais (ou demi-secs), 1 kg.
Beurre, 30 g.
Oignon, 1.
Clous de girofle, 2.
Carotte, 1.
Ail, 1 gousse.
Échalote, 1.
Bouquet garni (persil, thym, laurier).
Persil.
Sel, poivre.
Purée de tomates :
Tomates, 4.
Oignons, 3.
Beurre, 20 g.
Sel, poivre.

1 Écossez les haricots. Plongez-les 15 min dans de l'eau en ébullition. Égouttez-les et versez-les dans une cocotte avec 1 oignon piqué de 2 clous de girofle, la carotte coupée en rondelles, l'ail, l'échalote, le bouquet garni et du poivre ; recouvrez-les largement d'eau. Portez à ébullition et laissez mijoter, à couvert, 50 min. Salez à mi-cuisson.

2 Purée de tomates : hachez les oignons, faites-les dorer légèrement dans une casserole avec le beurre. Pelez et coupez les tomates. Ajoutez-les dans la casserole avec du sel et du poivre. Faites cuire à feu moyen, 20 min, sans couvrir.

3 Un peu avant de servir les haricots, ajoutez-y la purée de tomates, 30 g de beurre et du persil haché.

Mon avis

• Faites bouillir les haricots un petit moment avant de les faire cuire vraiment. Cette opération préalable les rendra plus faciles à digérer.
• Mais attention à la tomate : ajoutée trop tôt aux haricots, elle les durcirait. Le temps de cuisson en serait alors prolongé.
• Pour gagner un peu de temps, pensez à la purée de tomates en conserve, il en existe de très bonnes dans le commerce, souvent d'origine italienne.

CRUDITÉS ET LÉGUMES I TRÈS FACILE I BON MARCHÉ

Préparation et cuisson : de 2 h à 2 h 30. **Cuisson en autocuiseur** : 30 min environ

haricots blancs ou flageolets au naturel

Pour 4 personnes :

Haricots secs, 250 g.

Carotte, 1.

Oignon, 1.

Clous de girofle, 2.

Bouquet garni (thym, 1/2 feuille de laurier, persil).

Beurre, 30 g.

Persil.

Sel, poivre.

1 Après les avoir lavés, mettez les haricots dans une casserole d'eau froide non salée. Faites-les bouillir 15 min. Égouttez-les.

2 Remettez les haricots dans la casserole avec la carotte coupée en deux, l'oignon piqué de clous de girofle et le bouquet garni. Emplissez d'eau froide. Couvrez et laissez mijoter de 1 h 30 à 2 h, suivant les haricots. Salez et poivrez à mi-cuisson seulement.

3 Égouttez les haricots. Servez-les avec un bon morceau de beurre et du persil haché.

Mon avis

Il est inutile de faire tremper les haricots, en particulier ceux de l'année. Il suffit de les faire bouillir 15 min avant la cuisson proprement dite. De plus, cette opération les rend plus digestibles. On ajoute le sel à mi-cuisson des haricots. Ainsi ils ne durcissent pas et leur temps de cuisson est écourté.

Préparation et cuisson : 40 min

haricots verts à l'anglaise

Pour 4 personnes :

Haricots verts, 1 kg.
Beurre, 30 g.
Persil haché.
Gros sel.

1 Dans un grand récipient, mettez à bouillir beaucoup d'eau non salée (vous ajouterez le sel plus tard, en même temps que les haricots).

2 Retirez les fils des haricots en cassant les extrémités. Lavez-les. Plongez-les dans l'eau en ébullition. Salez avec pas mal de gros sel. Faites cuire à gros bouillons et sans couvrir de 20 à 25 min, suivant la variété des haricots. Égouttez-les lorsqu'ils sont encore un peu fermes.

3 Présentez-les avec un bon morceau de beurre et du persil haché.

Mon avis

• Pour que les haricots restent bien verts, mettez le sel dans l'eau en même temps que les haricots et laissez cuire à gros bouillons, sans couvrir le récipient. Ils sont meilleurs encore un peu croquants sous la dent. Surveillez la cuisson.

• Cette recette convient aussi aux haricots mange-tout. Ils accompagnent toutes les viandes rôties et sautées.

Préparation et cuisson : 50 min. **Cuisson en autocuiseur** : 10 min

haricots verts sautés

Pour 4 personnes :

Haricots verts, 1 kg.
Beurre, 50 g.
Persil.
Sel, poivre.

1 Dans un grand récipient, mettez à bouillir beaucoup d'eau non salée (vous ajouterez le sel plus tard, en même temps que les haricots).

2 Retirez les fils des haricots en cassant les extrémités. Lavez-les. Plongez-les dans l'eau en ébullition. Salez et faites cuire à gros bouillons, sans couvrir, de 20 à 25 min, suivant la variété des haricots. Égouttez-les lorsqu'ils sont encore un peu fermes.

3 Faites fondre 50 g de beurre dans la casserole. Ajoutez-y les haricots, poivrez. Faites-les sauter rapidement (ils ne doivent pas trop rissoler). Parsemez de persil haché à la dernière minute.

Mon avis

• Ajoutez aussi 1 gousse d'ail finement hachée aux haricots que vous faites sauter.
• Cette recette convient aussi pour les haricots mange-tout.
• C'est pour que les haricots restent bien verts que vous mettez le sel dans l'eau en même temps que les haricots, et non avant.
• Faites sauter les haricots en conserve de la même façon (étape 3) que les frais, mais, auparavant, rincez-les à l'eau fraîche et égouttez-les bien.

Préparation et cuisson : 1 h 15. **Congélation :** 1 h

homard (ou langouste) à l'américaine

Pour 4 personnes :

Homard (ou langouste), 1 de 1,5 kg environ.
Tomates fraîches, 3 ou 4 (300 g environ).
Huile, 5 cuillerées à soupe.
Carotte, 1.
Échalote, 1.
Cognac, 1 verre à liqueur.
Concentré de tomates, 1 cuillerée à soupe.
Vin blanc sec, 1,5 verre.
Beurre, 20 g (1 grosse noix).
Farine, 20 g.
Bouquet garni (persil, thym, laurier, tiges d'estragon).
Fines herbes (cerfeuil, persil, feuilles d'estragon).
Poivre de Cayenne, 1 bonne pincée.
Sel, poivre.

Remarques

Pour faire flamber le cognac, approchez une allumette de l'alcool en ébullition dans la poêle.

1 Placez le homard 1 h au congélateur pour l'anesthésier. Posez-le sur une planche à découper. Détachez-en les pinces. Tranchez la tête et découpez la queue en 5 ou 6 tronçons. Salez et poivrez. Fendez la tête en deux dans la longueur. Retirez-en la matière molle et la partie verdâtre (corail) et mettez-les à part : elles serviront à lier la sauce. Jetez la poche qui contient une matière sableuse. Brisez les pinces d'un coup sec, avec un marteau. Pelez et coupez les tomates en morceaux.

2 Faites chauffer 4 cuillerées à soupe d'huile dans une grande poêle. Faites-y rougir les morceaux de crustacé à feu vif, y compris les pinces. Égouttez-les.

3 Coupez finement carotte et échalote. Faites-les sauter dans une cocotte avec 1 cuillerée à soupe d'huile. Ajoutez-y les morceaux de homard. Arrosez de cognac. Faites-le flamber. Mettez alors les tomates fraîches, le concentré de tomates, le vin blanc, autant d'eau, le bouquet garni, le poivre de Cayenne, du sel et du poivre ordinaire. Laissez frémir, sur feu vif, 10 min.

4 Égouttez les morceaux de homard dans un plat. Tenez-le au chaud. Passez la sauce et remettez-la sur feu vif quelques instants pour la faire diminuer. Incorporez-y ensuite le beurre malaxé et la farine, faites bouillir 3 min en mélangeant. Hors du feu, ajoutez la matière crémeuse et le corail. Versez sur le homard. Parsemez de fines herbes hachées.

Mon avis

Enrichissez ce plat avec de la crème fraîche ajoutée à la sauce en même temps que le corail. Servez avec du riz nature. Les queues de langouste surgelées se préparent de la même façon mais elles sont plus coriaces.

Préparation et cuisson : 40 min. **Congélation** : 1 h

homard (ou langouste) au naturel

Pour 4 personnes :

Homard (ou langouste), 1,5 kg.
Bouquet garni (persil, thym, laurier).
Gros sel.

1 Placez le homard ou la langouste 1 h au congélateur pour l'anesthésier. Faites bouillir de l'eau dans une marmite avec du gros sel et le bouquet garni. Attachez le homard à plat sur une planchette, pour qu'il reste allongé. Plongez-le dans le court-bouillon en ébullition et laissez cuire à frémissement 10 min environ.

2 Égouttez le homard. Incisez le dessus de la tête et tenez-le, tête en bas, pour faire s'écouler l'eau qui se trouve à l'intérieur. Fendez la bête en deux, dans la longueur. Ôtez le petit boyau noir qui se trouve au milieu.

3 Avant de servir, partagez la chair de chaque demi-homard en deux. Replacez les morceaux dans leur carapace. Présentez les demi-homards sur un plat long avec, à part, une saucière de sauce mayonnaise ou tartare.

Mon avis

• Sans faire de manières, vous ferez bien d'apporter des rince-doigts à table. Lorsque les convives auront fini le homard ou la langouste, ils en auront besoin. Petits bols de porcelaine, de verre ou de céramique peuvent faire office de rince-doigts. Présentez, à chaque convive, un rince-doigts empli d'eau tiède avec une rondelle de citron... ou même quelques pétales de rose.

• On allonge et ficelle le homard (ou la langouste) sur une planchette avant de le faire cuire : il sera ensuite plus facile de le fendre en deux. Cependant, si cela vous paraît compliqué, plongez la bête, sans l'attacher, dans le court-bouillon. Elle sera un peu plus recroquevillée, une fois cuite.

• Mettez des casse-noix sur la table, pour permettre de briser les pattes et les pinces du crustacé.

Préparation et cuisson : 45 min. **Congélation :** 1 h

homard (ou langouste) grillé

Pour 4 personnes :

Homard (ou langouste), 1,5 kg.
Beurre, 50 g.
Thym effeuillé.
Laurier, 2 feuilles.
Poivre de Cayenne,
1 ou 2 pincées.
Sel.

1 Placez le homard ou la langouste 1 h au congélateur pour l'anesthésier.

2 Fendez-le en deux dans le sens de la longueur avec un grand couteau, sans détacher complètement les deux parties. Préchauffez le four à 230 °C (th. 7-8).

3 Mettez le homard sur la plaque creuse du four. Tartinez la chair avec du beurre. Salez. Parsemez de feuilles de thym et de feuilles de laurier coupées en deux et ajoutez le poivre de Cayenne. Enfournez de 15 à 20 min. Arrosez avec le jus pendant la cuisson.

Mon avis

• Une fois la langouste cuite, je récupère le jus de cuisson.
J'y incorpore 3 ou 4 cuillerées de crème fraîche, 2 ou 3 pincées de safran, en mélangeant sur le feu jusqu'au premier bouillon. Je verse dans une saucière chaude et je sers avec ma langouste. C'est une fameuse sauce.

• Les crustacés supportent mal, lorsqu'ils sont vivants, un séjour prolongé dans un réfrigérateur. Mieux vaut les conserver au frais tout simplement, mais pas plus d'une journée.

Préparation et cuisson : 40 min

jambon à la florentine

Pour 4 personnes :

Jambon de Paris, 4 tranches épaisses de 1/2 cm.

Porto, 1 verre.

Épinards, 1,5 kg.

Beurre, 30 g.

Crème fraîche, 2 ou 3 cuillerées à soupe.

Sel, poivre.

1 Mettez de l'eau salée à bouillir dans une marmite. Épluchez et lavez les épinards avec soin.

2 Préchauffez le four à 70 °C (th. 2-3). Déposez le jambon dans un plat à feu. Arrosez de porto. Couvrez et enfournez 25 min environ.

3 Plongez les épinards dans l'eau en ébullition. Laissez-les bouillir 5 min. Égouttez-les en les pressant fortement avec une écumoire pour en exprimer le plus d'eau possible. Puis coupez-les grossièrement.

4 Dans une cocotte, faites chauffer le beurre. Mettez-y les épinards. Laissez-les un peu dessécher, sur feu vif, de 2 à 3 min, en remuant souvent avec une cuiller en bois pour éviter qu'ils n'attachent. Ajoutez ensuite la crème fraîche, du sel et du poivre. Couvrez et laissez mijoter tout doucement 10 min.

5 Étalez les épinards dans un grand plat. Posez les tranches de jambon dessus. Arrosez-les avec leur jus de cuisson. Servez aussitôt.

Mon avis

• Ce plat peut être facilement réussi par une débutante, si elle apporte un tout petit peu d'attention à sa préparation.

• Le porto peut être remplacé par un autre vin doux : du madère, du muscat ou du vermouth, par exemple.

• Ne mettez pas le jambon dans un four trop chaud, car il durcirait. Couvrez le plat d'aluminium, vers la fin, si vous craignez qu'il ne dessèche. Il est possible, mais plus délicat, de bien faire réchauffer le jambon à la poêle. Que la flamme soit très douce sous cette dernière.

• Il est important d'égoutter le plus possible les épinards. Pour une présentation plus soignée, disposez les épinards dans des barquettes en pâte brisée. Plus rapide : les épinards surgelés, déjà blanchis, donc prêts à réchauffer sur feu doux avant de les accommoder à la crème.

CHARCUTERIES, TRIPERIES ET ABATS | FACILE | RAISONNABLE

Préparation et cuisson : 35 min

jambon braisé au porto

Pour 4 personnes :

Jambon de Paris, 4 tranches épaisses de 1/2 cm.
Porto, 1 verre.
Champignons de Paris, 125 g.
Crème fraîche, 2 cuillerées à soupe.
Jaune d'œuf, 1.
Citron, 1/2.
Sel, poivre.

1 Préchauffez le four à 90 °C (th. 3). Déposez le jambon dans un plat à feu. Arrosez-le de porto. Couvrez. Enfournez pendant 25 min.

2 Ôtez le pied sableux des champignons. Lavez-les rapidement. Coupez-les en lamelles dans une casserole. Couvrez-les d'eau et de jus de citron. Portez à ébullition. Égouttez aussitôt. Remettez sur le feu avec la crème fraîche, du sel et du poivre. Laisse bouillir 1 min. Retirez du feu et mélangez-y le jaune d'œuf et le porto dans lequel a réchauffé le jambon.

3 Disposez les tranches de jambon, bien égouttées, sur un plat chaud. Recouvrez-les de sauce aux champignons et servez.

Mon avis

• Vous pouvez tout aussi bien préparer ce jambon braisé avec du madère, du xérès ou autres vins doux qui ont la même propriété que le porto : ils adoucissent, pendant le braisage, le jambon un peu salé.
• Si vous n'avez pas de couvercle adapté aux dimensions de votre plat, vous pouvez utiliser tout simplement de l'aluminium.

Préparation et cuisson : 1 h

jardinière de légumes

Pour 4 personnes :

Petits pois, 500 g.

Carottes nouvelles, 200 g ou 1 botte.

Navets nouveaux, 3 ou 4.

Haricots verts, 125 g.

Pommes de terre nouvelles, 250 g.

Beurre, 50 g.

Cerfeuil ou persil.

Laitue, quelques feuilles.

Sel, poivre.

1 Écossez les petits pois. Pelez les carottes et les navets. Coupez-les s'ils sont un peu gros. Épluchez les haricots. Lavez tous les légumes.

2 Faites juste fondre 40 g de beurre dans une casserole. Mettez-y les carottes, les navets, les haricots verts, les petits pois et les feuilles de laitue. Mélangez le tout un instant. Ajoutez 2 cuillerées à soupe d'eau, du persil ou du cerfeuil, du sel et du poivre. Couvrez le plus hermétiquement possible avec une assiette creuse remplie d'eau froide. Laissez cuire doucement 10 min.

3 Ajoutez alors les pommes de terre épluchées et coupées en dés. Laissez cuire de nouveau de 15 à 20 min. Renouvelez l'eau contenue dans l'assiette, plusieurs fois au cours de la cuisson. En fin de cuisson, retirez le persil ou le cerfeuil, puis incorporez 1 noix de beurre avant de servir.

Mon avis

• J'ajoute souvent un hachis de persil et 1 cuillerée à soupe de crème fraîche à ma jardinière de légumes, juste avant de l'apporter à table. Et, croyez-moi, les gourmets qui la savourent ne s'en portent pas plus mal !

• La jardinière de légumes convient surtout aux légumes nouveaux. Les proportions respectives peuvent en être modifiées. Vérifiez la cuisson des légumes. Le temps de cuisson peut être plus ou moins long, suivant leur degré de maturité et selon votre propre goût.

• Une variante : la printanière de légumes. Vous faites cuire à l'eau tous ces légumes mais séparément ; il existe des petits paniers métalliques spéciaux pour faire cuire en même temps des légumes différents dans un même récipient. À défaut – mais c'est moins pratique (et ce n'est pas indispensable) – enfermez chaque variété de légumes dans des petites mousselines nouées. Ajoutez l'assaisonnement beurre et fines herbes au moment de servir.

Préparation et cuisson : 2 h

jarret de veau au citron

Pour 4 personnes :

Jarret de veau en rondelles, 1,2 kg.
Farine, 1 cuillerée à soupe.
Beurre, 60 g.
Oignons, 2.
Carottes, 2.
Tomates fraîches, 500 g.
Concentré de tomates, 1 cuillerée à soupe.
Vin blanc sec, 1 verre.
Ail, 1 gousse.
Bouquet garni (persil, thym, laurier).
Citron, 1/2.
Sel, poivre.

1 Salez, poivrez et farinez les morceaux de viande. Dans une cocotte, faites chauffer 30 g de beurre. Mettez-y les morceaux de viande et laissez-les roussir sur toutes les faces. Retirez-les de la cocotte. Videz celle-ci sans la laver.

2 Épluchez les oignons et les carottes. Coupez-les en rondelles. Pelez les tomates. Coupez-les en deux et pressez-les pour en extraire les pépins.

3 Remettez 30 g de beurre dans la cocotte. Lorsque la matière grasse est chaude, faites-y dorer les oignons et les carottes. Mettez la viande par-dessus. Arrosez de vin blanc. Portez à ébullition. Ajoutez l'ail, le bouquet garni, le zeste du demi-citron, les tomates coupées en morceaux, le concentré de tomates, du sel et du poivre. Couvrez et laissez mijoter 1 h 30.

Mon avis

• Préparez des pommes de terre, des pâtes ou du riz nature pour accompagner ce jarret de veau.
• Une salade verte, un fromage bien fait pour compléter, et vous avez établi un menu tout à fait gastronomique pas trop coûteux.
• S'il s'agit de carottes nouvelles, ne les épluchez pas mais brossez-les soigneusement sous l'eau courante.

Préparation et cuisson : 1 h 45. **Trempage** : 1 h. **Cuisson en autocuiseur** : 30 min

jarret de veau aux pruneaux

Pour 4 personnes :

Jarret de veau en rondelles ou en morceaux, 1,2 kg.
Pruneaux, 250 g.
Raisins secs, 50 g.
Farine, 1 cuillerée à soupe.
Beurre, 50 g.
Oignons, 2.
Carottes, 4.
Bouquet garni (persil, thym, laurier).
Sel, poivre.

1 Mettez à tremper les pruneaux et les raisins secs dans une même terrine, avec de l'eau chaude, pendant 1 h.

2 Salez et poivrez les morceaux de jarret, puis farinez-les légèrement.

3 Dans une cocotte, faites chauffer 50 g de beurre. Mettez-y à dorer la viande sur toutes les faces, puis les oignons coupés en quatre. Ajoutez ensuite 50 cl d'eau chaude, les carottes coupées en rondelles, bouquet garni, sel, poivre. Couvrez. Laissez mijoter, sur feu doux, 1 h.

4 Au bout de ce temps, égouttez les pruneaux et les raisins. Ajoutez-les dans la cocotte et laissez cuire doucement 30 min de plus. Présentez la viande, le bouquet garni ôté, dans un plat creux, recouverte de la sauce contenant pruneaux et raisins.

Mon avis

• Ce plat sucré-salé doit être bien relevé. Vous devez le saler et le poivrer autant qu'un plat de viande habituel ; le bouquet garni sera surtout riche en thym.

• Des pommes de terre à l'eau, en purée, ou bien du riz nature, l'accompagneront parfaitement.

Congélation : 1 h. **Préparation et cuisson** : 1 h

langouste à la parisienne

Pour 4 personnes :

Langouste (ou homard), 1 de 1,5 kg.

Court-bouillon :

Bouquet garni (persil, thym, laurier).

Gros sel.

Mayonnaise :

Jaune d'œuf, 1.

Huile, 25 cl.

Vinaigre, 1 ou 2 cuillerées à soupe.

Moutarde forte, 1 cuillerée à café.

Sel, poivre.

Garniture :

Macédoine de légumes, 1 boîte (environ 500 g).

Œufs, 2.

Petites tomates, 2.

Laitue, quelques feuilles.

Citron, 1.

Persil.

1 Placez la langouste 1 h au congélateur pour l'anesthésier. Faites bouillir de l'eau dans une marmite avec du gros sel et le bouquet garni. Plongez la langouste dans le court-bouillon en ébullition et laissez cuire à frémissement, de 10 à 15 min.

2 Pendant ce temps : égouttez la macédoine, faites bouillir les œufs 10 min. Mayonnaise : mettez dans un bol jaune d'œuf et moutarde. Incorporez-y peu à peu l'huile en la versant en filet et sans cesser de fouetter. Ajoutez vinaigre, sel, et poivre.

3 Égouttez et laissez refroidir la langouste. Incisez-la sur le dessus de la tête et tenez-la, tête en bas, quelques secondes, pour vider l'eau qui se trouve à l'intérieur. Fendez-la en deux, dans la longueur. Retirez le petit boyau noir qui se trouve au milieu de la queue. Détachez la chair et coupez-la en tranches de 1 à 1,5 cm d'épaisseur. Lavez les demi-carapaces, essuyez-les avec soin. Mélangez la macédoine avec la moitié de la mayonnaise. Remplissez-en les carapaces.

4 Garnissez un grand plat long avec des feuilles de laitue. Disposez-y les carapaces remplies de macédoine. Au dernier moment, posez dessus les tranches de langouste. Présentez le plat avec des rondelles de citron, des œufs durs et des tomates coupées en deux et décorées avec des rosaces de mayonnaise et du persil. Servez à part le reste de la mayonnaise.

Mon avis

La préparation de ce plat demande un peu d'attention mais le résultat est très spectaculaire. Ne prolongez pas le temps de cuisson ; vous obtiendriez une langouste à chair caoutchouteuse. Il est préférable de replier la queue de la langouste et de l'attacher avec un fil avant de la faire cuire. Mettez des casse-noix sur la table pour permettre de briser les pattes et les pinces de la langouste. Et pour gagner du temps, ayez recours à la langouste surgelée du commerce, elle convient très bien.

Préparation et cuisson : 2 h 30

langue de veau braisée à la tomate

Pour 4 personnes :

Langue de veau, 1.
Beurre, 50 g.
Farine, 20 g (1 cuillerée à soupe rase).
Concentré de tomates, 1 petite boîte (70 g).
Petits oignons, 10.
Ail, 1 gousse.
Bouquet garni (persil, thym, laurier).
Sel, poivre.

1 Lavez soigneusement la langue, puis mettez-la dans une casserole d'eau froide. Faites bouillir 10 min. Égouttez. Passez sous l'eau courante. Grattez la langue, avec un couteau pointu, pour en ôter la peau et essuyez-la bien.

2 Faites chauffer 25 g de beurre dans une cocotte. Déposez-y la langue. Lorsqu'elle est bien dorée sur toutes les faces, retirez-la et jetez le beurre de cuisson.

3 Remettez, dans la cocotte vide, 25 g de beurre et les petits oignons. Laisser blondir. Saupoudrez de farine. Mélangez. Ajoutez le concentré de tomates délayé avec 3 verres d'eau, la langue, du sel et du poivre, le bouquet garni et l'ail. Couvrez et laissez mijoter 1 h 30 environ. Ôtez le bouquet au moment de servir.

Mon avis

• Dépouiller la langue est une opération qui demande un peu de temps et de patience mais le résultat en vaut la peine. Commencez par la gratter avec un petit couteau bien aiguisé. Glissez-en la pointe entre la chair et la peau puis tirez le lambeau qui se détache. Ce n'est pas trop difficile à faire avec un peu de patience. J'ajoute souvent à ce plat, 15 min avant la fin de sa cuisson, une vingtaine d'olives vertes. Ne salez pas trop dans ce cas.

• Si la cuisson est faite dans une cocotte ordinaire, délayez la tomate avec 3 verres d'eau. Dans un autocuiseur, en revanche, 2 verres suffiront, l'évaporation dans celui-ci étant réduite au minimum ; comptez alors 40 min de cuisson environ. La langue de veau réchauffée dans sa sauce ne perd rien de sa saveur, bien au contraire.

• J'aime aussi servir la langue avec une sauce piquante (sauce tomate additionnée de vinaigre et de dés de cornichons).

La veille, **préparation** : 20 min. Le jour même, **préparation et cuisson** : 2 h

lapin aux pruneaux

Pour 6 à 8 personnes :

Lapin, 1 gros (plus de 3 livres).
Vin rouge, 1 bouteille.
Cognac, 1 verre à apéritif.
Carottes, 2.
Oignons, 2 gros.
Petits oignons, 250 g.
Pruneaux, 250 g.
Lard de poitrine, 100 g.
Beurre, 30 g.
Farine, 30 g (1 cuillerée à soupe bombée).
Bouquet garni (persil, thym, laurier).
Sel, poivre.

1 La veille, coupez le lapin en morceaux et mettez-le à mariner dans un plat contenant vin, cognac, bouquet garni, carottes et oignons coupés en rondelles, poivre. Laissez tremper les pruneaux dans un autre récipient plein d'eau.

2 Le jour même, égouttez soigneusement la viande. Dans une cocotte contenant le beurre, faites revenir le lard coupé en dés et les petits oignons, puis retirez-les. À leur place, mettez les morceaux de lapin. Lorsque ceux-ci sont bien dorés, saupoudrez-les de farine. Mélangez, salez, poivrez et recouvrez-les tout juste de marinade passée. Couvrez et laissez mijoter 45 min.

3 Ajoutez alors lardons, oignons et pruneaux égouttés. Laissez mijoter 45 min de plus, dans la cocotte couverte.

Mon avis

• Pour cette recette, il faut nécessairement un gros lapin « adulte » puisqu'il doit mijoter longtemps. Si le plat est trop copieux, peu importe, car il est très bon réchauffé.

• Le lièvre et le lapin de garenne peuvent être accommodés de la même façon. Si vous avez pu garder le sang du lapin – additionné d'un filet de vinaigre qui l'empêche de coaguler – incorporez-le à la sauce, hors du feu, un instant avant de servir. Vous pouvez, sinon, demander du sang de porc à votre charcutier.

• Pour accompagner, servez des pommes de terre vapeur ou à l'eau.

VIANDES ET VOLAILLES I TRÈS FACILE I RAISONNABLE

Préparation et cuisson : 2 h 40. **Au frais :** 12 h

lapin en gelée

Pour 4 personnes :

Lapin en morceaux, 3 ou 4 livres.
Pied de veau avec os, fendu en deux, 1.
Beurre, 40 g.
Lard de poitrine, 150 g.
Échalotes, 3.
Carottes, 2.
Ail, 3 gousses.
Clous de girofle, 2.
Vin blanc sec, 50 cl.
Bouquet garni (très fort en thym, persil, laurier).
Sel, poivre.

1 Plongez le pied de veau dans une casserole d'eau froide. Portez à ébullition quelques minutes et égouttez.

2 Dans une grande cocotte, faites chauffer le beurre. Mettez-y à roussir quelques morceaux de lapin. Retirez ceux qui sont dorés pour mettre à la place les morceaux suivants et le lard coupé en dés.

3 Remettez le tout dans la cocotte avec les échalotes coupées, l'ail, du sel et du poivre, les clous de girofle, le bouquet garni, les carottes coupées en deux et le pied de veau. Mouillez avec le vin blanc et un peu d'eau si c'est nécessaire ; le liquide doit arriver aux trois quarts de la hauteur de la viande. Couvrez et laissez mijoter 2 h.

4 Désossez le lapin cuit. Mettez toute la chair – sauf le pied de veau – dans une ou deux terrines. Recouvrez avec la sauce passée. Laissez prendre au frais 12 h au moins. Démoulez et servez ce plat froid avec une salade verte, des cornichons, de la moutarde et de la salade.

Mon avis

• Il est très facile de retirer les os du lapin une fois qu'il est très cuit.
• N'hésitez pas à le déchiqueter, cela n'a aucune importance, mais ne le hachez surtout pas car on aime trouver des morceaux de lapin plus ou moins gros sous la fourchette.

Préparation et cuisson : 1 h 15

lapin en gibelotte

Pour 4 personnes :

Lapin coupé en morceaux, 1,5 kg environ.
Lard de poitrine, 100 g.
Petits oignons, 5.
Beurre, 30 g.
Farine, 1 cuillerée à soupe rase.
Vin blanc sec, 1 verre.
Champignons de Paris, 150 g (ou 1 boîte).
Ail, 2 gousses.
Bouquet garni (beaucoup de thym, persil, laurier).
Sel, poivre.

1 Coupez le lard en dés. Faites-les revenir dans une cocotte avec le beurre. Ajoutez-y les oignons épluchés entiers. Quand tout est bien coloré, retirez de la cocotte.

2 À la place, faites dorer le lapin. Saupoudrez ensuite de farine. Mélangez bien. Ajoutez-y le verre de vin blanc, autant d'eau, les lardons et les oignons revenus, l'ail, le bouquet garni, du sel et du poivre. Couvrez. Laissez mijoter environ 1 h.

3 Ôtez la partie sableuse des champignons. Lavez ceux-ci et coupez-les en deux. Ajoutez-les dans la cocotte 15 min avant la fin de la cuisson.

Mon avis

• Un lapin avantageux doit peser dans les 3 livres. S'il pèse moins, il n'est pas assez charnu. S'il pèse plus, il a pris un peu d'âge et risque d'être plus sec.
• Si vous employez des champignons en boîte, il suffit de les ajouter, égouttés, à la dernière minute.
• Servez avec des pommes de terre toutes simples ou accommodées à la dauphinoise, en gratin, à la lyonnaise, à la bordelaise, etc.

Préparation et cuisson : 1 h 10

lapin rôti à la moutarde

Pour 4 personnes :

Râble de lapin, 1 de 800 g environ.

Moutarde forte, 2 cuillerées à soupe.

Crépine de porc, 100 g.

Persil.

Sel, poivre.

1 Préchauffez le four à 170 °C (th. 5-6), 15 min environ avant d'y faire cuire le lapin.

2 Salez, poivrez le râble de lapin. Tartinez-le de moutarde. Enveloppez-le dans la crépine et déposez-le dans un plat à feu. Enfournez de 40 à 45 min. Une fois la cuisson terminée, déposez le lapin dans un grand plat. Gardez-le au chaud.

3 Dans le plat de cuisson, versez 4 cuillerées à soupe d'eau. Laissez bouillir sur feu vif tout en grattant le fond du plat avec une cuiller en bois, pour délayer les sucs de viande caramélisés. Ôtez la crépine du lapin et arrosez-le avec ce jus et parsemez-le de persil haché.

Mon avis

• Si vous avez acheté un gros lapin entier pour faire cette recette où l'on vous recommande de n'utiliser que le râble (partie charnue située au-dessous des épaules), il n'est pas question de perdre la partie de devant : pattes, thorax, foie… ! Préparez-les en gibelotte ou en blanquette ; sont donc exclues les pattes de devant.

• Toutefois, vous pouvez rôtir le lapin entier. Ce sera un peu moins présentable, mais très bon. On entoure le lapin, enduit de moutarde, avec une crépine de porc pour que la moutarde qui l'enrobe garde toute sa saveur et ne dessèche pas sous l'effet de la chaleur.

• La crépine s'achète le plus souvent chez le charcutier, et même chez certains bouchers. Une barde de lard protégerait aussi bien le lapin mais rendrait trop de gras. Le lapin est également très bon rôti à la broche, dans le four ou dans une rôtissoire.

Préparation et cuisson : 1 h 25 environ

lentilles à la dijonnaise ou à la moutarde

Pour 4 personnes :

Lentilles, 250 g.
Oignons, 2.
Carotte, 1.
Lard de poitrine ou jambon fumé, 4 tranches.
Beurre, 1 noix.
Farine, 1 cuillerée à soupe rase.
Moutarde forte, 1 cuillerée à café.
Clou de girofle, 1.
Bouquet garni (persil, thym, laurier).
Persil.
Sel, poivre.

1 Lavez les lentilles. Mettez-les à cuire dans beaucoup d'eau froide avec 1 oignon piqué d'un clou de girofle, le bouquet garni et la carotte. Laissez cuire à petits bouillons 1 h environ. Salez à mi-cuisson seulement, sinon les lentilles durciraient.

2 15 min avant la fin de la cuisson, faites revenir le lard ou le jambon dans une casserole contenant le beurre. Retirez-le. À la place, faites dorer 1 oignon haché. Saupoudrez de farine. Ajoutez un bol d'eau de cuisson des lentilles. Poivrez. Mélangez rapidement jusqu'à épaississement. Ajoutez le lard ou le jambon coupé. Laissez mijoter 5 min. Incorporez-y la moutarde en dernier lieu seulement.

3 Égouttez bien les lentilles. Ôtez le bouquet garni, l'oignon et la carotte. Recouvrez-les de sauce. Parsemez de persil haché et servez.

Mon avis

Si vous faites cuire les lentilles dans beaucoup d'eau, le bouillon de cuisson servira pour préparer un potage. Si les lentilles ne sont pas cuites au bout de 1 h, c'est qu'elles ne sont pas d'excellente qualité ni « fraîches » de l'année : changez de fournisseur !

Préparation et cuisson : 15 min

lentilles en salade

Pour 4 personnes :

Lentilles cuites à l'eau (reste de), 1 bol environ.

Œufs, 2.

Tomates, 2.

Échalote, 1.

Persil.

Vinaigrette :

Huile, 3 cuillerées à soupe.

Vinaigre, 1 cuillerée à soupe.

Moutarde forte, 1 cuillerée à café.

Sel, poivre.

1 Faites durcir les œufs 10 min dans de l'eau salée en ébullition. Écalez-les.

2 Dans un saladier, mélangez tous les éléments de la vinaigrette. Ajoutez-y les lentilles, les tomates coupées en morceaux, les œufs en quartiers, l'échalote et du persil hachés. Remuez délicatement le tout avant de servir.

Mon avis

On peut servir des lentilles en été, accompagnées de légumes frais de saison : poivrons, tomates, concombre assez finement coupés et de fines herbes, pour leur donner une allure estivale.

Préparation et cuisson : 45 min

lotte à l'américaine

Pour 4 personnes :
Lotte, 800 g.
Beurre, 70 g.
Échalote, 1.
Cognac, 1 verre à liqueur.
Vin blanc sec, 2 verres.
Tomates, 250 g.
Ail, 1 gousse.
Farine, 2 cuillerées à soupe.
Poivre de Cayenne, 1 pincée.
Sel, poivre.

1 Coupez la lotte en tronçons. Salez, poivrez et farinez légèrement. Dans une cocotte, faites chauffer 50 g de beurre. Mettez-y les morceaux de lotte à dorer sur toutes les faces. Ajoutez ensuite l'échalote hachée et le cognac. Lorsque celui-ci commence à bouillir, faites-le flamber sur le feu. Ajoutez-y le vin blanc sec, 1 verre d'eau, les tomates pelées ou non, coupées en morceaux et le poivre de Cayenne. Couvrez. Laissez mijoter 30 min environ, sur feu très doux.

2 Égouttez les morceaux de poisson. Déposez-les dans un plat creux tenu au chaud. Malaxez le reste du beurre avec 1 cuillerée à café de farine. Incorporez par petits morceaux à la sauce restée dans la cocotte. Faites bouillir un instant en mélangeant sans arrêt et versez sur la lotte.

Mon avis

• Lotte = baudroie.
• La lotte est un poisson cher.
• Vous pouvez remplacer les tomates fraîches par 2 cuillerées à soupe de concentré de tomates, ou mélanger tomates fraîches et concentré de tomates, ou encore incorporer un peu de crème fraîche à la sauce, à la dernière minute.
• L'accompagnement idéal est le riz nature, c'est-à-dire cuit de 15 à 17 min dans beaucoup d'eau bouillante salée.

Préparation et cuisson : 35 min

maïs frais à l'anglaise

Pour 4 personnes :

Maïs frais, 4 épis.

Beurre, 100 g.

Sel.

1 Faites bouillir de l'eau salée.

2 Ôtez les filaments des épis frais. Laissez les feuilles qui les enveloppent pour maintenir les grains pendant la cuisson. Plongez les épis dans l'eau en ébullition. Laissez bouillir de 15 à 25 min.

3 Dégagez chaque épi en rabattant les feuilles de façon à imiter une tige. Servez-les dans un plat, sur une serviette pliée pour qu'ils égouttent bien, avec, à part, du beurre fondu ou non.

Mon avis

- Choisissez du maïs à grain tendre, bien frais. Pratique pour les barbecues sans façon, le maïs peut se croquer à même l'épi, tartiné de beurre.
- Sinon, à table, les grains détachés à la fourchette peuvent être liés avec du beurre ou de la crème fraîche. Cuits avec un peu de lait (1/3 de lait pour 2/3 d'eau), les épis resteront plus blancs et plus moelleux.
- Le maïs en conserve peut être présenté, une fois réchauffé, comme le maïs frais.

Préparation et cuisson : 1 h

maïs frais grillé

Pour 4 personnes :

Maïs frais, 4 épis.

Beurre, 100 g.

1 Préchauffez le four à 200 °C (th. 6-7). Ôtez toutes les feuilles. Déposez les épis ainsi dégarnis sur la grille du four.

2 Enfournez à mi-hauteur. Mettez la plaque creuse du four (lèchefrite) dessous. Retournez plusieurs fois les épis au cours de la cuisson qui doit durer 45 min environ.

3 Lorsqu'ils sont bien dorés, présentez les épis entiers ou égrenés avec, à part, du beurre fondu ou non.

Mon avis

Le temps de cuisson dépend beaucoup de la qualité et de la fraîcheur du maïs. Il est impossible d'indiquer un temps exact. Contrôlez sa tendreté en cours de cuisson.

POISSONS, CRUSTACÉS ET FRUITS DE MER I TRÈS FACILE I RAISONNABLE

Préparation et cuisson : 15 min

maquereaux grillés à la crème fraîche

Pour 4 personnes :

Petits maquereaux, 4.

Huile, 2 cuillerées à soupe.

Crème fraîche, 100 g.

Fines herbes (persil, cerfeuil, estragon, ciboulette).

Sel, poivre.

1 Allumez le grilloir.

2 Avec un couteau pointu, bien tranchant, faites quelques incisions légères sur chaque maquereau. Badigeonnez-les d'huile sur les deux faces. Déposez-les sur une grille placée elle-même sur la plaque creuse du four (lèchefrite). Glissez sous le grilloir très chaud. Faites cuire en laissant la porte du four ouverte, de 3 à 4 min sur chaque face.

3 Mettez les maquereaux dans un plat chaud. Salez, poivrez. Recouvrez-les de crème fraîche, légèrement tiédie, et de fines herbes hachées. Servez aussitôt.

Mon avis

• On peut aussi griller les maquereaux au barbecue. Un gros bouquet de thym, de romarin ou de branches sèches de fenouil, qui grille ou flambe sous le poisson, le parfume délicieusement.

• Vous pouvez incorporer 1 cuillerée à café de moutarde forte à la crème fraîche.

Préparation et cuisson : 45 min. **Marinade :** quelques heures

maquereaux marinés au vin blanc

Pour 4 personnes :

Petits maquereaux, de 4 à 8.

Court-bouillon :

Vin blanc sec, 50 cl.

Carottes, 200 g.

Oignons, 2.

Ail, 1 gousse.

Bouquet garni (persil, thym, laurier).

Coriandre, 1 cuillerée à café.

Sel.

Poivre, 6 à 8 grains.

1 Faites bouillir 15 min : vin blanc, 25 cl d'eau, les carottes et les oignons pelés et coupés en rondelles fines, l'ail, le bouquet garni, la coriandre, du sel et le poivre en grains. Laissez tiédir.

2 Pendant ce temps, videz les maquereaux sans enlever les têtes. Lavez et essuyez-les avec du papier absorbant. Déposez-les dans un plat à feu.

3 Versez le court-bouillon dessus, y compris les légumes et les aromates qu'il contient. Portez doucement à ébullition et laissez cuire dans le bouillon juste frémissant de 12 à 15 min. Retirez le bouquet garni. Laissez refroidir et mariner dans le bouillon de cuisson pendant quelques heures avant de les déguster bien froids.

Mon avis

La coriandre est généralement vendue en grains. Elle a l'apparence de poivre en grains mais ne pique pas du tout. Je prépare les petits harengs, très frais, exactement de la même manière. Attention aux arêtes !

GIBIERS I MOINS FACILE I CHER

Préparation et cuisson : 1 h 30. **Marinade** : 2 jours

marcassin rôti sauce grand veneur

Pour 8 personnes :

Marcassin (carré, échine ou cuissot), 1,5 kg.

Beurre, 30 g.

Sel, poivre.

Marinade :

Vin rouge, 25 cl.

Vinaigre, 6 cuillerées à soupe.

Huile, 6 cuillerées à soupe.

Carottes en rondelles, 2.

Oignons en rondelles, 2.

Céleri, 1 branche.

Ail, 1 gousse.

Bouquet garni (persil, thym, laurier).

Grains de poivre, 5.

Sauce :

Lard gras, 100 g.

Farine, 60 g (2 cuillerées à soupe bombées).

Crème fraîche, 50 g

Moutarde forte, 1 cuillerée à café.

Gelée de groseilles, 1 cuillerée à café.

Sel, poivre.

Garniture :

Purée de marrons au naturel, 1 kg (1 boîte).

Beurre, 30 g.

Crème fraîche, 70 g

Sel, poivre.

1 Retirez les parures (déchets, petites peaux) du morceau de marcassin. Mettez-les de côté.

2 Marinade : mettez tous les éléments de la marinade dans une terrine assez large. Plongez-y la viande et ses parures. Laissez mariner 2 jours au réfrigérateur. Retournez de temps en temps.

3 Sauce : coupez le lard en dés. Faites-les fondre dans une casserole sur feu doux d'abord, puis sur feu moyen. Retirez de la marinade les parures de viande, les légumes et les aromates. Égouttez-les bien ou, mieux encore, épongez-les avec du papier absorbant. Mettez-les à rissoler dans la casserole avec le lard. Saupoudrez de farine. Mélangez avec une cuiller en bois. Laissez blondir. Ajoutez-y 2 verres de marinade (conservez le reste), 75 cl d'eau, du sel et du poivre. Laissez mijoter sur feu très doux 1 h, sans couvrir.

4 Préchauffez le four à 230 °C (th. 7-8). Sortez le morceau de marcassin de la marinade. Essuyez-le. Tartinez-le de beurre. Salez, poivrez. Déposez-le dans un plat à four. Cuisez au four de 30 à 35 min.

5 Réchauffez la purée de marrons sur feu très doux. Incorporez-y sel, poivre, beurre et crème fraîche. Tenez au chaud.

6 Déposez le rôti dans un plat. Tenez-le au chaud dans le four éteint.

7 Délayez, sur le feu, le jus resté dans le plat de cuisson avec 1 verre de marinade mise de côté (non cuite). Laissez bouillir quelques minutes. Ajoutez-y la sauce cuisant dans la casserole, après l'avoir tamisée à travers une petite passoire. Incorporez-y, toujours sur le feu, la crème fraîche et retirez du feu. Ajoutez enfin moutarde et gelée de groseilles. Versez dans une saucière chaude.

8 Présentez la viande coupée en tranches, sur un lit de purée de marrons. Apportez la saucière à part.

Mon avis

• Ce plat étant long à réaliser mais néanmoins assez facile, il vaut mieux le préparer pour 8 convives au minimum. Le morceau étant gros et sa cuisson longue, si vous n'êtes que deux ou trois à table, offrez-vous des noisettes de marcassin (tranches de filet de 150 g environ chacune). Vous les laisserez seulement de 3 à 4 h dans la marinade, dont vous aurez réduit d'un tiers les proportions. Celles de la sauce et de la garniture seront diminuées de moitié.

• Si vous supprimez la gelée de groseilles, vous obtiendrez une sauce poivrade, excellente aussi.

• La confiture d'airelles ou de myrtilles convient aussi bien que la gelée de groseilles.

• La purée de marrons doit être réchauffée très doucement, au bain-marie de préférence, plongée dans une autre casserole mi-emplie d'eau chaude, sur feu moyen.

• Présentez la viande coupée en tranches, accompagnée de pommes de terre, de larges pâtes fraîches, la sauce en saucière. Et n'oubliez pas les assiettes chaudes !

Préparation : 10 min

melons à l'italienne

Pour 4 personnes :

Melons, 2 moyens.

Jambon de Parme, 8 tranches extrêmement fines.

1 Si possible, mettez les melons au frais, à l'avance.

2 Coupez-les en deux, horizontalement. Retirez-en les graines et les filaments à l'aide d'une cuiller.

3 Roulez les tranches de jambon de Parme. Mettez-en deux à l'intérieur de chaque demi-melon et servez.

Mon avis

• Vous pouvez présenter cette entrée autrement : coupez les melons en tranches régulières. Mettez sur un grand plat en alternant les tranches de melon et de jambon. Accompagnez de quelques olives noires ou de figues fraîches.

• Offrez, avec ce hors-d'œuvre, un vin blanc très frais, un muscat de Frontignan ou un porto.

DESSERTS I FACILE I BON MARCHÉ

Préparation et cuisson : 1 h 30

meringues

Pour 4 personnes :

Blancs d'œufs, 2.

Sucre en poudre, 125 g (7 à 8 cuillerées à soupe).

Beurre, 1 noix.

Jus de citron, 1 cuillerée à café.

Farine, 1 cuillerée à soupe.

Sel, 1 pincée.

1 Mettez dans un saladier : blancs d'œufs, sucre en poudre, sel et jus de citron. Battez avec un fouet mécanique ou électrique, jusqu'à ce que le mélange, très lisse et brillant, tienne aux branches du fouet.

2 Enduisez de beurre la plaque du four. Farinez-la très légèrement et déposez dessus les meringues, à l'aide d'une cuiller, en les espaçant de 2 cm environ.

3 Enfournez à 60 °C environ (th. 1-2) pendant 1 h au moins.

Mon avis

• Les pâtissiers laissent parfois les meringues la nuit entière dans une étuve légèrement chauffée. Soyez donc aussi patient qu'eux et attendez que vos meringues soient parfaitement desséchées si vous ne voulez pas les voir retomber au sortir du four.

• Les blancs d'œufs trop froids « montent » mal. Sortez-les du réfrigérateur 30 min avant de les utiliser.

• Les meringues se décollent plus facilement d'une plaque graissée et farinée.

• Le four doit être doux au moment où vous y mettez les meringues. Elles sont bien cuites quand elles apparaissent légèrement colorées et dures.

Préparation et cuisson : 20 min

merlans meunière

Pour 4 personnes :

Merlans moyens, 4.
Lait, 1 verre.
Farine, 2 cuillerées à soupe.
Beurre, 50 g.
Citron, 1.
Persil.
Sel, poivre.

Remarques

Le merlan est un poisson léger à digérer, au goût fin. Choisissez-le très frais, bien brillant et assez ferme. Vérifiez sa fraîcheur au moment de l'achat et mettez-le aussitôt au réfrigérateur jusqu'au moment de le cuire.

1 Videz et lavez rapidement les merlans. Épongez-les. Passez-les dans le lait bien salé et poivré. Roulez-les légèrement dans la farine.

2 Faites chauffer modérément le beurre dans une grande poêle. Mettez les merlans à dorer sur feu moyen, de 5 à 7 min sur chaque face.

3 Servez-les aussitôt dans un plat chaud avec quartiers de citron et persil haché.

VIANDES ET VOLAILLES I TRÈS FACILE I BON MARCHÉ

Préparation et cuisson : 30 min

miroton

Pour 4 personnes :

Restes de pot-au-feu ou de rôti de bœuf, 500 g.
Oignons, 3 ou 4.
Beurre, 30 g.
Farine, 1 cuillerée à soupe rase.
Bouillon du pot-au-feu, 1 bol.
Concentré de tomates, 1 cuillerée à soupe.
Vinaigre, 1 cuillerée à café.
Cornichons, 4 ou 5.
Persil.
Sel, poivre.

1 Coupez la viande en petits morceaux. Épluchez et coupez les oignons en rondelles fines. Faites-les dorer légèrement dans la poêle avec le beurre. Mélangez-y la farine puis ajoutez la viande, le concentré de tomates, le bouillon, un peu de sel et du poivre. Laissez cuire, sur feu moyen, sans couvrir, pendant 10 min, puis couvert 5 min.

2 En fin de cuisson, ajoutez dans la poêle les cornichons en rondelles et le vinaigre. Faites bouillir un instant. Parsemez de persil haché, avant de servir.

Mon avis

Si vous utilisez un reste de rôti de bœuf, il vous faudra prévoir du bouillon préparé, on en trouve dans le commerce, pour remplacer le bouillon de pot-au-feu. Sinon, un peu de vin blanc et d'eau feront l'affaire.

Préparation et cuisson : 30 min

mixed-grill

Pour 4 personnes :

Côtelettes d'agneau, 4.
Foie de veau, 1 tranche de 125 g environ.
Chipolatas, 4.
Lard maigre fumé, 4 petites tranches.
Tomates, 4 petites.
Rognons d'agneau, 4.
Citron, 1.
Persil.
Sel, poivre.

1 Allumez le grilloir du four.

2 Sur la grille du four, posée elle-même sur la plaque creuse du four (lèchefrite), disposez les côtelettes d'agneau, le foie, les chipolatas, le lard, les tomates lavées et essuyées et les rognons fendus en deux.

3 Glissez le tout dans le haut du four, sous le grilloir, et faites cuire, en laissant la porte ouverte, de 7 à 8 min de chaque côté.

4 Coupez la tranche de foie en 4 morceaux. Répartissez dans 4 assiettes les différents éléments du mixed-grill, plus 1 quartier de citron. Salez, poivrez et parsemez de persil haché.

Mon avis

• Il m'arrive de cuire le mixed-grill dans une grande poêle. Je fais d'abord revenir le lard et les chipolatas ; je les fais attendre sur une assiette, au chaud. Puis, les rognons, que je laisse ensuite égoutter, toujours au chaud. Puis, le foie qui rejoint les autres éléments au chaud, et enfin les côtelettes. Je remets le tout ensemble, dans la poêle, à la dernière minute.
• Les tomates peuvent cuire au four, ou dans une autre poêle. Tout ceci peut cuire aussi sur un barbecue, mais en brochettes.
• Servez avec : pommes chips, cresson, fonds d'artichauts (en boîte), etc.

Préparation et cuisson : 30 min

morilles à la crème

Pour 4 personnes :
Morilles, 1 kg.
Beurre, 50 g.
Crème fraîche, 200 g.
Citron, 1/2.
Sel, poivre.

1 Retirez la partie terreuse des morilles. Lavez-les très soigneusement. Coupez-les en deux ou en quatre si elles sont grosses.

2 Faites-les dégorger à la poêle, sur feu moyen, avec 1 noix de beurre, du jus de citron et du sel, pendant une dizaine de minutes. Égouttez-les, mais conservez le jus passé.

3 Dans la grande poêle qui a déjà servi, faites chauffer 40 g de beurre. Jetez-y les morilles. Laissez-les revenir quelques minutes sur feu vif.

4 Ajoutez-y la crème fraîche, du sel, du poivre et laissez mijoter sur feu doux une dizaine de minutes. À part, faites réduire de moitié le jus de cuisson des morilles et versez-le dans la poêle.

Mon avis

• On trouve toute l'année des morilles séchées qui sont excellentes mais très chères. Il faut en compter environ 60 g pour 4 personnes. Laissez-les tremper dans de l'eau tiède 1 ou 2 h pour les réhydrater. Attention ! elles sont souvent pleines de sable qui s'est logé dans les alvéoles. On ne les lave jamais assez... Faites-les cuire ensuite comme les morilles fraîches.

• Les morilles à la crème accompagnent bien le poulet, le pigeon et toutes les viandes blanches.

Préparation et cuisson : 30 min. **Dessalage** : 12 h au moins

morue à la moutarde

Pour 4 personnes :

Filets de morue salée, 1 paquet de 450 à 600 g.

Beurre, 30 g.

Moutarde forte, 1 ou 2 cuillerées à soupe.

Sel.

1 La veille, mettez à dessaler les filets de morue dans beaucoup d'eau froide pendant 12 h. Renouvelez l'eau plusieurs fois.

2 30 min avant le repas, placez les filets de morue dans une casserole d'eau froide ; salez légèrement. Portez à douce ébullition pendant 15 min sans laisser bouillir tout à fait. Égouttez avec soin.

3 Dans une poêle, faites chauffer le beurre. Mettez-y à revenir rapidement les morceaux de morue préalablement épongés dans du papier absorbant. Hors du feu, ajoutez dans la poêle très chaude 1 ou 2 cuillerées à soupe de moutarde. Mélangez et servez aussitôt.

Mon avis

• Je tiens cette recette de ma mère. C'est un plat « spécial pour débutantes ». Seule précaution à prendre : ne remettez pas la poêle sur le feu une fois la moutarde ajoutée, elle se désagrégerait.

• C'est un plat excellent avec des pommes de terre toutes simples, cuites à l'eau. Ajoutez à volonté des fines herbes coupées.

• Un reste de morue cuite au court-bouillon peut être accommodé de cette façon.

Préparation et cuisson : 1 h

morue à la portugaise

Pour 4 personnes :

Filets de morue salée, 600 g.
Oignons, 150 g.
Tomates fraîches, 250 g.
Ail, 2 gousses.
Beurre ou huile, 50 g.
Cornichons, 3 ou 4.
Bouquet garni (persil, thym, laurier).
Sel, poivre.

1 La veille, laissez dessaler, pendant 12 h, les filets de morue dans beaucoup d'eau à renouveler de temps en temps.

2 1 h avant le repas, hachez les oignons et les gousses d'ail. Pelez et coupez les tomates. Mettez le tout à cuire de 5 à 10 min, sur feu moyen, dans une casserole avec 30 g de beurre ou 1 cuillerée à soupe d'huile. Préchauffez le four à 170 °C (th. 5-6).

3 Versez cette purée dans un plat à four. Salez, poivrez. Disposez dessus les filets de morue crue, épongés et coupés en gros carrés, et le bouquet garni. Parsemez de noisettes de beurre ou d'un peu d'huile. Faites cuire au four, de 30 à 40 min. Retournez les morceaux à mi-cuisson pour qu'ils soient bien enrobés de sauce et qu'ils restent moelleux. Quelques minutes avant de servir, ajoutez des cornichons en rondelles.

Mon avis

• 1 à 2 cuillerées à soupe de concentré de tomates peuvent, ici, remplacer les tomates fraîches et même en renforcer la saveur. Il est souvent bon de corser la tomate fraîche, surtout hors saison, avec un peu de concentré de tomates.

• Les filets de cabillaud, frais ou congelés, peuvent être accommodés de la même manière, sans dessalage préalable évidemment.

Préparation et cuisson : 30 min

mouclade

Pour 4 personnes :

Moules, 4 litres.
Beurre, 30 g.
Farine, 30 g (1 cuillerée à soupe très pleine).
Jus de cuisson des moules + eau, 50 cl.
Ail, 1 gousse.
Citron, 1/2.
Jaune d'œuf, 1.
Persil.
Poivre.

1 Grattez les moules et lavez-les à grande eau. Faites-les ouvrir dans une cocotte, sur feu vif. Couvrez à demi. Mélangez pendant la cuisson. Dès que les moules sont ouvertes, retirez-les du feu, débarrassez-les d'une de leurs coquilles. Tenez au chaud. Passez le jus de cuisson à travers une passoire très fine pour éviter d'y laisser un peu de sable.

2 Faites fondre, sur feu doux, le beurre. Délayez-y la farine sur le feu pendant quelques secondes jusqu'à ce que le mélange soit mousseux. Ajoutez-y 50 cl de liquide (jus de cuisson des moules + eau), 1 gousse d'ail hachée. Poivrez, mais ne salez pas. Mélangez jusqu'à épaississement. Laissez cuire à feu extrêmement doux, une dizaine de minutes.

3 Hors du feu, incorporez-y, à l'aide d'un fouet, le jus du demi-citron et le jaune d'œuf. Versez sur les moules. Parsemez de persil haché et présentez aussitôt à table.

Mon avis

Le jus de cuisson des moules est en général suffisamment salé, il n'est donc pas nécessaire – et même déconseillé – de remettre du sel dans la sauce de la mouclade.

Préparation et cuisson : 50 min

moules farcies

Pour 4 personnes :

Moules grosses, 3 à 4 litres.
Échalotes, 3.
Ail, 1 ou 2 gousses.
Beurre, 100 g.
Persil, 1 gros bouquet.
Sel, poivre.

1 Grattez et lavez les moules. Faites-les ouvrir, sur feu vif, dans une cocotte avec 1 noix de beurre. Remuez 2 ou 3 fois pendant la cuisson. Retirez-les du feu aussitôt ouvertes. Détachez une coquille de chaque moule. Mettez 2 ou 3 moules cuites dans chaque coquille vidée. Préchauffez le four à 230 °C (th. 7-8).

2 Hachez très finement les échalotes, l'ail et le persil. Malaxez à la fourchette avec 90 g de beurre mou, du sel et du poivre. Tartinez chaque coquille avec cette farce.

3 Disposez les coquilles farcies dans un grand plat à feu ou dans des plats individuels. Faites gratiner dans le four bien chaud pendant 5 min environ.

Mon avis

• Je fais gratiner mes moules farcies dans des plats individuels, du genre plats à œufs. Cela facilite le service et permet de ne rien perdre de la bonne sauce parfumée.
• Une petite variante : je parsème les moules farcies de pain rassis finement émietté avant de les passer au four très chaud.
• Si vous choisissez de grosses moules, généralement vendues à la douzaine, comptez-en douze par personne.
• Les palourdes et les pétoncles se préparent de la même façon. Les praires aussi, mais elles restent un peu coriaces.
• Les moules peuvent être, en grande partie, préparées d'avance, c'est-à-dire farcies mais non passées au four bien entendu. Rangez-les dans des plats adéquats et faites-les attendre dans le réfrigérateur. Il ne restera plus qu'à les faire gratiner au dernier moment, mais pas trop longtemps : les coquillages durciraient.

Préparation et cuisson : 45 min

moules marinière

Pour 4 personnes :

Moules, 4 litres.
Beurre, 30 g.
Échalotes, 2.
Vin blanc sec, 1 verre.
Farine, 1 cuillerée à café rase.
Persil.
Sel, poivre.

Remarques

Pour tenir votre plat au chaud, le mieux est de le poser sur un récipient d'eau bouillante. Couvrez-le d'un couvercle ou d'un autre plat. Vous pouvez remplacer le beurre par 2 cuillerées à soupe de crème fraîche à malaxer avec la farine.

1 Grattez et lavez les moules. Mettez-les dans une cocotte avec les échalotes hachées et le vin blanc. Faites-les ouvrir sur feu vif, pendant quelques minutes ; couvrez à demi et mélangez 2 ou 3 fois pendant la cuisson.

2 Dès qu'elles sont ouvertes, retirez les moules de la cocotte, en conservant le jus de cuisson. Déposez-les dans un plat creux. Gardez-les au chaud.

3 Passez le jus de cuisson des moules à travers une passoire fine pour éviter le sable. Remettez-le sur le feu. Malaxez, à l'aide d'une fourchette, la farine et le beurre. Avec un fouet, incorporez le tout au jus des moules resté sur le feu. Laissez bouillir un instant. Salez et poivrez. Versez sur les moules. Saupoudrez de persil haché et servez aussitôt.

SPÉCIALITÉS I FACILE I RAISONNABLE

Préparation et cuisson : 1 h 15

moussaka

Pour 4 personnes :

Mouton désossé cru ou cuit, 400 g environ.
Échalote, 1.
Champignons, 100 g.
Tomates, 2.
Oignons, 2.
Beurre, 1 noix.
Ail, 4 gousses.
Aubergines, 1 kg.
Farine, 30 g (1 cuillerée à soupe très pleine).
Huile d'olive de préférence, 1 grand verre.
Œuf, 1.
Persil.
Gruyère râpé, 50 g.
Sel, poivre.

1 Hachez ensemble le mouton, l'échalote et la moitié du persil. Ôtez le pied sableux des champignons. Lavez-les rapidement. Pelez ou non les tomates. Coupez-les en deux. Pressez-les pour en extraire le jus.

2 Coupez finement les oignons. Faites-les dorer dans une cocotte avec 1 noix de beurre puis avec le hachis viande-échalote-persil, laissez cuire un instant sur feu vif. Ajoutez les champignons et les tomates coupés en dés, l'ail écrasé, du sel et du poivre. Mélangez bien et souvent, avec une cuiller en bois, 15 min environ sur feu moyen.

3 Préchauffez le four à 200 °C (th. 6-7).

4 Pendant ce temps, sans les éplucher, coupez les aubergines en rondelles. Farinez-les. Faites-les frire dans une poêle contenant pas mal d'huile chaude, 1 à 2 min sur chaque face puis épongez-les sur du papier absorbant.

5 Retirez le hachis du feu. Incorporez-y l'œuf entier battu. Salez et poivrez. Beurrez un moule à soufflé. Mettez au fond une couche d'aubergines, puis une couche de hachis et ainsi de suite, en intercalant un peu de gruyère râpé entre chaque couche. Faites cuire au four, au bain-marie, pendant 40 min. Saupoudrez de persil haché et servez très chaud, dans le plat de cuisson.

Mon avis

• La moussaka est un plat d'origine orientale. On la prépare d'une façon un peu différente suivant les régions, mais toujours avec des aubergines et du mouton haché. C'est une excellente façon d'utiliser un reste de gigot peu présentable.

• On peut y mélanger de la béchamel au gruyère (sauce Mornay), assez épaisse pour lier l'ensemble, et gratiner en surface.

Préparation et cuisson : 15 min. **Au frais :** 2 à 3 h

mousse au chocolat

Pour 4 personnes :

Chocolat extra, noir ou amer (50 % de cacao maximum), 125 g.
Beurre, 1 grosse noix.
Œufs, 4 (ou 3 œufs + 1 blanc).
Sel, 1 pincée.

1 Dans une casserole, sur feu doux ou au bain-marie, faites fondre le chocolat en morceaux avec le beurre. Retirez du feu.

2 Cassez les œufs en séparant les blancs des jaunes. Versez les jaunes dans la casserole de chocolat, en mélangeant vigoureusement avec une cuiller en bois, afin de ne pas laisser cuire les jaunes.

3 Ajoutez le sel aux blancs d'œufs et battez-les en neige très ferme.

4 Mélangez d'abord un peu de blanc en neige avec le chocolat fondu, de façon à le rendre plus mou, un peu liquide même. Incorporez ensuite au chocolat fondu dans le saladier, en 2 ou 3 fois, le reste des blancs. Mélangez avec la cuiller en bois, bien délicatement.

5 Versez la mousse aussitôt terminée dans une grande coupe ou dans des ramequins individuels. Laissez reposer de 2 à 3 h au réfrigérateur.

Mon avis

• Pour amalgamer chocolat et blancs en neige sans faire retomber ces derniers, mélangez d'abord 1 ou 2 cuillerées de blanc en neige avec le chocolat pour l'amollir (peu importe si ce blanc s'affaisse à ce moment-là). Puis, mélangez le reste des blancs et le chocolat, mais très délicatement cette fois, avec une cuiller en bois et non au fouet.
• Petits inconvénients : des blancs trop froids « montent » mal. Si un liquide s'est formé sous la mousse, c'est que vos blancs n'étaient pas assez fermes, ou que la mousse a attendu trop longtemps.
• Ne sucrez pas la mousse, le chocolat l'est suffisamment.
• Pour varier : ajoutez-y un peu de zeste de citron ou d'orange râpé, ou même de la poudre de café lyophilisé (1/2 cuillerée à café environ).

Préparation et cuisson : 1 h 10

mouton au riz à l'orientale

Pour 4 personnes :

Collet de mouton en morceaux, 1 kg.
Oignons, 2.
Beurre ou huile d'olive, 30 g.
Ail, 1 gousse.
Riz, 250 g.
Bouquet garni (persil, thym, laurier).
Muscade râpée, 1 pincée.
Cannelle, 1 ou 2 pincées.
Sel, poivre.

1 Faites chauffer le beurre ou l'huile dans une cocotte. Mettez-y les morceaux de viande à dorer sur toutes les faces ; jetez-y alors les oignons coupés en quatre. Puis versez-y de l'eau bouillante juste à hauteur, ajoutez le bouquet garni, l'ail, du sel, du poivre, la muscade et la cannelle. Couvrez et laissez mijoter 40 min.

2 Au bout de ce temps, versez le riz. Veillez à ce que le bouillon de cuisson recouvre tout juste le contenu de la cocotte. Remettez au besoin un peu d'eau bouillante. Couvrez et laissez cuire très doucement 20 min supplémentaires. Retirez le bouquet garni. Servez aussitôt.

Mon avis

• Ce plat, d'origine orientale, est aussi appelé *adjem-pilaf*, c'est-à-dire « le pilaf du pèlerin ».

• La muscade et la cannelle ne sont pas indispensables, mais elles donnent un parfum un peu exotique aux viandes en ragoût. Toutefois, n'en mettez pas trop au risque de dérouter certains convives.

VIANDES ET VOLAILLES I FACILE I RAISONNABLE

Préparation et cuisson : 1 h 30

navarin printanier

Pour 4 personnes :

Mouton (poitrine, collier) en morceaux, 1,2 kg environ.

Carottes nouvelles, 500 g.

Navets ronds, 500 g.

Oignons, 4.

Beurre, 50 g.

Concentré de tomates, 1 cuillerée à soupe.

Petits pois frais, 1 kg.

Pommes de terre, 500 g.

Farine, 20 g (1 cuillerée à soupe rase).

Bouquet garni (persil, thym, laurier).

Sel, poivre.

1 Dans une cocotte, faites chauffer le beurre. Mettez-y la viande à dorer, sur toutes les faces, avec les oignons coupés. Saupoudrez de farine. Mélangez bien sur le feu. Ajoutez de l'eau à hauteur de la viande, puis mettez le concentré de tomates, du sel, du poivre et le bouquet garni. Couvrez et laissez mijoter, sur feu doux, 30 min.

2 Épluchez et coupez en morceaux les carottes et les navets. Écossez les pois. Mettez le tout dans la cocotte et laissez cuire 15 min de plus.

3 Ajoutez enfin les pommes de terre en morceaux et laissez mijoter encore 25 min pour terminer la cuisson.

Mon avis

• Solution rapide : à défaut de pois frais, égouttez une demi-boîte de petits pois en conserve (250 g environ). Versez-en le contenu dans la cocotte, 10 min avant de servir, pour le réchauffer. Ou encore : utilisez des pois surgelés qui, eux, se préparent normalement comme des pois frais, avec un temps de cuisson légèrement plus court.

• Après avoir saupoudré la viande de farine, laissez dorer sur feu assez vif, en mélangeant souvent. La farine doit cuire avant que vous n'ajoutiez l'eau. Vous pouvez mettre du vin blanc sec plutôt que de l'eau ou bien moitié eau, moitié vin.

Préparation et cuisson : 1 h

navets glacés

Pour 4 personnes :

Petits navets ronds, 1 kg.
Beurre, 50 g.
Sucre en poudre, 1 petite pincée.
Sel, poivre.

1 Épluchez les navets. Coupez-les en gros dés réguliers. Plongez-les 5 min dans de l'eau en ébullition. Passez-les sous l'eau froide et égouttez-les.

2 Dans une casserole, faites chauffer 40 g de beurre. Ajoutez-y les navets, 50 cl d'eau, du sel et du poivre. Couvrez et laissez cuire doucement 30 min.

3 À la fin de la cuisson, l'eau doit être à peu près évaporée. Ajoutez 1 noix de matière grasse, le sucre en poudre et laissez les navets encore quelques minutes sur feu moyen, sans couvrir et en remuant la casserole, jusqu'à ce qu'ils colorent légèrement.

Mon avis

• La peau des navets est épaisse. N'hésitez pas à faire de grosses épluchures.

• S'il reste trop de liquide aux trois quarts de la cuisson, retirez le couvercle afin que le jus s'évapore pendant le dernier quart d'heure de cuisson.

ŒUFS I TRÈS FACILE I BON MARCHÉ

Préparation et cuisson : 10 min

œufs à la coque, œufs mollets

Pour 4 personnes :

Œufs, 4.

Lamelles de pain.

Beurre.

Sel, poivre.

1 Mettez les œufs dans une casserole d'eau froide salée, sur feu moyen. Dès que l'eau bout à gros bouillons, retirez-les de l'eau. Vous obtiendrez des œufs au blanc encore laiteux.

2 Si vous préférez le blanc entièrement pris, laissez-les attendre 1 min dans l'eau, hors du feu, avant de les retirer de la casserole.

3 Préparez des mouillettes avec les lamelles de pain et le beurre. Vous pouvez ainsi les tremper dans le jaune encore chaud. Poivrez à votre goût.

Mon avis

• Pour éviter que la coquille ne se brise, sortez-les du réfrigérateur 10 min avant la cuisson et portez-les doucement à ébullition. Dans l'eau salée, les œufs se fêlent moins facilement.

• Un œuf à la coque « à point » est un œuf dont le blanc, seul, est pris. Le jaune doit être liquide mais chaud.

• Pour obtenir un œuf « mollet » (à mi-chemin entre l'œuf à la coque et l'œuf dur), il suffit de laisser l'œuf cuit à la coque 3 min supplémentaires, dans son eau de cuisson, une fois le feu éteint.

Préparation et cuisson : 40 min

œufs à la neige

Pour 4 personnes :

Blancs d'œufs, 4.

Crème anglaise :

Lait, 50 cl.

Jaunes d'œufs, 4.

Sucre en poudre, 100 g (6 cuillerées à soupe).

Sucre vanillé, 1 sachet.

Sel, 1 pincée.

1 Crème anglaise : faites bouillir le lait avec un soupçon de sel et le sucre vanillé. Mettez les jaunes d'œufs dans une terrine avec le sucre. Travaillez le tout avec une cuiller en bois, jusqu'à ce que le mélange blanchisse un peu. Incorporez-y, peu à peu, le lait bouillant. Reversez dans la casserole et reportez-la sur feu doux, sans cesser de remuer avec la cuiller en bois et en grattant bien le fond, jusqu'à ce que la crème prenne un peu de consistance et enrobe la cuiller. Retirez du feu avant l'ébullition, sinon la crème tournerait.

2 Mettez une grande casserole d'eau à bouillir. Battez les blancs en neige très ferme.

3 Quand l'eau frémit, déposez-y des boules de blancs en neige, à l'aide d'une cuiller à soupe, pas plus de 4 ou 5 boules en même temps. Laissez cuire quelques secondes seulement et retournez sans tarder avec la cuiller. Égouttez-les au bout de quelques instants, quand elles sont bien gonflées. Procédez de même façon pour cuire le reste des blancs.

4 Quand la crème anglaise est complètement refroidie, déposez les blancs dessus et servez.

Mon avis

• Les blancs cuits dans l'eau restent plus blancs que ceux cuits dans le lait. De plus, l'eau ne risque pas de déborder, comme le lait, pendant la cuisson.

• Si les blancs cuisent quelques secondes de trop, ils se ratatinent. Il est difficile de vous indiquer le temps de cuisson exact, puisque c'est une affaire de secondes. Essayez, c'est un tour de main qui s'attrape rapidement.

ŒUFS I TRÈS FACILE I BON MARCHÉ

Préparation et cuisson : 10 min

œufs au bacon

Pour 4 personnes :

Œufs, 8.

Beurre, 30 g.

Bacon, 4 tranches fines.

Poivre.

1 Dans un plat à feu (fonte émaillée) ou dans une poêle, faites fondre le beurre. Mettez-y les tranches de bacon à rissoler 1 à 2 min sur une face.

2 Retournez-les. Cassez les œufs sur le côté rissolé des tranches de bacon. Laissez cuire à feu moyen 2 min environ, jusqu'à ce que les blancs soient pris. Poivrez mais ne salez pas.

Mon avis

Faites cuire les œufs dans un plat à œufs pour éviter de transvaser dans un autre plat au moment de servir. À défaut, faites cuire les œufs, quatre par quatre, dans une poêle bien graissée. Ils seront moins présentables mais tout aussi bons.

DESSERTS I FACILE I BON MARCHÉ

Préparation et cuisson : 30 min. **Au frais :** 2 à 3 h

œufs au lait

Pour 4 personnes :

Œufs, 3.

Lait, 50 cl.

Sucre, 80 g (5 cuillerées à soupe environ).

Sucre vanillé, 1 sachet.

Sel, 1 pincée.

1 Faites bouillir le lait avec le sucre et le sel.

2 Préchauffez le four à 200 °C (th. 6-7).

3 Battez les œufs en omelette dans un saladier. Incorporez-y le lait bouillant, peu à peu, sans cesser de battre avec un fouet à sauce.

4 Versez ensuite dans un plat à feu. Déposez-le sur la plaque creuse du four contenant un peu d'eau. Enfournez et laissez cuire 20 min. Ne laissez surtout pas bouillir car la crème se décomposerait. Retirez du four aussitôt la cuisson terminée. Servez froid dans le plat de cuisson.

Mon avis

• S'il vous reste 1 blanc d'œuf, c'est le moment de l'utiliser ici. Comptez, dans ce cas, 2 œufs entiers seulement et votre blanc d'œuf, pour faire des œufs au lait très économiques.

• Les œufs au lait peuvent se préparer dans de petits moules individuels (ramequins).

• Quand une peau blonde, un peu ferme, s'est produite à la surface, la crème est assez cuite.

ŒUFS I MOINS FACILE I BON MARCHÉ

Préparation et cuisson : 15 min

œufs brouillés

Pour 4 personnes :

Œufs, 8.

Beurre, 40 g.

Sel, poivre.

Remarques

Pour la cuisson au bain-marie, j'utilise un très grand plat, je mets de l'eau chaude à mi-hauteur, puis j'y plonge le fond de la casserole contenant les œufs. Si vous devez faire cuire un nombre d'œufs plus important, faites-le en 2 fois.

1 Dans une casserole épaisse, de préférence à fond arrondi, battez légèrement les œufs, avec du sel, du poivre et des noisettes de beurre.

2 Faites cuire au bain-marie, sur feu moyen, sans cesser de remuer avec une cuiller en bois jusqu'à ce que le mélange prenne en crème. Le temps de cuisson plutôt long est de 8 à 10 min environ.

Mon avis

• **Pourquoi a-t-on raté l'œuf brouillé ?**

L'œuf brouillé « raté » se présente comme de l'omelette trop cuite. Il n'est ni moelleux, ni crémeux parce que :

- on l'a fait cuire dans la casserole directement sur le feu ;
- on l'a cuit trop longtemps ;
- la casserole est trop mince ;
- on l'a travaillé avec un fouet, au lieu d'une cuiller en bois.

Pour les rattraper : ajoutez-y bien vite 1 cuillerée à café d'eau froide ou trempez le fond de votre casserole dans l'eau très froide pour arrêter net la cuisson.

• Incorporez aux œufs brouillés quelques noisettes de beurre en fin de cuisson, ils seront plus crémeux.

• Variante : en fin de cuisson, ajoutez du gruyère râpé, des champignons, des dés de foie de volaille sautés au beurre, des fines herbes, du saumon fumé en lamelles, etc.

ŒUFS I TRÈS FACILE I BON MARCHÉ

Préparation et cuisson : 15 min

œufs cocotte

Pour 4 personnes :

Œufs, 4.

Beurre, 25 g.

Crème fraîche, 4 cuillerées à café.

Sel, poivre.

1 Beurrez le fond et les parois de 4 petits moules individuels (en Pyrex ou en porcelaine à feu). Salez et poivrez légèrement cette matière grasse.

2 Préchauffez le four à 250 °C (th. 8-9).

3 Cassez 1 œuf dans chaque moule. Versez un peu d'eau chaude dans un plat à feu et déposez-y les ramequins. Enfournez, baissez la température du four, et cuisez jusqu'à ce que le blanc soit pris (de 6 à 8 min). Au moment de servir, ajoutez 1 cuillerée à café de crème fraîche sur chaque œuf.

Mon avis

• J'appelle « œuf cocotte » tout œuf qui cuit dans n'importe quel petit récipient pouvant faire office de cocotte : ramequin, petit moule à gâteau etc., mais aussi bien dans tout autre réceptacle : une brioche creusée, une tomate, une pomme de terre évidée, un tronçon de concombre, une timbale de riz ou de purée de pommes de terre.

• L'œuf sera assaisonné d'une façon plus régulière si vous mettez le sel au fond du moule, avant d'y casser l'œuf.

• Si vous hésitez à allumer le four pour une cuisson si courte, faites cuire les œufs, sur le feu, au bain-marie. Le temps de cuisson sera un peu plus long : une dizaine de minutes. N'oubliez pas de couvrir.

• Variante : on peut mettre au fond du ramequin de nombreuses garnitures : champignons poêlés, fines herbes, roquefort, œufs de truite, etc.

ŒUFS I FACILE I BON MARCHÉ

Préparation et cuisson : 25 min

œufs durs au gratin

Pour 4 personnes :

Œufs, 6.

Sauce béchamel :

Farine, 30 g (1 cuillerée à soupe très pleine).

Beurre, 30 g.

Lait, 50 cl.

Gruyère râpé, 40 g.

Sel, poivre.

1 Mettez les œufs dans de l'eau froide salée. Portez doucement à ébullition. Laissez bouillir 10 min. Égouttez et rafraîchissez aussitôt pour les écaler plus facilement.

2 Béchamel : faites fondre, sur feu doux, le beurre ; ajoutez-y la farine. Délayez sur le feu pendant quelques secondes jusqu'à ce que le mélange soit mousseux. Ajoutez-y, d'un seul coup, le lait froid. Salez et poivrez. Mélangez jusqu'à épaississement. Laissez cuire à feu très doux une dizaine de minutes.

3 Allumez le four ou, mieux, le grilloir. Versez la moitié de la sauce dans un plat à four. Disposez dessus les œufs écalés et coupés en deux dans le sens de la longueur. Recouvrez de sauce, parsemez de gruyère râpé et mettez à gratiner en haut du four bien chaud pendant 5 min.

Mon avis

• Pensez à sortir les œufs du réfrigérateur un peu avant de les cuire pour éviter qu'ils éclatent à la cuisson. Ne les laissez pas cuire durs trop longtemps. Le jaune apparaîtrait entouré d'une pellicule grisâtre peu appétissante. Ils se découquilleront mieux si, au sortir de l'eau bouillante, vous en brisez la coquille et les plongez dans l'eau froide.

• Dans la sauce, ajoutez un soupçon de muscade râpée : c'est délicieux ! Et si vous manquez de temps, ou de four, préparez vos œufs suivant la même recette mais sans les passer au four, juste recouverts de sauce.

• Un gratin devrait se faire sous le grilloir du four, porte ouverte. Mais si vous n'avez pas de grilloir, mettez le plat en haut du four très chaud. Laissez peu de temps, sinon la sauce s'abîmerait en donnant l'impression de « tourner ».

Préparation et cuisson : 25 min

œufs farcis aux anchois

Pour 4 personnes :

Œufs, 6.
Beurre, 50 g.
Crème d'anchois (en tube), 50 g.
Poivre.

Pour décorer :

Laitue, quelques feuilles.
Mayonnaise en tube (facultatif).
Tomate (facultatif).
Rondelles de citron (facultatif).

1 Faites bouillir les œufs 10 min. Passez-les tout de suite sous l'eau froide pour les écalez plus facilement. Coupez-les en deux. Retirez-en délicatement les jaunes et écrasez-les. Incorporez-y la crème d'anchois, du beurre et du poivre.

2 Garnissez les demi-blancs d'œufs avec cette farce. Lavez et égouttez les feuilles de salade. Mettez-les dans un plat. Posez dessus les œufs farcis. Décorez avec des rosaces de mayonnaise, des dés de tomate ou de radis, des crudités colorées, des rondelles de citron...

Mon avis

Vous pouvez faire de la crème d'anchois vous-même en pilant finement, à la fourchette ou avec une moulinette, des filets d'anchois dessalés, puis en les mélangeant avec un volume égal de beurre. Ne salez pas : la crème d'anchois est déjà très salée.

Préparation et cuisson : 30 min

œufs frits au bacon

Pour 4 personnes :

Œufs, 4.
Huile, 1 verre.
Bacon ou poitrine fumée, 4 tranches.
Tomates, 2 petites.
Persil.
Sel, poivre.

1 Dans une poêle pas trop grande contenant un peu d'huile, saisissez les tranches de bacon ou de poitrine quelques instants sur chaque face. Tenez-les au chaud.

2 Ajoutez le reste d'huile dans la poêle. Faites-la chauffer. Lorsqu'elle est chaude, mais non brillante, mettez-y les œufs à frire un par un, de la façon suivante : cassez l'œuf dans une tasse ; maintenez la poêle légèrement inclinée ; faites-y glisser l'œuf. Lorsque le blanc commence à prendre, ramenez-le sur le jaune avec une cuiller en bois. Laissez frire 2 min environ sur feu moyen. Égouttez et maintenez au chaud, entre deux assiettes creuses, sur une casserole d'eau chaude.

3 Quand les œufs sont cuits, faites sauter vivement, dans la même poêle, les moitiés de tomates coupées.

4 Sur le plat de service, disposez les tomates saupoudrées de persil haché, de sel et de poivre, en les intercalant avec les œufs frits posés sur les tranches de bacon.

Mon avis

- Les œufs frits – avec ou sans tomates – sont excellents pour un petit déjeuner à l'anglaise ou pour un brunch. Dans ce cas, l'œuf est souvent présenté sur un toast de pain de mie grillé.
- Déposez les œufs frits sur du papier absorbant ; les œufs seront moins gras, donc plus légers.
- Si vous considérez ce plat comme l'élément principal de votre repas, doublez les quantités.
- N'utilisez que des œufs très frais et ne faites frire qu'un seul œuf à la fois.

ŒUFS I FACILE I BON MARCHÉ

Préparation et cuisson : 20 min

œufs mimosa

Pour 4 personnes :

Œufs, 4.
Laitue, petite.
Persil.
Mayonnaise :
Jaune d'œuf, 1.
Moutarde forte, 1/2 cuillerée à café.
Huile, 1 tasse à thé.
Vinaigre, 1 cuillerée à café.
Sel, poivre.

1 Faites bouillir les œufs 10 min puis plongez-les dans l'eau froide avant de les écaler.

2 Mayonnaise : mettez, dans un bol, le jaune d'œuf et la moutarde. Incorporez-y peu à peu l'huile en la versant en filet et sans cesser de mélanger. Ajoutez en dernier le vinaigre, du sel et du poivre.

3 Écalez les œufs et coupez-les en deux, dans la longueur. Retirez-en délicatement les jaunes. Écrasez 3 jaunes seulement et mélangez-les avec du persil haché et de la mayonnaise. Remplissez les demi-blancs d'œufs avec ce mélange. Émiettez le jaune restant et parsemez-en les œufs.

4 Lavez et égouttez les feuilles de laitue. Mettez-les dans un joli plat. Déposez dessus les œufs farcis.

Mon avis

• Les éléments de la mayonnaise doivent être tous à température égale.
• Vous pouvez utiliser de la mayonnaise du commerce pour cette recette qui en demande assez peu.
• Préparez les œufs mimosa à la dernière minute car la mayonnaise mélangée avec le jaune d'œuf dur pilé risque de se ternir au bout d'un moment.

ŒUFS I MOINS FACILE I BON MARCHÉ

Préparation et cuisson : 10 min

œufs pochés

Pour 4 personnes :

Œufs, 4.

Vinaigre blanc, 1/4 de verre.

Remarques

Il suffit d'un peu d'attention pour réussir ces œufs. Un « truc » : si vous craignez de les rater dans l'énervement de la dernière minute, faites-les pocher quelques heures à l'avance. Conservez-les dans leur eau de cuisson, au réfrigérateur ; vous les réchaufferez au dernier moment, en les plongeant rapidement – hors du feu – dans une casserole d'eau bien chaude mais pas bouillante. L'œuf est assez cuit lorsqu'il résiste, en restant souple et élastique, à une légère pression du doigt.

1 Faites bouillir 2 litres d'eau vinaigrée – mais non salée – dans une casserole assez grande.

2 Lorsque l'eau bout, maintenez-la à petite ébullition sur feu moyen. Cassez les œufs un par un dans une tasse. Approchez celle-ci très près de l'eau frémissante, pour y faire glisser l'œuf plus facilement sans l'abîmer.

3 Lorsque le blanc commence à prendre, ramenez-le délicatement sur chaque œuf avec une cuiller. Au bout de 3 à 4 min environ, égouttez les œufs à l'aide d'une écumoire et déposez-les sur du papier absorbant pour achever de les égoutter.

4 Les œufs pochés peuvent être servis recouverts de sauce béchamel, tomate, béarnaise, etc. Froids, ils peuvent être enrobés de gelée.

Mon avis

Pourquoi a-t-on raté un œuf poché ?

Il s'est crevé parce que :

- on l'a versé de trop haut dans une eau trop chaude ;
- on l'a sorti de l'eau avec une fourchette ;
- il a cuit en compagnie de trop d'œufs dans une casserole trop petite.

Préparation et cuisson : 40 min

œufs pochés en meurette

Pour 4 personnes :

Œufs, 8.
Lard de poitrine fumée, 150 g.
Beurre, 45 g.
Oignon, 1.
Vin rouge, 50 cl.
Ail, 3 gousses.
Pain de mie, 8 tranches.
Farine, 30 g (1 cuillerée à soupe très pleine).
Bouquet garni (persil, thym, laurier).
Sel, poivre.

1 Coupez le lard en dés. Faites-les rissoler avec 1 noix de beurre puis retirez-les de la poêle. À leur place, mettez à blondir l'oignon haché. Ajoutez le vin rouge, 50 cl d'eau, 1 gousse d'ail, du sel, du poivre et le bouquet garni. Laissez mijoter 15 min sans couvrir.

2 Faites sécher les tranches de pain au four. Frottez-les d'ail et mettez-les dans un plat.

3 Retirez le bouquet garni de la sauce. Cassez les œufs, un par un, dans une tasse, et faites-les glisser dans la casserole (trois à la fois). Laissez-les cuire 3 à 4 min. Égouttez-les avec une écumoire et mettez-les sur les tranches de pain dans le plat.

4 Passez la sauce. Ajoutez les lardons. Remettez sur feu moyen. Malaxez à la fourchette, la farine et 30 g de beurre. Incorporez peu à peu à la sauce pour la lier. Remuez jusqu'à ébullition. Laissez cuire 2 min. Versez sur les œufs et servez.

Mon avis

• Comme je n'aime pas beaucoup la couleur violacée de la sauce au vin, j'y ajoute 1/2 cuillerée à café de concentré de tomates pour la raviver.
• Cette recette, haute en goût, nous vient de la Bourgogne ; offrez donc un bourgogne rouge pour accompagner les œufs en meurette.
• Cette sauce accompagne bien les poissons de rivière.
• Si vous servez ce plat comme entrée, réduisez les proportions de moitié.
• Que le lard ne soit pas trop fumé ; la sauce prendrait trop de goût.

ŒUFS I TRÈS FACILE I BON MARCHÉ

Préparation et cuisson : 5 min

œufs sur le plat

Par personne :

Œufs, 2.

Beurre, 20 g.

Sel, poivre.

Remarques

Cassez l'œuf dans une tasse avant de le déposer dans le plat de cuisson. Cela vous permettra de vous assurer de sa fraîcheur et d'éviter que le jaune ne se brise en tombant.

1 Faites chauffer le beurre dans un plat à œufs ou dans une poêle, sur feu moyen. Salez et poivrez.

2 Cassez-y les œufs. Laissez cuire sur feu moyen jusqu'à ce que le blanc soit pris et le jaune suffisamment tiède.

Mon avis

Pourquoi a-t-on raté un œuf sur le plat ?

Parce que :

- l'œuf n'était pas très frais ;
- le jaune s'est crevé en tombant dans le plat de cuisson ;
- il a cuit sur feu trop vif : le bord a « croûté » tandis que le centre n'a pas eu le temps de prendre et le jaune est encore froid ;
- on a mis le sel sur le jaune : quantité de points blanchâtres sont apparus et ont rendu l'œuf peu appétissant.

Préparation et cuisson : 2 h

oie en fricassée

Pour 4 personnes :

Oie en morceaux, 1 kg.
Beurre, 30 g.
Carottes, 250 g.
Navets, 250 g.
Farine, 15 g (environ 1 cuillerée à soupe rase).
Oignon, 1.
Ail, 1 gousse.
Pommes de terre, 400 g.
Bouquet garni (persil, thym, laurier).
Sel, poivre.

1 Épluchez carottes, navets et oignon. Coupez-les en morceaux.

2 Dans une cocotte contenant le beurre, faites bien dorer les morceaux d'oie, puis les légumes. Saupoudrez de farine. Mélangez. Ajoutez de l'eau juste à hauteur, l'ail, le bouquet garni, du sel et du poivre. Couvrez. Laissez mijoter 1 h 20 environ.

3 Ajoutez alors les pommes de terre pelées et coupées en morceaux. Faites cuire 30 min supplémentaires. Puis, retirez le bouquet garni et présentez dans un plat creux chaud.

Mon avis

• La dinde peut se préparer de la même façon que l'oie ; les recettes bonnes pour l'une sont bonnes pour l'autre.

• Ajoutez les pommes de terre un peu avant la fin de la cuisson pour ne pas les retrouver en purée.

ŒUFS I TRÈS FACILE I BON MARCHÉ
Préparation et cuisson : 10 min

omelette

Pour 4 personnes :
Œufs, 7.
Beurre, 25 g.
Huile, 1 cuillerée à soupe.
Sel, poivre.

1 Dans un saladier, battez les œufs salés et poivrés.

2 Faites tiédir, dans la poêle, le beurre et l'huile. Incorporez-les aux œufs battus.

3 Remettez la poêle sur le feu (sans la laver). Lorsqu'elle est très chaude, versez-y les œufs, laissez-les prendre, sur feu assez vif, 3 à 4 min, en mélangeant plusieurs fois pour que l'omelette cuise à fond. Dès qu'elle est un peu sèche sur les bords, encore baveuse au centre, repliez-la et retournez-la sur un plat chaud.

Mon avis

• Le plus simple est d'avoir une poêle antiadhésive pour cuire l'omelette. Sinon, utilisez une bonne poêle, bien épaisse. Tenez-la parfaitement propre, la plus petite parcelle d'aliment ou de croûte qui y resterait ferait immanquablement attacher l'omelette.
Si, malgré tout, l'omelette a attaché, c'est que : les œufs battus ont été versés dans une poêle insuffisamment chaude ; la poêle avait déjà servi à une autre cuisson et avait été imparfaitement nettoyée et essuyée.
• Quelques variantes : omelette aux pommes de terre (avec 2 pommes de terre en dés préalablement rissolés), aux champignons sautés, aux fines herbes, au lard (100 g de lard maigre), au jambon cru ou cuit, aux crevettes additionnées de crème fraîche...

ŒUFS I FACILE I BON MARCHÉ

Préparation et cuisson : 45 min

omelette à l'andalouse

Pour 4 personnes :

Œufs, 7.
Oignons, 2.
Beurre, 50 g.
Huile, 1 cuillerée à soupe.
Tomates, 4 (300 g environ).
Poivron doux, 1 petit.
Sel, poivre.

Remarques

Ne faites surtout pas mijoter les tomates dans la poêle où cuira l'omelette car vous risqueriez de voir les œufs attacher au fond.

1 Hachez les oignons. Faites-les dorer légèrement, dans une casserole, avec 20 g de beurre.

2 Pelez et coupez les tomates en morceaux. Coupez le poivron en lanières. Ajoutez dans la casserole. Laissez mijoter doucement pendant 30 min, sans couvrir, pour obtenir une sorte de fondue.

3 Dans un saladier, battez les œufs avec sel et poivre. Incorporez-y 30 g de beurre juste fondu dans la poêle et l'huile. Remettez à chauffer fortement. Versez-y les œufs. Laissez-les prendre, sur feu vif, 2 à 3 min. Mélangez un peu pour que l'omelette cuise à fond. Dès qu'elle est un peu sèche sur les bords, encore baveuse au centre, mettez au milieu la moitié de la fondue de tomates et de poivron. Laissez cuire un instant. Repliez et faites glisser sur un plat long. Disposez à chaque extrémité le reste de la purée et présentez à table.

SPÉCIALITÉS | MOINS FACILE | RAISONNABLE

Préparation et cuisson : 15 min

omelette du Mont-Saint-Michel

Pour 4 personnes :

Œufs, 6.

Crème fraîche, 2 cuillerées à soupe.

Beurre, 50 g.

Fines herbes (persil, cerfeuil, estragon).

Sel, poivre.

1 Prenez 2 assiettes creuses. Mettez, dans l'une, les jaunes d'œufs, la crème fraîche, du sel et du poivre ; dans l'autre, les blancs d'œufs, du sel et du poivre. Battez séparément le contenu des 2 assiettes.

2 Faites chauffer le beurre dans une grande poêle. Versez-y les jaunes, puis aussitôt les blancs. Faites cuire le tout rapidement 2 à 3 min, en mélangeant doucement avec une cuiller en bois.

3 Repliez l'omelette et glissez-la sur un plat long. Parsemez-la de fines herbes hachées et servez aussitôt.

Mon avis

• J'ai choisi la plus facile des omelettes dites du « Mont-Saint-Michel » car, bien sûr, il en existe de nombreuses variantes qui font partie du patrimoine gastronomique des restaurants de l'endroit. Les blancs ne doivent pas être montés en neige, mais seulement battus comme pour une omelette ordinaire.

• Une poêle antiadhésive est recommandée pour cette cuisson.

Préparation et cuisson : 1 h 30

osso-buco milanaise

Pour 4 personnes :

Jarret de veau en rondelles, 1 kg.
Farine, 2 cuillerées à soupe.
Beurre, 75 g.
Oignon, 1.
Concentré de tomates, 1 cuillerée à soupe.
Vin blanc sec, 1 verre.
Ail, 1 gousse.
Tomates, 3 petites.
Citron, 1/2.
Bouquet garni (persil, thym, laurier).
Spaghettis, 250 g.
Gruyère râpé, 50 g.
Sel, poivre.

1 Passez les morceaux de viande dans un peu de farine. Faites-les dorer dans une cocotte avec 50 g de beurre, sur feu assez vif. Puis ajoutez l'oignon finement haché.

2 Ajoutez le concentré de tomates et le vin blanc. Faites bouillir quelques instants. Puis, mettez 3 verres d'eau, le bouquet garni, la gousse d'ail écrasée, du sel et du poivre. Couvrez. Laissez cuire doucement 1 h (20 min à l'autocuiseur).

3 Épluchez les tomates puis coupez-les en les épépinant. Joignez-les à la viande ainsi que le zeste du citron. Laissez mijoter 15 min de plus (7 min à l'autocuiseur).

4 Faites cuire les spaghettis dans beaucoup d'eau bouillante salée selon le temps indiqué sur le paquet. Égouttez-les aussitôt pour qu'ils restent fermes. Mélangez-les avec 30 g de beurre pour éviter qu'ils ne collent les uns aux autres. Retirez le bouquet garni de la cocotte ainsi que le zeste de citron haché. Présentez à part le fromage râpé.

Mon avis

- Le vin blanc n'est pas indispensable. Vous pouvez le remplacer par de l'eau.
- Un morceau de zeste d'orange ajouté pendant la cuisson apporte un bon parfum.
- Vous pouvez remplacer les spaghettis par du riz cuit de 15 à 17 min dans beaucoup d'eau bouillante salée.
- L'osso-buco peut se faire avec du concentré de tomates uniquement. Il est plus fin, cependant, si l'on y ajoute quelques tomates fraîches.

SPÉCIALITÉS | FACILE | CHER

Préparation et cuisson : 2 h 15

paella

Pour 6 à 8 personnes :

Moules, 1 litre.
Poulet, 1 kg environ.
Sous-noix de veau, 150 g.
Porc frais, 150 g.
Huile, 1 cuillerée à soupe.
Beurre, 40 g.
Oignons, 2.
Langoustines crues, 750 g.
Poivrons, 1 ou 2 (150 g).
Courgettes, 1 ou 2.
Tomates, 200 g.
Chorizo fort, 100 g.
Ail, 2 gousses.
Riz, 400 g.
Safran, 0,5 g.
Petits pois, 1 petite boîte (250 g).
Fonds d'artichauts, 1 petite boîte (110 g).
Sel, poivre.

Remarques

La paella est assez longue à faire, mais on peut très bien la préparer quelques heures à l'avance, ou même la veille, pour les opérations décrites aux paragraphes 1, 2 et 3.

1 Lavez soigneusement les moules. Faites-les ouvrir dans une cocotte, sur feu vif. Égouttez-les. Détachez une coquille de chaque moule. Passez le jus de cuisson. Mettez-le de côté.

2 Coupez le poulet en huit, le veau et le porc en petits morceaux. Faites chauffer l'huile et 40 g de beurre dans une grande cocotte. Mettez-y les morceaux de poulet et de viande à dorer sur toutes les faces, puis ajoutez les oignons hachés, le poivron épépiné et coupé en lanières, du sel et du poivre. Mélangez bien. Couvrez. Laissez cuire 10 min, sur feu moyen.

3 Épluchez les courgettes et pelez les tomates. Coupez-les en morceaux. Mettez-les dans la cocotte, ainsi que le chorizo en rondelles, les gousses d'ail, le jus de cuisson des moules tamisé. Couvrez. Laissez cuire doucement 20 min.

4 Au bout de ce temps, mettez-y riz et safran. Ajoutez l'eau nécessaire pour que le liquide arrive juste à hauteur du contenu de la cocotte. Laissez mijoter sur feu doux, à couvert, 20 à 30 min supplémentaires.

5 10 min avant la fin de la cuisson, ajoutez les pois et les fonds d'artichauts égouttés.

6 Puis, toujours dans la cocotte, joignez les langoustines crues (elles y cuiront suffisamment) et enfin les moules (préalablement cuites) pour les réchauffer. Présentez dans un large plat ou une grande poêle.

Mon avis

Ne servez rien avant, sinon une sangria en guise d'apéritif mais pas de hors-d'œuvre. Ensuite, une salade, si vous y tenez, et un dessert léger : fruits ou glace. Comme vin : présentez un rosé ou un rouge léger, bien frais.

DESSERTS | TRÈS FACILE | BON MARCHÉ

Préparation et cuisson : 30 min

pain perdu

Pour 4 personnes :

Pain ou brioche rassise, 4 ou 8 tranches (selon leur dimension).

Lait, 25 cl.

Sucre en poudre, 100 g (6 cuillerées à soupe).

Rhum, 2 cuillerées à soupe.

Œufs, 2.

Huile, 1 cuillerée à soupe.

Beurre, 50 g.

1 Mélangez, dans un plat creux, le lait, 2 cuillerées à soupe de sucre et 2 cuillerées à soupe de rhum. Dans un autre plat, battez les œufs en omelette.

2 Trempez les tranches de pain successivement dans le lait sucré, 2 min, pour les laisser s'imbiber, puis dans les œufs battus.

3 Faites chauffer modérément l'huile et le beurre dans une large poêle. Mettez-y les tranches de pain à dorer 1 ou 2 min sur chaque face.

4 Disposez-les dans un plat. Saupoudrez généreusement de sucre et servez.

Mon avis

• Le pain légèrement rassis donne de meilleurs résultats.

• Variante pour un vrai dessert cuisiné : servez avec une poêlée de cerises à la verveine.

• Il m'arrive aussi de servir le pain perdu froid, recouvert de marmelade de quetsches très sucrée.

• Le rhum peut être supprimé pour les enfants (le rhum ne leur est pas recommandé et, en général, ils n'aiment pas cela). Le sucre vanillé, en revanche, plaît à tous.

Préparation et cuisson : 40 min. **Au frais :** 12 h

pains d'amandes

Pour 4 personnes :

Farine, 500 g.
Sucre en poudre, 375 g.
Amandes hachées, 125 g.
Œufs, 2.
Beurre, 150 g.
Rhum, 1 verre à liqueur.
Levure en poudre, 2 cuillerées à café rases.
Cannelle en poudre (facultatif), 1 cuillerée à café rase.
Sel, 1/2 cuillerée à café.

Remarques

Cette pâte, dure à travailler, doit reposer environ 12 h au frais avant d'être façonnée et mise à cuire. Graissez les tourtières une seule fois, avant d'y déposer les premiers pains d'amandes ; c'est suffisant. Pour décoller les gâteaux sans les casser, tapez la tourtière refroidie contre la table sans trop de brutalité. Les gâteaux se détacheront tout seuls.

1 La veille : mettez dans une terrine, farine, sucre, amandes hachées, œufs, sel, beurre à peine fondu, rhum, levure en poudre, 1 cuillerée à café de cannelle. Travaillez bien cette pâte d'une main ferme, jusqu'à ce qu'elle devienne consistante et dure. Puis, partagez-la en plusieurs morceaux que vous roulerez à la main pour en former des rouleaux de la taille d'un saucisson. Laissez reposer au froid jusqu'au lendemain pour que la pâte durcisse encore.

2 Cuisson : le lendemain, préchauffez le four à 200 °C (th. 6-7) ; découpez de très fines rondelles dans les rouleaux de pâte. Déposez-les sur une tourtière graissée. Mettez à four chaud, 5 ou 6 min. Pendant ce temps, garnissez une seconde tourtière que vous mettrez au four à la place de l'autre. Décollez les pains d'amandes quand la tourtière est presque froide.

Mon avis

• J'ai gardé un souvenir gourmand des pains d'amandes de mon enfance, que ma famille du Nord m'envoyait à Noël, avec des gaufres. Ma tante Blanche les faisait si bien que je l'ai suppliée de m'en livrer le secret. Elle a bien voulu et voici la recette de ses véritables pains d'amandes. Elle vaut de l'or ! Les proportions vous donneront une soixantaine de petits gâteaux croustillants très faciles à conserver dans une boîte en fer bien fermée.
• À défaut d'amandes hachées, écrasez grossièrement les amandes entières avec un rouleau à pâtisserie. Mais, n'utilisez surtout pas des amandes en poudre. Le résultat serait beaucoup moins bon.
• La cannelle peut être remplacée par de la vanille.

Préparation et cuisson : 1 h 50. **Repos :** 24 h

pâté de campagne

Pour 4 personnes :

Échine de porc désossée, 800 g.
Foie de porc, 150 g.
Lard gras, 150 g.
Œuf, 1.
Cognac, 1 verre à liqueur.
Quatre-épices, 2 pincées.
Thym, 4 brins.
Bardes de lard, 2 (aux dimensions de la terrine).
Sel, poivre.

Remarques

Le « quatre-épices » se trouve tout préparé dans le commerce. Conservez-le dans un flacon bien fermé.
Demandez éventuellement au charcutier de hacher viande et foie avec sa machine.
Posez directement sur le pâté encore chaud un couvercle de boîte, plus petit que la terrine. Déposez quelque chose de pesant dessus pour tasser et laissez jusqu'à ce que le pâté soit complètement refroidi.

1 Hachez l'échine, le foie et le lard. Incorporez-y, en pétrissant à la main, le quatre-épices, du sel, du poivre, l'œuf entier et le cognac. Préchauffez le four à 200 °C (th. 6-7).

2 Déposez une barde de lard au fond d'une terrine. Tassez-y le hachis. Remettez une barde sur le dessus, avec du thym. Couvrez. Faites cuire, au bain-marie, dans le four pendant 1 h 15 environ. Retirez le couvercle et laissez cuire de nouveau 15 min.

3 30 min après l'avoir sorti du four, posez un poids sur le pâté encore chaud pour le tasser et faire remonter une partie de la graisse à la surface.

Mon avis

Ne mettez pas un poids trop lourd pour presser le pâté. J'ai remarqué que, sous l'effet d'une pression trop forte, toute la graisse remonte à la surface alors qu'elle devrait s'infiltrer dans tout l'intérieur, afin que le pâté reste moelleux.

Préparation et cuisson : 1 h 30. **Marinade + repos** : 48 h

pâté de foies de volaille

Pour 6 à 8 personnes :

Foies de volaille, 250 g.
Cognac, 1/2 verre à moutarde.
Gorge ou échine de porc, 200 g.
Veau (épaule), 200 g.
Barde de lard fine, 150 g.
Couenne de porc, 50 g environ.
Thym, laurier.
Sel, poivre.

1 Mettez les foies dans une terrine avec poivre, thym, laurier. Versez le cognac dessus. Autant que possible, laissez-les mariner quelques heures.

2 Hachez les foies, sauf deux que vous laisserez entiers. Hachez également les morceaux de porc et de veau. Malaxez bien le tout avec sel, poivre et le cognac de la marinade.

3 Préchauffez le four à 170 °C (th. 5-6). Choisissez une terrine pas trop grande, de façon à pouvoir l'emplir complètement de pâté. Tapissez-en tout l'intérieur (fond et pourtour) avec la barde de lard. Tassez-y la moitié du hachis. Déposez dessus les deux foies coupés en dés, puis recouvrez avec le reste du hachis. Mettez une feuille de laurier, brins de thym et couenne de porc pour protéger le dessus du pâté. Couvrez.

4 Déposez la terrine dans la lèchefrite (plaque creuse du four) contenant de l'eau froide. Enfournez pour 1 h environ.

Mon avis

- On peut hacher tous les foies de volaille, mais moi je préfère en laisser un ou deux en morceaux qu'il est agréable de retrouver dans le pâté ; leur moelleux rappelle un peu celui du foie gras.
- Il est prudent de goûter le pâté avant sa cuisson pour vérifier si l'assaisonnement est au point.
- Couvrez toujours votre pâté d'un morceau de couenne avant de l'enfourner. Elle produira un peu de bonne gelée à la cuisson.
- Laissez reposer 1 ou 2 jours au frais, avant de consommer, c'est meilleur.

Préparation et cuisson : 2 h 15. **À mariner :** la veille

pâté de lapin à la façon du Nord (avec os)

Pour 4 personnes :

Lapin (râble et cuisses), 1,2 kg environ.
Échine de porc, 750 g.
Bardes de lard, 150 g.
Couennes de lard, 2.
Sel, poivre.

Marinade :

Vin blanc sec, 2 verres.
Oignon, 1.
Ail, 1 gousse.
Clous de girofle, 4.
Huile, 1 cuillerée à soupe.
Laurier, 1 feuille.
Thym.
Persil.
Poivre.

1 Découpez le lapin en morceaux. Rangez-les, serrés dans un récipient profond avec l'oignon coupé en quatre, les clous de girofle, la gousse d'ail, l'huile, 1 feuille de laurier, du thym et du persil. Recouvrez-les de vin blanc et poivrez. Laissez mariner une nuit entière.

2 Hachez la viande de porc. Incorporez-y sel, poivre et la marinade passée.

3 Garnissez d'une barde de lard le fond d'une grande terrine à pâté de 20 cm. Tassez-y une couche de hachis, les morceaux de lapin égouttés et le reste du hachis. Recouvrez avec la deuxième couenne de lard. Couvrez et faites cuire au bain-marie, à 170 °C (th. 5-6), 1 h 30 environ.

4 30 min après l'avoir sorti du four, posez un poids moyennement lourd sur le pâté pour le tasser un peu sans trop l'écraser. Attendez 1 ou 2 jours avant de consommer.

Mon avis

Épicez, salez et poivrez généreusement ce pâté. Après cuisson, déposez dessus un poids raisonnablement lourd (petit plat en fonte, par exemple), car la graisse du pâté trop pressé remonterait en surface au détriment du pâté lui-même qui resterait sec.

Préparation et cuisson : 25 min

pâtes au basilic

Pour 4 personnes :
Pâtes, 250 g.
Sauce :
Ail nouveau de préférence, 1 gousse.
Basilic frais, 10 à 15 feuilles.
Huile d'olive, 3 cuillerées à soupe.
Sel, poivre.
Gruyère râpé, 50 g.

1 Faites bouillir de l'eau salée dans une grande casserole couverte. Jetez les pâtes dans l'eau en ébullition. Laissez bouillir, sans couvrir, de 15 à 20 min (quelques minutes seulement pour les pâtes à cuisson rapide). Égouttez aussitôt.

2 Sauce au basilic : pendant ce temps, pilez ensemble dans un bol (ou au mixeur) ail et feuilles de basilic. Incorporez, en fouettant vivement, l'huile en filet, du sel et du poivre.

3 Égouttez bien les pâtes aussitôt cuites. Mélangez-y, sans les laisser refroidir, la sauce au basilic et présentez-les à table.

Mon avis

• On peut aussi préparer les pâtes au basilic avec une sauce à la crème : dans ce cas, remplacez l'huile par de la crème fraîche rapidement chauffée avec l'ail haché, du sel, du poivre.
• Versez sur les pâtes et ajoutez le basilic coupé à la dernière minute.
• Et, si vous craignez de retrouver la présence (mais pas l'arôme) de l'ail dans les pâtes, il suffit de frotter l'intérieur du plat de présentation avec la gousse d'ail écrasée avant d'y verser les pâtes très chaudes, mais n'y laissez surtout pas les morceaux d'ail !

Préparation et cuisson : 40 min

pâtes aux fruits de mer

Pour 4 personnes :

Coques ou moules, 2 litres.
Crevettes décortiquées, 100 g.
Pâtes, 250 g.
Échalote, 1.
Bouquet garni (persil, thym, laurier).
Sel.

Sauce :

Beurre, 30 g.
Farine, 30 g (1 cuillerée à soupe bombée).
Concentré de tomates, 1 petite boîte (70 g).
Jus de cuisson des coquillages + eau, 50 cl environ.
Sel, poivre.

1 Nettoyez les coquillages. Faites-les ouvrir sur feu vif, dans une cocotte, avec l'échalote hachée et le bouquet garni. Dès qu'ils sont ouverts, retirez-les du feu et décoquillez-les. Passez le jus de cuisson à travers une passoire fine. Tenez les coquillages au chaud.

2 Faites chauffer une grande casserole d'eau salée. Jetez les pâtes dans l'eau en ébullition. Laissez bouillir, sans couvrir, de 15 à 20 min.

3 Sauce : faites fondre, sur feu doux, 30 g de beurre. Ajoutez-y 1 cuillerée à soupe bombée de farine. Délayez sur le feu pendant quelques secondes jusqu'à ce que le mélange soit mousseux. Ajoutez-y le liquide froid (jus de cuisson des coquillages + eau), le concentré de tomates, du sel et du poivre. Mélangez jusqu'à épaississement. Laissez cuire à feu extrêmement doux quelques minutes. Réchauffez-y 1 min les crevettes.

4 Égouttez bien les pâtes, dès qu'elles sont cuites. Mettez-les dans un plat creux avec les moules ou les coques. Versez la sauce dessus et servez aussitôt.

Mon avis

- Variez les fruits de mer selon le marché : amandes de mer, pétoncles, langoustines pour un plat de fête...
- Ajoutez un peu de gruyère râpé à la surface du plat, passez au four et vous en retirez un gratin doré.

Préparation et cuisson : 30 min

pâtes sautées à l'italienne

Pour 4 personnes :

Pâtes, 250 g.
Tomates, 4.
Ail, 2 gousses.
Beurre, 30 g ou huile d'olive, 2 cuillerées à soupe.
Sel, poivre.

1 Faites bouillir beaucoup d'eau salée dans une grande casserole couverte. Jetez-y les pâtes quand l'eau bout fortement. Laissez bouillir, sans couvrir, de 10 à 15 min afin de cuire les pâtes « al dente » (un peu fermes).

2 Lavez et coupez les tomates en rondelles.

3 Faites sauter les tomates dans la poêle avec le beurre ou l'huile pendant 5 min. Ajoutez l'ail et les pâtes égouttées mais pas trop. Salez, poivrez. Mélangez quelques instants sur le feu pour finir de cuire les pâtes et servez.

Mon avis

• Ces pâtes sont excellentes car elles finissent de cuire dans la sauce s'imprégnant ainsi de jus.
• Accompagnez-les, si vous le souhaitez, avec du basilic finement coupé.
• Autre suggestion rapide : des légumes (courgettes, aubergines, poivrons) tranchés à la dernière minute et même crevettes, petits dés de calamars, coquillages. Tout cela sauté à la poêle quelques instants à l'huile d'olive et mélangé aux pâtes sur le feu peu de temps avant de servir, donne un cachet très italien et savoureux.

Préparation et cuisson : 1 h

paupiettes de veau aux olives

Pour 4 personnes :

Escalopes de veau, 4.
Barde de lard, 4 morceaux.
Beurre, 50 g.
Olives vertes, 100 g.

Farce :

Pain ordinaire ou pain de mie, 100 g.
Lait, 4 cuillerées à soupe environ.
Champignons de Paris, 100 g.
Ail, 1 gousse.
Persil, 1 bouquet.
Sel, poivre.

1 Farce : émiettez le pain dans un bol ; versez le lait dessus. Ôtez le pied sableux des champignons. Lavez-les rapidement. Hachez-les avec persil et ail. Incorporez-y le pain égoutté et pressé, un peu de sel et de poivre.

2 Déposez un quart de cette farce sur chaque escalope. Repliez-les en quatre et entourez chacune d'une barde de lard. Ficelez en croix pour maintenir le tout.

3 Faites chauffer le beurre dans une cocotte. Mettez-y les paupiettes à dorer sur toutes les faces. Salez un peu, poivrez. Couvrez. Laissez mijoter sur feu doux 30 min.

4 Pendant ce temps, dénoyautez les olives et faites-les bouillir 5 min pour les dessaler. Ajoutez-les dans la cocotte et terminez la cuisson, de 10 à 15 min. Retirez la barde et la ficelle de chaque paupiette avant de servir.

Mon avis

• Choisissez des escalopes très minces et larges afin d'y enfermer plus facilement la farce. Faites bouillir les olives quelques minutes pour les débarrasser de leur âcreté et de leur excès de sel.
• Variante exotique : farcissez les paupiettes de petites bananes (plantain de préférence) préalablement poêlées et entourez le tout d'une tranche de bacon ou de lard avant de cuire au four.

Préparation et cuisson : 15 min. **Au frais** : 2 à 3 h

pêches Melba

Pour 4 personnes :

Pêches fraîches ou au sirop, 4.
Confiture ou gelée de fruits rouges, 2 cuillerées à soupe.
Kirsch, 2 cuillerées à soupe.
Amandes effilées (en paillettes), 1 cuillerée à soupe.
Glace à la vanille, 4 portions.

1 Délayez, sur feu doux, la confiture avec 2 cuillerées de kirsch, juste pour la liquéfier.

2 Pelez les pêches si elles sont fraîches ou égouttez les pêches au sirop. Ôtez le noyau s'il y a lieu.

3 Répartissez la glace dans quatre petites assiettes ou dans des coupelles. Déposez dessus les pêches coupées en deux. Arrosez de confiture liquéfiée et parsemez d'amandes.

Mon avis

- Pour peler facilement les pêches fraîches, plongez-les, chacune, quelques secondes dans de l'eau bouillante. La peau s'ôte bien ensuite.
- Si vous voulez enrichir davantage ce dessert, déjà très raffiné, fouettez légèrement un peu de crème fraîche que vous déposerez sur les coupes.
- Variantes non conventionnelles : pour la couleur et la saveur, parsemez de pistaches vertes non salées ou de pralines roses broyées, ou bien encore de menthe (ou verveine) finement coupée.

GIBIERS I FACILE I CHER

Préparation et cuisson : 40 min

perdreaux rôtis à la feuille de vigne

Pour 4 personnes :

Perdreaux, 4 petits.

Feuilles de vigne, 4.

Bardes de lard, 4.

Beurre, 80 g.

Pain de mie, 4 tranches.

Thym, 1 pincée.

Sel, poivre.

1 Préchauffez le four à 170 °C (th. 5-6). Tartinez les perdreaux de beurre. Salez et poivrez-les. Gardez les foies à part.

2 Sur le ventre de chaque perdreau, posez une feuille de vigne puis une barde de lard. Maintenez avec quelques tours de gros fil. Mettez au four 15 min. Arrosez pendant la cuisson.

3 Pendant ce temps, faites dorer doucement les tranches de pain à la poêle avec 50 g de beurre.

4 Coupez les foies en dés. Faites-les revenir rapidement avec 1 noix de beurre, du sel, du poivre, 1 pincée de feuilles de thym. Écrasez à la fourchette. Tartinez-en le pain. Déposez-le dans un grand plat. Gardez au chaud.

5 Débarrassez les perdreaux des bardes de lard et des feuilles de vigne que vous mettez de côté. Enfournez à nouveau les perdreaux 5 min pour finir de les dorer en surface.

6 Présentez les perdreaux entourés de 1 feuille de vigne, sur une tranche de pain tartinée de foie.

Mon avis

• Si vous préparez deux gros perdreaux pour quatre personnes, prolongez le temps de cuisson (25 min minimum). Un bon conseil, cependant : si les perdreaux sont vraiment gros – ils ne sont peut-être plus très jeunes – faites-les plutôt braiser, comme des perdrix, dans une cocotte.

• Le perdreau n'est généralement pas faisandé. On peut donc le préparer comme le pigeon.

• Pour l'accompagner : des pommes chips ou des pommes sautées et du cresson non assaisonné ; ou encore de gros raisins frais, préalablement pelés et dorés au beurre pas trop chaud et légèrement sucrés. Arrosez de marc ou de cognac en fin de cuisson.

GIBIERS I TRÈS FACILE I CHER

Préparation et cuisson : 2 h 30

perdrix braisées aux choux

Pour 4 personnes :

Perdrix, 2.

Lard maigre non fumé, 300 g.

Beurre, 40 g.

Chou pommé, 1 kg.

Carottes, 2.

Oignon, 1.

Saucisson à cuire, 200 g.

Sel, poivre.

1 Faites bouillir de l'eau non salée dans un grand récipient. Tranchez le chou en huit. Détachez-en les grosses côtes, lavez-le. Plongez-le 10 min dans cette eau en ébullition. Égouttez avec soin.

2 Coupez le lard en morceaux. Faites-le fondre doucement dans une cocotte avec le beurre. Mettez-y les perdrix à dorer sur toutes les faces.

3 Ajoutez ensuite : chou, carottes et oignon coupés en rondelles, saucisson, sel, poivre. Couvrez et laissez cuire sur feu très doux environ 2 h. Coupez le saucisson en tranches avant de servir.

Mon avis

• La perdrix est un perdreau qui a pris de l'âge. Comme sa chair est plutôt ferme, il faut la laisser mijoter assez longtemps.

• Pour une belle présentation classique : beurrez un saladier à fond plat. Mettez au frais pour que le beurre s'affermisse et que vous puissiez y coller facilement des rondelles de carottes et des tranches de saucisson. Tassez le chou dessus. Mettez dans le four chaud quelques minutes et démoulez sur un plat rond et chaud. Posez les perdrix sur ce socle.

• Faites cuire, à part, quelques pommes de terre à l'eau. Ajoutez-les dans la cocotte 15 min avant que le plat ne soit tout à fait à point. Cela suffira pour donner du parfum aux pommes de terre.

Préparation et cuisson : 2 h

petit salé aux lentilles

Pour 4 personnes :

Porc demi-salé (échine ou palette), 800 g.
Lentilles, 250 g.
Carotte, 1.
Oignon, 1.
Ail, 1 gousse.
Clou de girofle, 1.
Bouquet garni (persil, thym, laurier).
Sel, poivre.

1 2 ou 3 h avant de la faire cuire, dessalez la viande dans beaucoup d'eau froide. Renouvelez cette eau plusieurs fois pour activer le dessalage.

2 Faites bouillir de l'eau. Plongez-y la viande 5 min. Égouttez.

3 Remettez à bouillir de l'eau non salée. Jetez-y les lentilles et laissez-les bouillir 20 min environ ; égouttez-les : il est normal qu'elles ne soient pas encore tout à fait cuites.

4 Mettez enfin porc et lentilles dans une même casserole avec la carotte fendue en deux, l'oignon piqué du clou de girofle, la gousse d'ail et le bouquet garni. Couvrez tout juste d'eau froide. Laissez cuire, couvert, à petits bouillons 1 h 30 environ. Salez modérément et poivrez, à mi-cuisson seulement.

Mon avis

• Le trempage n'est pas nécessaire si la viande est peu salée (demi-sel) : il suffit de la passer sous l'eau froide pour en éliminer l'excès de sel. Les lentilles cuites à point sont restées entières, mais s'écrasent facilement sous le doigt. Attention aux temps de cuisson indiqué sur les emballages, souvent trop courts, surtout si les lentilles ne sont pas de l'année. De plus, les personnes les digérant mal ont tout intérêt à les cuire 1 h au total. Attention : le sel ajouté au début de la cuisson, risquerait de durcir les lentilles.

• On peut enrichir ce plat en y ajoutant, 30 min avant la fin de la cuisson, un saucisson, fumé ou non, du lard fumé ou salé, ou encore des couennes de lard, plus économiques. Proposez avec de la moutarde aromatisée, il en existe de toutes sortes, amusantes ou raffinées, en grande surface.

Préparation et cuisson : 1 h 10

petits pois à la française

Pour 4 personnes :

Petits pois frais, 2 kg.
Beurre, 50 g.
Oignons blancs, 6 petits.
Laitue, 1 cœur.
Sucre, 1 morceau.
Persil.
Cerfeuil.
Sel, poivre.

1 Écossez les petits pois. Mettez-les dans une casserole avec 30 g de beurre, les oignons, le cœur de laitue, le persil, le cerfeuil, 1 cuillerée à soupe d'eau, le sucre, du sel et du poivre. Couvrez avec une assiette creuse remplie d'eau froide. Faites cuire très doucement 20 min environ, ou même un peu plus mais surveillez bien.

2 Renouvelez l'eau contenue dans l'assiette plusieurs fois en cours de cuisson. Au moment de servir, retirez persil et cerfeuil, puis incorporez délicatement 20 g de beurre.

Mon avis

• Cette recette convient surtout aux petits pois nouveaux et bien tendres. S'ils menacent d'attacher au fond, ajoutez 2 ou 3 cuillerées à soupe d'eau bouillante dans la casserole. Au fur et à mesure de la cuisson, le jus des pois s'évapore, se condense contre le fond de l'assiette recouvrant la casserole et retombe sur les pois qui cuisent ainsi dans leur propre jus. C'est pour cette raison que je vous recommande de renouveler plusieurs fois l'eau de l'assiette : elle reste relativement froide et facilite la condensation du jus.
• On peut remplacer le cerfeuil par de la menthe, ou même mélanger ces herbes.

Préparation et cuisson : 1 h 15

petits pois à la paysanne

Pour 4 personnes :

Petits pois, 1,5 kg.
Laitue, 1 petite.
Carottes, 3.
Oignons, 10 petits.
Beurre, 30 g.
Farine, 20 g (1 cuillerée à soupe rase).
Thym, 1 brin.
Estragon ou sarriette.
Sel, poivre.

1 Écossez les petits pois. Épluchez les oignons et la laitue. Grattez les carottes et coupez-les en rondelles. Lavez et égouttez tous les légumes.

2 Dans une cocotte, faites fondre le beurre. Ajoutez la farine. Mélangez. Versez-y les légumes, le thym, l'estragon ou la sarriette, et recouvrez tout juste d'eau froide. Salez, poivrez. Remuez jusqu'à ébullition. Couvrez assez hermétiquement. Laissez mijoter doucement de 45 à 50 min. Rajoutez un peu d'eau en cours de cuisson si l'évaporation est trop rapide.

Mon avis

Ajoutez quelques lardons fumés (environ 200 g) à vos pois pour relever leur saveur. C'est parfois utile pour les pois de fin de saison assez gros et farineux.

Préparation et cuisson : 40 min

petits-fours à la confiture

Pour 4 personnes :

Farine, 125 g (4 cuillerées à soupe très pleines).
Beurre, 60 g.
Sucre, 70 g (4 cuillerées à soupe environ).
Œuf, 1.
Confiture, 1 tasse.
Sel, 1 pincée.

1 Dans un saladier, mélangez ensemble, à l'aide d'une cuiller en bois, 50 g de beurre ramolli en crème et le sucre, jusqu'à ce que le tout blanchisse. Incorporez-y, ensuite seulement, le jaune d'œuf (gardez le blanc à part), la farine et le sel. Quand la pâte devient trop consistante, pétrissez-la avec la main.

2 Préchauffez le four à 170 °C (th. 5-6). Beurrez un moule à tarte et farinez-le légèrement. Disposez dessus des boulettes de pâte de la grosseur d'une noix. Appuyez légèrement le doigt au milieu de chaque noix. Emplissez de confiture le creux ainsi formé.

3 Battez légèrement le blanc d'œuf avec une fourchette. Badigeonnez-en les boulettes. Faites-les cuire au four de 20 à 25 min. Laissez refroidir sur une grille autant que possible avant de les décoller de la plaque.

Mon avis

- On obtient de 15 à 20 petits-fours avec ces proportions.
- Utilisez la plaque de tôle de votre four pour y faire cuire les petits gâteaux ou, à défaut, le fond d'une large tourtière.
- Le blanc d'œuf aide les gâteaux à mieux dorer à la cuisson.
- Ces petits-fours se conservent très bien quelques jours dans une boîte de fer bien fermée.
- Vous pouvez saupoudrer les gâteaux de sucre glace.

Préparation et cuisson : 25 min

pieds de porc panés au four

Pour 4 personnes :
Pieds de porc panés, 4.
Huile, 1 cuillerée à soupe.
Moutarde forte.

Remarques
Lorsque vous demandez au commerçant un pied pané, il vous vend, en fait, un demi-pied pané. Voyez ; selon l'appétit, vous préciserez « pieds entiers » ou « demi-pieds ».
Inutile de saler et poivrer. Les pieds de porc sont généralement vendus assaisonnés. Le temps de cuisson paraît court, mais en réalité, les pieds de porc sont vendus déjà cuits. Il ne reste plus qu'à les faire griller ou réchauffer.

1 Préchauffez le four à 200 °C (th. 6-7). Enduisez d'huile un plat à feu. Déposez-y les pieds panés. Enfournez de 15 à 20 min.

2 Servez les pieds panés bien chauds en apportant, en même temps, de la moutarde.

Mon avis

Il m'arrive de servir ce plat – très simple – à des convives qui ont un goût marqué pour le pied de porc. Pour rehausser son prestige, j'apporte en même temps, sur la table, des cornichons, différentes moutardes et de la sauce béarnaise toute prête, en tube (il n'y a qu'à la faire tiédir). Croyez-moi, l'effet est réussi !

Préparation et cuisson : 2 h

pieds de veau à la poulette

Pour 4 personnes :
Pieds de veau fendus en deux, 4.
Vin blanc sec, 50 cl.
Oignon, 1.
Clous de girofle, 2.
Carotte, 1.
Bouquet garni (persil, thym, laurier).
Sel, poivre.
Sauce :
Beurre, 30 g.
Farine, 30 g.
Bouillon de cuisson.
Jaune d'œuf, 1.

1 Faites bouillir de l'eau dans une grande casserole. Plongez-y les pieds de veau 5 min. Égouttez-les. Passez-les sous l'eau froide.

2 Remettez-les dans la casserole avec 1 litre d'eau, le vin blanc, l'oignon piqué des clous de girofle, la carotte fendue en deux, le bouquet garni, du sel et du poivre. Laissez bouillir 45 min, sans couvrir.

3 Retirez les pieds de veau de la casserole ; égouttez-les et désossez-les. Tamisez le bouillon de cuisson.

4 Sauce : faites fondre, sur feu doux, le beurre. Délayez avec la farine sur le feu pendant quelques secondes jusqu'à ce que le mélange soit mousseux. Ajoutez-y le bouillon de cuisson. Mélangez sur le feu jusqu'à épaississement. Joignez-y les pieds de veau désossés. Couvrez et laissez cuire très doucement 45 min supplémentaires.

5 Un peu avant de servir, délayez le jaune d'œuf dans un bol avec quelques cuillerées de sauce. Hors du feu, incorporez peu à peu au contenu de la casserole. Versez le tout dans un plat creux et servez aussitôt.

Mon avis

• Parsemez le plat de persil haché ou de cerfeuil, ce sera encore meilleur. Et même, ajoutez dans la sauce, une dizaine de minutes avant la fin de sa cuisson, quelques champignons préalablement sautés et du jus de citron.
• Comme légume d'accompagnement, des pommes de terre vapeur, c'est tout !

VIANDES ET VOLAILLES I FACILE I CHER

Préparation et cuisson : 50 min

pigeons cocotte bec à bec

Pour 4 personnes :

Pigeons plumés, vidés, flambés, 2 (de 400 à 500 g chacun).

Bardes de lard, 2.

Beurre, 80 g.

Pain de mie, 4 tranches.

Sel, poivre.

1 Entourez-les pigeons d'une barde de lard. Préchauffez le four à 200 °C (th. 6-7).

2 Dans une cocotte, faites bien chauffer 40 g de beurre. Déposez-y les pigeons et laissez-les dorer sur toutes les faces. Salez et poivrez.

3 Mettez la cocotte au four et laissez cuire 35 min environ, sans couvrir la cocotte.

4 Faites dorer, sur les deux faces, 4 tranches de pain de mie dans 40 g de beurre. Retirez les pigeons cuits de la cocotte. Débarrassez-les de la barde. Remettez-les dans le four très chaud 5 min pour qu'ils soient parfaitement dorés. Posez les pigeons sur la planche à découper pour les trancher en deux dans la longueur. Déposez-les sur les tranches de pain de mie bec à bec et servez aussitôt.

5 Servez-les sur assiettes chaudes, arrosés de sauce.

Mon avis

• Le pigeonneau, comme toutes les jeunes volailles, a le bec souple ; son croupion est clair et sa peau rosée ; sa chair est bien rouge. Quand vous lui ôtez le foie, ne cherchez pas le fiel, le pigeon n'en a pas.

• Pour servir, tranchez les pigeons en deux, dans la longueur. Vous pouvez aussi faire cuire 4 petits pigeons d'environ 300 g chacun. Le temps de cuisson sera de 15 à 20 min seulement.

• Si vous préférez cuisiner ainsi une pintade, coupez-la en quatre.

• On peut servir avec une sauce : dégraissez la surface du jus de cuisson à l'aide d'une cuillerée à soupe. Ajoutez-y du cognac et des raisins frais. Laissez quelques minutes sur le feu, à découvert.

Préparation et cuisson : 25 min

pilaf à la créole

Pour 4 personnes :

Riz, 250 g.
Beurre, 60 g ou huile, 2 cuillerées à soupe.
Oignon, 1.
Champignons de Paris, 100 g (ou 1 petite boîte).
Tomates, 2.
Poivron, 1.
Sel, poivre.

1 Hachez l'oignon. Faites chauffer 30 g de beurre ou 1 cuillerée à soupe d'huile dans une casserole. Mettez-y l'oignon haché. Lorsqu'il est juste doré, ajoutez-y le riz et mélangez pour enrober les grains de beurre. Versez sur le riz deux fois son volume d'eau (ou de bouillon de viande en tablette). Salez, poivrez. Couvrez. Laissez mijoter, sur feu très doux, jusqu'à absorption complète du liquide (20 min environ).

2 Ôtez le pied sableux des champignons et lavez-les. Pelez les tomates. Épépinez le poivron. Coupez le tout en morceaux et faites sauter à la poêle avec le reste de beurre ou d'huile. Salez, poivrez, couvrez et laissez cuire, à feu moyen, une dizaine de minutes.

3 Présentez le pilaf de riz recouvert de cette fondue de légumes.

Mon avis

• Il est préférable de goûter le riz pour s'assurer qu'il est cuit à point : les grains doivent être gonflés, tendres et bien séparés les uns des autres. Mais le temps et le mode de cuisson peuvent varier selon l'origine du riz (vérifiez sur le paquet).
• Vous pouvez utiliser toutes sortes de champignons autres que les champignons de Paris : pieds-de-mouton, cèpes, pleurotes...
• Très bon tout seul, ou en garniture de poulet, escalopes, côtes de veau, de porc, œufs...

Préparation et cuisson : 1 h

pilaf de coques

Pour 4 personnes :

Coques, 2 litres.
Riz, 250 g.
Oignon, 1.
Beurre, 50 g.
Champignons, 1 petite boîte.
Bouquet garni (persil, thym, laurier).
Sel, poivre.

Sauce :

Farine, 20 g (1 cuillerée à soupe rase).
Beurre, 20 g.
Jus de cuisson des coques + eau, 25 cl.
Jaune d'œuf, 1.
Poivre.

1 Lavez les coques en les laissant séjourner 30 min dans de l'eau froide fortement salée.

2 Hachez l'oignon. Faites-le blondir dans une casserole contenant 40 g de beurre. Jetez-y le riz. Mélangez, puis ajoutez l'eau (2 fois le volume du riz), le bouquet garni, du sel et du poivre. Couvrez. Laissez cuire doucement jusqu'à absorption complète du liquide (de 17 à 20 min).

3 Faites ouvrir les coques sur feu vif. Retirez-les de leurs coquilles. Tamisez le jus de cuisson à travers une passoire fine, garnie de papier absorbant ou d'un linge pour le débarrasser de tout le sable. Gardez le jus à part pour la sauce.

4 Mélangez coques, riz et champignons coupés en dés. Tassez le tout dans un moule beurré. Tenez au chaud.

5 Sauce : faites fondre 20 g de beurre dans une petite casserole ; sur le feu, mélangez avec la farine et le liquide froid (jus de coques + eau). Poivrez. Portez à douce ébullition 10 min. Hors du feu, incorporez le jaune d'œuf. Démoulez le pilaf sur un plat. Recouvrez-le de sauce et servez.

Mon avis

• Praires et pétoncles peuvent être préparés suivant cette recette, mais les coques sont plus économiques.
• Pour mesurer exactement la quantité d'eau convenant à la cuisson du riz, versez d'abord le riz sec dans un récipient (bol, verre). Notez le niveau du riz. Puis, vous versez par deux fois dans le même récipient, vidé, autant d'eau. Le temps de cuisson peut varier un peu selon l'origine du riz (vérifiez sur le paquet).

CRUDITÉS ET LÉGUMES I FACILE I RAISONNABLE

Préparation et cuisson : 1 h 20

piperade

Pour 4 personnes :

Tomates, 750 g.

Poivrons doux, 2.

Huile d'olive, 1/2 verre.

Ail, 1 gousse.

Œufs, 4 ou 6.

Sel, poivre.

1 Pelez et coupez les tomates en quatre. Videz les poivrons et coupez-les en lanières. Dans une grande poêle contenant de l'huile chaude, jetez tomates, poivrons et gousse d'ail entière. Salez et poivrez. Couvrez et laissez cuire à feu doux 1 h environ.

2 À mi-cuisson, ôtez le couvercle à demi pour laisser évaporer l'excès de jus. Retirez l'ail.

3 En fin de cuisson, versez, sur la « fondue » de légumes, les œufs battus en omelette. Mélangez sans cesse, à feu vif, pendant 2 ou 3 min et servez.

Mon avis

• Plongez les tomates 1 min dans l'eau bouillante pour pouvoir les peler plus facilement.

• Il est normal que la piperade présente un aspect plus ou moins grumeleux.

• J'ajoute 1 pincée de piment d'Espelette lorsque mes invités aiment, comme moi, la cuisine épicée.

• Original : cette préparation peut aussi servir à des petits amuse-gueules si on la répartit dans des mini-tartelettes ou des corolles de feuilles de brick (graissées au pinceau, découpés à la taille de petits moules à tartelette, moulés et dorés rapidement au four).

SPÉCIALITÉS I FACILE I RAISONNABLE

Préparation et cuisson : 1 h

pissaladière niçoise

Pour 4 personnes :

Oignons, 350 g.
Filets d'anchois à l'huile, 10.
Beurre, 25 g.
Olives noires, 100 g.
Tomates, 2.
Sel, poivre.

Pâte brisée :

Farine, 150 g.
Beurre, 75 g.
Sel, 1/2 cuillerée à café.

1 Épluchez et coupez finement les oignons. Faites-les blondir sur feu doux avec 25 g de beurre. Ajoutez-y ensuite 1 cuillerée à soupe d'eau, du sel et du poivre. Couvrez et laissez mijoter 15 min.

2 Préchauffez le four à 200 °C (th. 6-7).

3 Pâte brisée : mélangez farine, sel et beurre en morceaux en pressant et frottant les paumes des mains l'une contre l'autre. Ajoutez 1/2 verre d'eau à cette pâte granuleuse. Pétrissez vivement. Mettez en boule. Écrasez-la avec la paume de la main. Remettez en boule. Cela, trois fois. Laissez reposer au frais si possible. Aplatissez la pâte avec le rouleau à pâtisserie jusqu'à ce qu'elle ait 3 mm d'épaisseur. Garnissez-en un moule à tarte (d'environ 20 cm de diamètre). Piquez-en le fond.

4 Versez les oignons cuits sur la pâte crue. Dessus, disposez les filets d'anchois, les rondelles de tomates et les olives. Enfournez de 35 à 40 min.

Mon avis

• Si, comme moi, vous aimez une pissaladière dont le goût n'est pas trop agressif, préparez-la de préférence avec de gros oignons doux d'Espagne ou avec des oignons blancs nouveaux.
• Si vous utilisez des oignons qui ont passé l'hiver, avant de les mettre à mijoter, faites-les faire bouillir quelques minutes pour en ôter l'âcreté. La cuillerée d'eau ajoutée aux oignons, quand ils ont pris couleur, les empêche de brûler.
• Si les anchois sont au sel, passez-les sous l'eau froide pour les dessaler avant de les utiliser. S'ils sont à l'huile : mettez-les tels quels sur les oignons.
• Et si vous êtes pressé, utilisez de la pâte brisée vendue toute préparée, il y en a d'excellentes.

CRUDITÉS ET LÉGUMES I TRÈS FACILE I RAISONNABLE

Préparation : 25 min

pissenlits au lard

Pour 4 personnes :

Pissenlits, 250 g.
Échalote ou gousse d'ail, 1.
Lard maigre fumé ou non, 150 g.
Huile, 1 cuillerée à café.
Vinaigre, 2 cuillerées à soupe.
Sel, poivre.

1 Lavez les pissenlits. Égouttez-les avec soin.

2 Hachez finement l'échalote ou l'ail. Mettez-le dans un saladier avec les pissenlits. Poivrez. Salez modérément en raison du lard.

3 Coupez le lard en dés. Faites-le rissoler doucement dans une poêle avec 1 cuillerée à café d'huile. Versez le lard et son jus sur la salade, dans le saladier. Remettez la poêle sur le feu avec 2 cuillerées à soupe de vinaigre. Versez-le bouillant sur la salade. Mélangez et servez.

Mon avis

• Cette salade doit être dégustée tiède. Si vous y ajoutez quelques pommes de terre cuites à l'eau et des œufs durs, elle pourra devenir le plat de résistance du dîner.

• Des croûtons bien frottés d'ail remplacent avantageusement l'ail et l'échalote hachés dans la salade.

SPÉCIALITÉS I TRÈS FACILE I RAISONNABLE

Préparation et cuisson : 40 min. **Repos :** 20 min

pizza napolitaine

Pour 4 personnes :

Pâte à pain (achetée toute préparée chez le boulanger), 300 g.

Tomates, 500 g.

Beurre, 40 g.

Anchois à l'huile, 1 petite boîte (45 g).

Olives noires, 50 g.

Gruyère, parmesan, ou mozzarella, 100 g.

Sel, poivre.

1 Étendez la pâte à pain au rouleau à 3 mm environ d'épaisseur. Beurrez un moule à tarte. Garnissez-le de pâte. Laissez lever cette pâte dans un endroit tiède à l'abri des courants d'air pendant 20 min.

2 Plongez les tomates 1 min dans l'eau bouillante pour les peler plus facilement. Coupez-les en morceaux. Faites-les mijoter 10 min avec du sel et du poivre. Écrasez-les grossièrement avec une cuiller en bois. Incorporez-y le beurre en petits morceaux. Laissez tiédir.

3 Préchauffez le four à 250 °C (th. 8-9). Égouttez et essuyez les anchois à l'huile. Étalez les tomates sur la pâte. Disposez dessus les anchois en étoile et, entre eux, intercalez les olives dénoyautées ou non et le fromage coupé en dés. Cuisez à four très chaud de 15 à 20 min. Servez la pizza brûlante.

Mon avis

• Les Italiens parsèment le dessus de la pizza avec un fromage spécial, la « mozzarella », ce qui n'empêche pas de mettre aussi un peu de parmesan. Ils aromatisent la pizza en la saupoudrant de marjolaine (origan) séchée et écrasée, et mettent directement sur la pâte des tomates pelées, coupées en rondelles. Ce sont généralement des tomates en conserve qui ne demandent aucune cuisson. Il faut faire cuire un peu les tomates fraîches avant de les disposer sur la pâte, sinon elles rendent trop d'eau en cuisant.

• Si vous utilisez des anchois salés, passez-les sous l'eau froide pendant 1 à 2 min. Égouttez-les et essuyez-les soigneusement. Détachez ensuite les filets de l'arête, en tirant avec les doigts depuis la tête jusqu'à la queue.

Préparation : 15 min

plus-que-parfait au caramel

Pour 4 personnes :

Œufs, 2.
Crème liquide très froide, 15 cl.
Sucre en poudre, 3 cuillerées à soupe.
Caramel liquide, 1 cuillerée à soupe.

1 Crème fouettée : dans un bol, fouettez la crème très froide à vitesse moyenne jusqu'à obtenir une consistance mousseuse et ferme comme de la meringue. Transvasez-la dans un autre récipient.

2 À la place, mettez les jaunes d'œufs, 2 cuillerées de sucre et le caramel, travaillez au batteur électrique assez longuement pour obtenir un mélange blanchâtre retombant comme un ruban ; versez-le sur la crème fouettée sans mélanger et remettez au réfrigérateur.

3 Nettoyez bien les fouets du batteur et son bol avant de battre les blancs en neige très ferme. A mi-opération, ajoutez-y le reste de sucre. Incorporez-les délicatement au mélange précédent tout en imprimant à la spatule un mouvement tour à tour enveloppant et coupant comme pour une mousse au chocolat. Versez sans attendre dans 4 ramequins, faites glacer dans le congélateur pendant 2 h. Servez sans démouler.

Mon avis

Si vous les préparez à l'avance, couvrez-les d'aluminium pour éviter que leur parfum ne s'altère dans le congélateur. Sortez-les au début du repas et mettez-les au réfrigérateur.

CRUDITÉS ET LÉGUMES I TRÈS FACILE I BON MARCHÉ

Préparation et cuisson : 40 min

poireaux à l'huile

Pour 4 personnes :

Poireaux, 1 kg.

Gros sel.

Vinaigrette :

Vinaigre, 2 cuillerées à soupe.

Huile, 6 cuillerées à soupe.

Sel, poivre.

1 Faites bouillir une grande marmite d'eau salée.

2 Retirez les plus grosses feuilles trop vertes des poireaux. Fendez-les jusqu'à quelques centimètres du pied. Lavez-les soigneusement. Ficelez-les par petites bottes avec du gros fil.

3 Plongez-les dans l'eau en ébullition. Laissez bouillir de 25 à 30 min. Égouttez-les bien en les pressant un peu au besoin. Déficelez-les dans un plat. Servez tièdes ou froids, arrosés de vinaigrette.

Mon avis

- J'ajoute souvent à ma vinaigrette, pour la lier, 1 cuillerée de moutarde forte ou aromatisée, ou même de mayonnaise.
- Pour laver les poireaux plus facilement, fendez leurs tiges en quatre dans leur longueur, de 10 cm environ à partir du pied jusqu'en haut.

Préparation et cuisson : 1 h. **Au frais** : 2 ou 3 h

poires à la Condé

Pour 4 personnes :

Poires, 4 grosses ou 8 petites.
Citron, 1/2.
Riz rond, 200 g.
Lait, 75 cl environ.
Sucre vanillé, 1 sachet.
Sucre en poudre, 150 g (9 cuillerées à soupe).
Œufs, 2.
Sel, 1 bonne pincée.

Sirop :

Sucre, 150 g (9 cuillerées à soupe).

1 Riz au lait : lavez bien le riz rond, puis mettez-le à bouillir 5 min dans beaucoup d'eau. Égouttez. Mettez le lait à chauffer dans une grande casserole. Ajoutez-y le riz, le sucre vanillé et le sel. Couvrez à demi et laissez cuire sur feu très doux, jusqu'à absorption complète du lait (de 30 à 35 min). N'ajoutez le sucre en poudre qu'en fin de cuisson seulement.

2 Sirop : portez à ébullition 50 cl d'eau avec le sucre jusqu'à obtenir de gros bouillons ; stoppez aussitôt la cuisson.

3 Pendant ce temps, pelez et coupez les poires en deux. Ôtez-en les pépins. Frottez-les avec le demi-citron. Dès que le sirop est à point, pas trop épais, plongez-y les fruits et laissez-les cuire doucement jusqu'à ce qu'ils commencent à devenir translucides (de 15 à 25 min). Laissez-les refroidir complètement dans le sirop.

4 Incorporez au riz, hors du feu, les œufs battus en omelette. Tassez ce riz au lait dans un moule à soufflé. Laissez refroidir complètement, dans le réfrigérateur si possible.

5 Démoulez le riz sur un plat. Déposez dessus les poires égouttées. Arrosez avec le sirop.

Mon avis

• Il est préférable de choisir des poires fermes. Les poires seront plus ou moins vite « à point », suivant leur variété et leur degré de maturité. Mais les poires au sirop en boîte sont très pratiques pour gagner beaucoup de temps et pour préparer ce bon dessert en dehors de la saison. Vous pouvez délayer, sur feu doux, un peu de confiture d'abricots avec le sirop, avant d'en arroser votre entremets.

• Le riz rond est meilleur, plus moelleux, pour préparer des entremets au lait. Raffinement : remplacez le lait de vache par du lait d'amande (il en existe en grande surface au rayon des produits diététiques) mais réduisez un peu les quantités de sucre si le lait est déjà sucré.

Préparation et cuisson : 40 min ou 10 min. **Au frais :** 2 à 3 h

poires Belle-Hélène

Pour 4 personnes :

Poires, 4 grosses ou 8 petites.
Citron, 1/2.

Sirop :

Sucre, 125 g (7 à 8 cuillerées à soupe).
Sucre vanillé, 1 sachet.

Sauce au chocolat :

Chocolat noir, 125 g.
Beurre, 1 grosse noix.

1 Pelez les poires, coupez-les en deux. Épépinez-les et frottez-les avec le demi-citron.

2 Faites chauffer 50 cl d'eau avec le sucre et le sucre vanillé. Dès qu'elle bout à gros bouillons, plongez-y les fruits et laissez cuire doucement jusqu'à ce qu'ils deviennent transparents (de 15 à 25 min). Laissez-les refroidir dans le sirop. Égouttez-les. Disposez-les dans le plat de service. Mettez au frais 2 à 3 h.

3 Un peu avant le repas, remettez à bouillir le sirop 5 min, pour le faire épaissir.

4 Sauce au chocolat : faites fondre, sur feu doux, 1 noix de beurre avec le chocolat en petits morceaux. Mélangez et, quand il est fondu, ajoutez-y 2 ou 3 cuillerées à soupe de sirop. Versez sur les poires juste avant d'apporter à table.

Mon avis

- Si vous êtes pressé et en toute saison, préparez donc cette recette avec des poires au sirop en boîte. Il ne vous restera que la sauce au chocolat à faire en 5 min. Le tout vous prendra 10 min mais vous pourrez profiter d'un jour de vacances pour essayer de cuire des poires au sirop vous-même.
- Il est préférable de choisir des poires fermes. Surveillez-en bien la cuisson. Les poires seront plus ou moins vite « à point », suivant leur variété et leur degré de maturité.
- Variante : au dernier moment, déposez les poires froides sur de la glace à la vanille et recouvrez le tout de sauce au chocolat chaude.

Préparation et cuisson : 10 min

poisson meunière

Pour 4 personnes :

Filets de poisson (dorade, merlan, sole…), 600 g environ.
Farine, 2 cuillerées à soupe.
Beurre, 40 g.
Citron, 1.
Persil.
Sel, poivre.

1 Salez, poivrez et farinez légèrement les filets de poisson.

2 Dans une poêle, faites chauffer modérément le beurre. Déposez-y les filets de poisson. Laissez-les cuire, sur feu moyen, de 3 à 4 min de chaque côté.

3 Déposez les filets dans un plat chaud. Versez le beurre de cuisson dessus. Aspergez de jus de citron. Parsemez de persil haché.

Mon avis

• Vous pouvez préparer ainsi des filets de : sole, limande, carrelet (= plie), dorade, saint-pierre, merlan, colin (= merlu), truite… ainsi que de lieu noir (= merluche, églefin, colin noir) ou de lieu jaune (= merluche blanche), en tenant compte du fait que sa chair est plus fragile.
• On peut cuisiner ainsi des poissons entiers pour une personne, si ce sont des poissons plats et peu épais (sole, limande, dorade, saint-pierre, merlan, colin, truite). S'il s'agit de gros poissons (comme certains carrelets), faites-les couper en tronçons.
• Pensez à toujours fariner légèrement le poisson pour l'assécher complètement. La farine, au contact de la matière grasse chaude, formera la croûte dorée qui donne son bel aspect au poisson. Secouez le poisson fariné pour faire tomber l'excès de farine.
• Le temps de cuisson dépend bien sûr de l'épaisseur du poisson.
• Si vous n'avez pas de citron, versez quelques gouttes de vinaigre dans la poêle où a cuit le poisson. Faites chauffer un instant et versez sur le poisson avant de servir.

Préparation et cuisson : 25 min

poisson pané à l'anglaise

Pour 4 personnes :

Tranches de poisson, 4 (800 g) ou filets de poisson, 4 à 8 (600 g).
Œufs, 2.
Beurre, 50 g.
Huile, 1 cuillerée à soupe.
Farine, 2 cuillerées à soupe.
Chapelure, 2 tasses.
Citron (facultatif), 1.
Persil (facultatif).
Sel, poivre.

1 Salez et poivrez les tranches ou les filets de poisson. S'il s'agit de filets, aplatissez-les avec le plat d'un couteau pour qu'ils ne se rétractent pas à la cuisson. Passez-les successivement dans la farine, dans les œufs battus salés et poivrés, puis dans la chapelure. Tapotez avec le plat d'un couteau pour la faire adhérer.

2 Faites chauffer le beurre et l'huile dans une grande poêle. Déposez-y le poisson et laissez cuire, sur feu moyen, de 4 à 5 min sur chaque face selon l'épaisseur.

3 Servez aussitôt avec des quartiers de citron et du persil haché.

Mon avis

• Ce grand classique peut se réaliser avec de nombreux poissons, en filet ou entiers : colin (merlu), sole, merlan... Le poids d'un filet peut varier d'une espèce à l'autre.

• Dès le départ, mettez, dans une grande poêle, un peu d'huile et du beurre en bonne quantité ; le poisson doit y baigner à l'aise pour cuire sans coller. Ne le piquez pas avec une fourchette pendant la cuisson.

• Secouez la poêle vigoureusement ; cela suffira pour éviter que le poisson n'attache au fond. On peut l'arroser en fin de cuisson de beurre fondu mais c'est un peu riche.

• Préparez votre propre chapelure en émiettant ou en broyant au mixeur du pain rassis.

• Pour « habiller » un peu ce plat très simple, servez-le avec une sauce béarnaise du commerce, qu'il suffit de faire tiédir pendant la cuisson du poisson. Encore plus raffiné : présentez, sur le même plat, le poisson entouré de fonds d'artichauts recouverts de sauce.

Préparation et cuisson : 15 min

poisson pané au curry

Pour 4 personnes :
Filets de poisson, 4 (600 g environ).
Œufs, 2.
Curry, 2 cuillerées à café.
Farine, 2 cuillerées à soupe.
Chapelure, 2 tasses.
Beurre, 50 g.
Huile, 1 cuillerée à soupe.
Sel, poivre.

1 Battez les œufs en omelette, dans une assiette, avec du sel et du poivre.

2 Aplatissez les filets avec le plat d'un couteau. Salez-les, poivrez-les et saupoudrez-les de curry. Passez-les successivement dans la farine, les œufs battus et la chapelure. Tapotez pour faire adhérer cette dernière.

3 Faites chauffer le beurre et l'huile dans une poêle. Déposez-y les filets. Faites-les cuire, sur feu moyen, de 4 à 5 min de chaque côté.

Mon avis

• La poudre de curry est composée d'un mélange d'épices différentes, qui peut varier selon les marques. Cependant, on y trouve, presque toujours, du gingembre, de la coriandre, du safran, du piment, du cumin et des clous de girofle.
• Si les filets vous paraissent un peu secs, aspergez-les de jus de citron, dans votre assiette.

Préparation et cuisson : 30 min

poisson au court-bouillon

Pour 4 personnes :

Poisson (colinot, congre...), 1,2 kg environ.

Court-bouillon :

Vinaigre, 1 cuillerée à soupe.

Oignons, 2.

Clous de girofle, 2.

Échalote, 1.

Bouquet garni (persil, thym, laurier).

Gros sel.

Poivre.

1 Faites bouillir 15 min au moins : 2 litres d'eau environ avec du vinaigre, les oignons piqués de clous de girofle, l'échalote, le bouquet garni, du gros sel et du poivre.

2 Laissez refroidir presque complètement. Videz le poisson. Lavez-le rapidement. Plongez-le dans le court-bouillon. Mettez sur feu moyen. Juste avant l'ébullition, réglez sur feu doux et laissez frissonner 10 à 15 min selon la taille.

3 Si le poisson doit être mangé froid, laissez-le refroidir complètement dans son court-bouillon.

Mon avis

• Vous pouvez préparer ainsi du colinot, de la queue de congre (la tête servant aux soupes et bouillabaisse), du cabillaud, de la daurade, de la raie, de la morue... S'il s'agit d'un poisson avec beaucoup d'arêtes (comme le congre), servez-le froid, en coquilles, ce qui permet d'en ôter facilement les arêtes. On peut cuire ainsi un poisson entier, ou des darnes (5 min de cuisson à frémissement suffisent en ce cas).

• Le court-bouillon doit bouillir seul 15 min au moins pour avoir du goût.

• Ne laissez jamais bouillir le poisson. Sa chair se déferait ou durcirait.

• Un poisson cuit entier se brise facilement. Pour éviter cela, enveloppez-le dans un linge fin avant de le plonger dans le court-bouillon. Il suffira, pour l'en sortir sans mal, de saisir le linge par ses extrémités et de soulever doucement. Servez chaud, avec une sauce câpres, curry, tomate... Vous l'aimerez froid avec une simple vinaigrette, une sauce mayonnaise ou tartare.

Préparation et cuisson : 1 h 30

poivrons farcis au riz

Pour 4 personnes :

Poivrons, 4.
Riz, 100 g.
Huile d'olive, 2 cuillerées à soupe.
Tomates, 2.
Oignons, 2.
Ail, 2 gousses.
Thym, 1 brin.
Laurier, 1/2 feuille.
Sel, poivre.

Remarques

Le verre gradué qui permet de mesurer le riz et l'eau sans erreur est indispensable.
Vous pouvez peler les poivrons avant de les farcir : passez-les sous le grilloir ou plongez-les, l'un après l'autre, dans de l'eau bouillante et enlevez la peau aussitôt.

1 Hachez un seul oignon. Faites chauffer 1 cuillerée à soupe d'huile dans une casserole (de préférence à fond épais). Mettez-y l'oignon haché. Lorsqu'il est juste doré, ajoutez le riz, en mélangeant pour enrober les grains. Versez sur le riz deux fois son volume d'eau. Salez, poivrez. Mettez le thym et le laurier. Couvrez. Laissez mijoter sur feu très doux jusqu'à absorption complète du liquide (de 17 à 20 min). Retirez le thym et le laurier.

2 Pratiquez un petit couvercle sur les poivrons (côté queue). Retirez-en les pépins avec une cuiller à café. Bourrez-les de riz aux trois quarts. Remettez les couvercles.

3 Pelez les tomates. Coupez-les et pressez-les légèrement pour en extraire le jus et les pépins. Coupez l'oignon restant en lamelles, faites-le blondir dans une cocotte avec le reste d'huile. Ajoutez-y les tomates, l'ail, du sel et du poivre. Serrez dans la cocotte les poivrons farcis. Couvrez, laissez cuire doucement 30 min sur feu moyen en arrosant de temps à autre.

Mon avis

Vous pouvez aussi farcir les poivrons avec moitié riz, moitié reste de viande hachée.

Préparation et cuisson : 35 min

pommes bonne femme

Pour 4 personnes :

Grosses pommes, 4.

Beurre, 40 g.

Sucre en poudre, 2 ou 3 cuillerées à soupe.

1 Lavez et essuyez soigneusement les pommes. Ôtez-en les pépins en les creusant, sans les briser, avec un vide-pomme ou un couteau pointu. Préchauffez le four à 200 °C (th. 6-7).

2 Disposez les pommes non épluchées dans un plat à four. Enfoncez 1 grosse noix de beurre dans chacune d'elles. Saupoudrez de sucre. Enfournez pour 20 à 30 min. Servez les pommes tièdes ou même froides.

Mon avis

• Les pommes éclatent souvent à la cuisson : pour éviter cet inconvénient, entaillez la peau en décrivant une spirale tout autour des fruits, à l'aide d'un couteau pointu.

• Cette recette « bonne femme » ou « grand-mère » se prête à de nombreuses variantes, façon terroir ou plus sophistiquées : on peut ajouter une petite cuillerée de gelée de groseilles ou de miel dans chaque trou, avant d'y mettre le beurre, ou les garnir d'un hachis de fruits secs (« mendiants ») et de la chair de pomme un peu évidée, le tout lié d'une bonne cuillerée de crème fraîche.

Préparation et cuisson : 15 min

pommes caramélisées à la poêle

Pour 4 personnes :

Pommes, 3.
Beurre, 30 g.
Sucre en poudre, 60 g
(3 cuillerées à soupe).
Rhum, 1 verre à liqueur.

1 Épluchez et coupez les pommes en quartiers assez minces.

2 Faites fondre le beurre dans une poêle. Mettez-y les pommes à cuire une dizaine de minutes, sur feu moyen. Remuez la poêle de temps en temps.

3 À la fin de la cuisson, saupoudrez-les de sucre, arrosez-les de rhum, flambez aussitôt sur le feu et servez.

Mon avis

- Évitez de mélanger les pommes avec une cuiller, vous les réduiriez facilement en purée.
- Voici un vrai dessert à succès, pour débutantes, vite fait et sans problème.
- Il apparaît souvent sur ma table, à la saison des pommes, avec une petite variante parfois : des raisins secs macérés dans le rhum, ajoutés en fin de cuisson.

Préparation et cuisson : 1 h 20

pommes dauphine

Pour 6 personnes :

Pommes de terre (bintjes), 500 g.

Huile pour friture.

Sel, poivre.

Pâte à choux :

Beurre, 75 g.

Farine, 1,5 verre.

Œufs, 3.

Sel, 1/2 cuillerée à café.

Remarques

Pour une bonne cuisson, l'huile ne doit pas être brûlante, sinon les pommes dauphine, trop vite saisies, bruniraient en surface avant d'avoir eu le temps de gonfler. Cuisez-les par petites quantités, à l'aise dans le bain de friture.

1 Faites cuire les pommes de terre, avec leur peau, 30 min dans de l'eau salée.

2 Pâte à choux : dans une casserole, faites chauffer 1,5 verre d'eau, le sel et 75 g de beurre en morceaux. Dès que celui-ci est fondu, retirez la casserole du feu. Jetez-y la farine d'un seul coup. Mélangez. Reportez sur le feu. Remuez énergiquement avec une cuiller en bois jusqu'à ce que la pâte n'adhère plus à la cuiller, ni à la casserole. Hors du feu, ajoutez 3 œufs, un à un, en battant vigoureusement.

3 Épluchez les pommes de terre et écrasez-les en purée très sèche, sans y ajouter aucun liquide. Salez, poivrez. Mélangez à la pâte à choux. Laissez refroidir.

4 Façonnez-en des boulettes grosses comme de petites noix. Plongez-les dans la friture chaude, non brûlante. Lorsque les boulettes remontent à la surface, bien dorées, égouttez-les bien. Salez légèrement, poivrez et servez aussitôt.

Mon avis

• Choisissez des pommes de terre à chair farineuse. Les hollandaises, ou bintjes, sont très bonnes. Il faut bien respecter les proportions de cette recette sinon vous risquez d'être déçu.

• N'ajoutez pas du tout de liquide dans la purée, même si elle vous paraît sèche. C'est ce qu'il faut !

• Pour façonner les pommes dauphine, prenez la pâte avec une cuiller à café. Puis détachez-la de la cuiller avec le doigt, préalablement trempé dans l'eau froide – ayez-en un verre à côté de vous – et poussez la pâte dans la friture. Pour ne pas vous brûler, approchez le plus près possible de la friture avant d'y laisser tomber la pâte.

Préparation et cuisson : 1 h 10

pommes de terre à la boulangère

Pour 4 personnes :

Pommes de terre, 1 kg.
Oignons, 4 ou 5.
Beurre, 75 g.
Bouquet garni (persil, thym, laurier).
Sel, poivre.

1 Coupez les oignons en rondelles minces. Faites-les dorer rapidement dans la poêle avec 30 g de beurre. Salez et poivrez.

2 Préchauffez le four à 200 °C (th. 6-7).

3 Épluchez des pommes de terre crues. Coupez-les en rondelles assez fines. Beurrez un plat à feu. Disposez-y par couches la moitié des pommes de terre, des noisettes de beurre, le bouquet garni, les oignons revenus, puis le reste des pommes de terre. Parsemez de noisettes de beurre. Salez et poivrez. Cuisez à four chaud 45 min environ. Servez après avoir ôté le bouquet garni.

Mon avis

• Si les oignons ont tendance à attacher sur un feu trop vif, ajoutez-y 1 cuillerée d'eau.

• Si le bouillon a tendance à s'évaporer trop rapidement, modérez la chaleur du four et couvrez le plat avec du papier métallisé.

Préparation et cuisson : 45 min

pommes de terre à l'alsacienne

Pour 4 personnes :

Pommes de terre, 1 kg.
Beurre, 50 g.
Huile, 1 cuillerée à soupe.
Lard de poitrine, 125 g.
Petits oignons, 150 g.
Fines herbes (persil ou ciboulette ou cerfeuil).
Sel, poivre.

Remarques

Ne couvrez la poêle que lorsque les pommes de terre commencent à colorer. Secouez souvent et ne couvrez pas complètement pendant toute la cuisson.

1 Faites bouillir de l'eau dans une grande casserole.

2 Épluchez les pommes de terre. Coupez-les en morceaux si elles sont grosses. Plongez-les dans l'eau en train de bouillir. Égouttez-les dès que l'eau est revenue à ébullition et épongez-les. Épluchez les oignons.

3 Dans une très grande poêle, faites chauffer le beurre et l'huile. Mettez-y les pommes de terre et les oignons. Laissez cuire, sans couvrir, 15 min à feu vif.

4 Coupez le lard en morceaux. Ajoutez-les aux pommes de terre et aux oignons. Mélangez en secouant la poêle. Couvrez et laissez cuire de 15 min à 25 min supplémentaires. Salez, poivrez et parsemez, avant de servir, de fines herbes fraîchement coupées.

Préparation et cuisson : 1 h 10

pommes de terre à l'espagnole

Pour 4 personnes :

Pommes de terre fermes (charlotte), 1 kg.
Tomates, 500 g.
Oignons, 3 ou 4.
Poivrons doux, 2.
Beurre, 50 g.
Huile d'olive, 2 cuillerées à soupe.
Ail, 1 gousse.
Bouquet garni (persil, thym, laurier).
Sel, poivre.

1 Épluchez pommes de terre et oignons. Épépinez les poivrons. Coupez tous ces légumes ainsi que les tomates, en morceaux.

2 Dans une cocotte, faites chauffer le beurre ou l'huile. Mettez-y les légumes, le bouquet garni, l'ail, le sel, le poivre et 1 verre d'eau. Couvrez. Laissez mijoter 45 min environ.

Mon avis

• Les gros poivrons doux ne sont pas piquants. Il faut donc poivrer le plat normalement.
• Il n'est pas indispensable de peler les tomates mais c'est mieux de le faire : plongez-les 1 min dans l'eau bouillante pour les peler ensuite plus facilement.
• Réveillez la saveur de ce plat en ajoutant 1 cuillerée de vinaigre avant de verser l'eau.
• Un bon plat de légumes pour l'été, assez frais. Il accompagne particulièrement bien les viandes blanches.

CRUDITÉS ET LÉGUMES I TRÈS FACILE I RAISONNABLE

Préparation et cuisson : 40 min

pommes de terre à l'huile

Pour 4 personnes :

Pommes de terre nouvelles, 750 g.

Vin blanc sec, 4 à 5 cuillerées à soupe.

Fines herbes (persil, cerfeuil, ciboulette).

Vinaigrette :

Huile, 5 cuillerées à soupe.

Vinaigre, 1,5 cuillerée à soupe.

Sel, poivre.

1 Faites bouillir les pommes de terre avec leur peau, de 25 à 30 min.

2 Pelez-les encore chaudes et coupez-les en rondelles dans un saladier. Arrosez-les aussitôt de vin blanc tiède, puis de vinaigrette. Parsemez de fines herbes hachées et servez.

Mon avis

- Faite avec des pommes de terre nouvelles, cette salade est un délice.
- Utilisez du cerfeuil, de préférence à toutes autres fines herbes, pour la parfumer.
- Les pommes à l'huile sont meilleures chaudes. Préparez-les autant que possible au dernier moment. Le vin blanc leur donne du goût et du « moelleux ».

Préparation et cuisson : 30 min

pommes de terre frites

Pour 4 personnes :

Grosses pommes de terre (bintjes), 1 kg.

Sel.

Bain de friture :

Huile ou graisse végétale, 2 litres ou 2 kg.

1 Mettez à chauffer le bain de friture dans la bassine, sur feu moyen.

2 Épluchez les pommes de terre. Coupez-les en « frites » régulières de 1 cm d'épaisseur. Essuyez-les dans un torchon avant de les mettre dans le panier à friture.

3 Quand la friture commence à fumer légèrement, plongez-y le panier contenant la moitié des pommes de terre seulement. Secouez-le plusieurs fois pendant la cuisson. Quand les frites sont blondes, égouttez-les. Faites cuire le reste des pommes de terre.

4 Au moment de passer à table, remettez le bain de friture à chauffer. Quand il fume, replongez-y les frites jusqu'à ce qu'elles remontent, dorées, à la surface. Cette deuxième cuisson est beaucoup plus rapide que la première. Égouttez bien les frites. Salez-les et servez.

Mon avis

• Pour gagner du temps, je fais ma première cuisson un moment avant le repas. Si les pommes de terre sont refroidies, elles subiront une deuxième friture très rapide quand tout le monde passera à table.

• 2 litres d'huile ou 2 kg de graisse végétale permettent de faire cuire de 500 à 750 g de frites à la fois.

• Les pommes de terre doivent être complètement immergées, de façon à bouillonner à l'aise. Si l'on en plonge trop à la fois dans la friture, celle-ci tiédit et les pommes de terre ne sont pas saisies : elles cuisent trop lentement, s'agglutinant les unes aux autres ; elles sont lourdes, molles et grasses en fin de cuisson.

• Des frites mal essuyées, donc humides, peuvent faire déborder le bain de friture, car l'eau qu'elles apportent avec elles se vaporise brusquement au contact du bain de friture et le fait « mousser ».

Préparation et cuisson : 40 min

pommes de terre sautées

Pour 4 personnes :

Pommes de terre à chair ferme, 1 kg.
Beurre, 50 g.
Huile, 1 cuillerée à soupe.
Sel, poivre.

1 Épluchez les pommes de terre. Lavez-les. Coupez-les en morceaux assez réguliers. Mettez-les dans une casserole d'eau froide. Portez juste à ébullition. Égouttez et essuyez-les avec du papier absorbant avant de les faire sauter.

2 Faites bien chauffer le beurre ou l'huile dans une grande poêle. Jetez-y les pommes de terre. Remuez souvent la poêle pour qu'elles dorent sur toutes les faces, pendant 30 min, sur feu moyen. Salez et poivrez avant de servir.

Mon avis

• Il est plus facile, plus rapide et plus digeste (car nécessitant moins d'huile) de faire des pommes de terre sautées avec des pommes de terre préalablement cuites à l'eau. Le résultat sera un peu différent mais bon tout de même si vous les rissolez bien ensuite.
• Une précaution : attendre que les pommes de terre cuites à l'eau soient bien refroidies avant de les éplucher et de les couper en tranches. Sinon elles s'écraseraient ou bien laissez-les refroidir avant le rissolage final.

Préparation et cuisson : 50 min

potage au cresson

Pour 4 personnes :

Cresson, 1 botte.

Pommes de terre, 4.

Beurre, 20 g.

Tapioca, 1 ou 2 cuillerées à soupe.

Sel.

1 Épluchez les pommes de terre. Coupez-les en quatre. Lavez le cresson avec soin et séparez les feuilles des tiges (gardez les feuilles à part pour une salade). Faites cuire les tiges avec les pommes de terre dans 1,5 litre d'eau salée, pendant 30 min.

2 Mixez le potage. Remettez sur le feu. Jetez-y, en pluie, 2 cuillerées à soupe de tapioca, pas trop pleines selon votre goût. Laissez bouillir doucement de 10 à 15 min, sans couvrir ; mélangez souvent.

3 Juste avant de servir, incorporez 1 noix de beurre et parsemez de quelques feuilles de cresson cru finement coupées.

Mon avis

• Ne mettez pas trop de tapioca car il gonfle et épaissit beaucoup en cuisant. Mélangez-le bien en cours de cuisson pour éviter la formation de boulettes.

• Le tapioca peut être remplacé par du vermicelle ; le temps de cuisson est moins long : il suffit de 7 min au plus.

• Les feuilles du cresson vous serviront surtout pour faire une salade très vitaminée ou pour garnir une viande : rôti, beefsteak ou volaille. Délicieuses avec des croûtons frits ou beurrés. L'avantage des tiges, outre l'attrait économique, est qu'elles restent plus vertes à la cuisson.

• Toujours pour l'économie : remplacez le cresson par des fanes de radis et comptez 40 min de cuisson au moins. Avec un peu de crème fraîche, ce sera meilleur !

SOUPES ET CONSOMMÉS I FACILE I BON MARCHÉ

Préparation et cuisson : 45 min

potage aux légumes julienne

Pour 4 personnes :

Carottes, 2.

Navet, 1.

Poireaux, 2 blancs.

Céleri-rave, 1 petit morceau.

Cœur de chou, 5 feuilles.

Oignon, 1.

Pommes de terre, 3 moyennes.

Beurre, 30 g.

Sel, poivre.

1 Après avoir épluché et lavé soigneusement tous les légumes, râpez carottes, navet, céleri, chou, oignon et pommes de terre. Coupez finement les blancs des poireaux préalablement débarrassés de leurs grosses feuilles vertes.

2 Faites revenir le tout à feu doux, dans une marmite, avec le beurre. Mélangez bien avec une cuiller en bois ; les légumes s'affaissent au fur et à mesure de la cuisson qui dure de 5 à 10 min.

3 Ajoutez 125 cl d'eau chaude voire bouillante, du sel et du poivre. Laissez frémir 20 min, couvert. Servez tel quel, sans passer.

Mon avis

L'un des avantages de ce potage, c'est la rapidité de sa cuisson. En vous conseillant de râper les légumes, j'ai pris des libertés avec la recette classique qui indique de les couper en petits dès, mais la préparation et la cuisson seraient plus longues.

Préparation : 20 min. **Au frais** : 2 à 3 h

potage froid andalou (gaspacho)

Pour 4 personnes :

Concombre, 1 petit.
Tomates bien mûres, 1 kg.
Oignons blancs, 2.
Fines herbes (persil, cerfeuil, estragon), 1 poignée.
Citron, 1.
Sel, poivre.

1 Épluchez le concombre à l'aide d'un économe et coupez-le en rondelles très fines. Saupoudrez-les de sel fin. Laissez dégorger 1 h au frais.

2 Trempez les tomates quelques secondes dans de l'eau bouillante. Retirez-en la peau qui se détache alors très facilement. Écrasez-les en purée. Salez, poivrez.

3 Hachez finement oignons et fines herbes. Égouttez soigneusement les rondelles de concombre. Mélangez le tout avec la purée de tomates et le jus de citron. Servez très froid.

Mon avis

• Au cas où les tomates n'auraient pas rendu assez de jus, on peut ajouter 1/2 verre d'eau froide (ou un peu de jus de tomate en conserve) en rectifiant l'assaisonnement.
• Les proportions des légumes, des fines herbes peuvent varier selon votre goût et vos possibilités. Si vous n'avez pas suffisamment de tomates fraîches, utilisez à la place du jus de tomate en boîte (mais pas de purée de concentré de tomates).
• Variante fraîche et estivale : mixez la chair de tomate et de concombre avec un peu de pastèque.

Préparation et cuisson : 25 min

potage mille-fanti

Pour 4 personnes :

Bouillon de poule, 125 cl.
Œufs, 2.
Parmesan râpé, 50 g.
Mie de pain fraîche, 70 g.
Muscade râpée, 1 pointe de couteau.

1 Versez le bouillon de poule dans une grande casserole. Portez à ébullition.

2 Dans un bol, battez les œufs en omelette. Ajoutez-y le parmesan, la mie de pain finement émiettée et un peu de muscade râpée. Remuez bien.

3 Versez le mélange dans le bouillon bouillant. Fouettez quelques instants avec un fouet à sauce. Couvrez et laissez mijoter doucement 5 min. Fouettez à nouveau au moment de servir.

Mon avis

• Pour aller plus vite : passez la mie de pain dans une moulinette ou au mixeur pour l'émietter.
• Pour le bouillon : délayez simplement 2 tablettes de bouillon de poulet concentré dans 125 cl d'eau en ébullition.
• Il est normal que ce potage présente un aspect granuleux.
• Pour décorer, vous pouvez ajouter quelques feuilles de basilic sur le potage, juste avant de servir.

VIANDES ET VOLAILLES I FACILE I RAISONNABLE

Préparation et cuisson : 3 h 30. **Cuisson à l'autocuiseur :** 1 h

pot-au-feu

Pour 6 à 8 personnes :

Plat de côtes, 500 à 750 g.
Gîte ou paleron, 500 à 750 g.
Os, 2 dont 1 à moelle.
Poireaux, 3.
Carottes, 3.
Navets, 2.
Céleri, 1 branche.
Oignon, 1.
Clous de girofle, 3.
Ail, 1 gousse.
Bouquet garni (persil, thym, laurier).
Sel.

Pour servir :

Gros sel.
Cornichons.
Biscottes ou tranches de pain grillées, 6 ou 8 ou tapioca ou vermicelle, 6 ou 8 cuillerées à soupe.

1 Épluchez les poireaux, les carottes, les navets et le céleri. Coupez-les en quartiers. Mettez-les à bouillir dans une grande marmite avec 3 litres d'eau, l'os sans moelle, l'oignon piqué des clous de girofle, l'ail, le bouquet garni et du sel. Lorsque l'eau bout, plongez-y la viande. Laissez cuire doucement de 2 h 30 à 3 h environ (1 h à l'autocuiseur). Écumez de temps en temps. 1 h avant la fin de la cuisson, ajoutez l'os à moelle dans la marmite.

2 Égouttez la viande. Mettez-la avec les légumes dans un plat chaud.

3 Passez le bouillon et servez-le tel quel, soit avec 1 biscotte ou 1 tranche de pain grillé dans chaque assiette, soit épaissi avec du tapioca ou du vermicelle (1 cuillerée à soupe par personne) que vous aurez laissé bouillir 5 min. Présentez, à part, la viande avec du gros sel, des cornichons et l'os à moelle.

Mon avis

• Trois conditions sont nécessaires pour faire un bon pot-au-feu : une quantité de viande suffisante (1 kg à 1,5 kg minimum), moitié morceaux demi-gras (plat de côtes), moitié morceaux maigres (gîte, paleron, etc.) ; des légumes variés ; un temps de cuisson assez long.

• La viande est meilleure si vous la plongez dans l'eau bouillante. Au contraire, le bouillon aura plus de saveur si vous mettez la viande dans l'eau froide. Tassez quelques grains de gros sel aux extrémités de l'os à moelle avant de le faire cuire : la moelle ne s'échappera pas.

SPÉCIALITÉS | FACILE | RAISONNABLE

Préparation et cuisson : 3 h

potée limousine

Pour 4 personnes :

Petit salé, 800 g.
Lard de poitrine fumé, 250 g.
Chou pommé, 1.
Carottes, 250 g.
Navets, 250 g.
Poireaux, 250 g.
Ail, 2 gousses.
Pommes de terre à chair ferme, 800 g.
Chipolatas, 4.
Beurre, 1 noix.
Bouquet garni (persil, thym, laurier).
Poivre.

1 Faites bouillir de l'eau dans un fait-tout ou un pot-au-feu. Mettez-y le petit salé et le lard. Écumez au bout de quelques minutes mais prolongez l'ébullition.

2 Épluchez et lavez chou, carottes, navets, poireaux. Coupez le chou en quatre, carottes, navets et poireaux en deux. Mettez le tout dans le pot-au-feu contenant la viande et son bouillon, les gousses d'ail et le bouquet garni. Poivrez mais ne salez pas, à cause du petit salé. Couvrez bien et laissez cuire à petite ébullition environ 2 h.

3 30 min avant la fin de la cuisson, pelez les pommes de terre. Ajoutez-les dans le pot-au-feu puis laissez encore cuire 30 min.

4 5 min avant de servir la potée, faites rissoler les chipolatas à la poêle avec 1 noix de beurre.

5 Mettez les légumes dans un grand plat. Posez la viande et les chipolatas dessus.

Mon avis

• Le petit salé est rarement très salé. Quelques heures dans beaucoup d'eau fraîche suffiront pour le dessaler complètement.
• Vous pouvez servir la potée dans son plat de cuisson, surtout s'il est d'apparence rustique.
• Servez le bouillon à part, épaissi ou non avec quelques biscottes ou un peu de vermicelle.

Préparation et cuisson : 50 min

potiron au gratin

Pour 4 personnes :

Potiron, 1 kg.
Pommes de terre, 3 grosses.
Oignon, 1.
Beurre, 50 g.
Gruyère râpé, 80 g.
Chapelure, 2 cuillerées à soupe.
Sel.

1 Épluchez et coupez en morceaux potiron, pommes de terre et oignon. Faites bouillir avec 25 cl, pas plus, d'eau salée pendant 30 min, à couvert. Préchauffez le four à 250 °C (th. 8-9).

2 Égouttez les légumes. Écrasez-les en purée. Incorporez-y 30 g de beurre et les deux tiers du gruyère. Versez dans un plat à feu. Saupoudrez avec le reste du gruyère râpé et un peu de chapelure. Parsemez de noisettes de beurre. Faites gratiner dans le haut du four quelques minutes.

Mon avis

La chapelure n'est pas indispensable, mais elle forme une croûte dorée assez appétissante. Une ou deux biscottes écrasées finement à la moulinette ou au mixeur, ajoutées au moment de faire gratiner, font très bien l'affaire.

Préparation et cuisson : 4 h

poule au pot

Pour 6 à 8 personnes :

Poule, 1 de 2 kg.
Jarret de veau, 1.
Oignon, 1.
Clous de girofle, 2.
Os de veau, 2.
Carottes, 3.
Navets, 3.
Branche de céleri, 1.
Poireaux, 3.
Citron, 1.
Bouquet garni (persil, thym, laurier).
Pain grillé en tranches ou biscottes, 4.
Sel, poivre.

Farce :

Mie de pain rassis, 100 g.
Lait, 1 verre.
Jambon de Bayonne, 150 g.
Chair à saucisse, 100 g.
Veau, 100 g.
Ail, 5 gousses.
Pâté de foie, 30 g.
Œuf, 1.
Persil.
Thym effeuillé, 1 pincée.
Muscade râpée, 1 pincée.
Sel, poivre.

1 Mettez à bouillir une demi-marmite d'eau et plongez-y les os et le jarret de veau 5 min. Égouttez-les en jetant l'eau.

2 Rincez la marmite. Emplissez-la d'eau froide. Remettez sur le feu avec le jarret de veau, l'os, tous les abattis de la poule, l'oignon piqué de 2 clous de girofle, la branche de céleri, le bouquet garni, du sel et du poivre. Écumez de temps en temps pendant l'ébullition douce.

3 Farce : émiettez la mie de pain dans un bol ; aspergez-la de lait. Hachez : jambon, veau, foie de poule, ail, persil. Malaxez énergiquement cette préparation avec : chair à saucisse, pâté de foie, thym effeuillé, muscade, mie de pain pressée, œuf entier, sel et poivre, pour obtenir un mélange bien lié.

4 Tassez cette farce, bien épicée, à l'intérieur de la poule. Cousez l'ouverture et maintenez ailes et cuisses un peu serrées avec un très long morceau de ficelle de cuisine pour pouvoir l'attacher à une anse de la marmite et la retirer une fois la cuisson terminée. Plongez la poule dans le bouillon en ébullition. Laissez-la bouillir à petit feu de 2 h 30 à 3 h, suivant sa fermeté.

5 Au bout de 1 h, épluchez et lavez carottes, navets, poireaux. Mettez-les à cuire avec la poule.

6 Au moment de servir, placez le pain grillé au fond d'une soupière. Versez dessus le bouillon très chaud. Dans un très grand plat creux, disposez les légumes égouttés et la poule coupée en morceaux. Disposez dessus la farce coupée en tranches.

Mon avis

Demandez au charcutier de hacher les viandes prévues pour la farce. Les temps de cuisson seront beaucoup plus courts pour une poule « de batterie » de 1 à 1,2 kg que l'on prépare plus souvent. Si vous ne pouvez pas mettre toute la farce dans la poule, enfermez le surplus dans un carré de linge, bien noué, et joignez-le à la poule pendant la cuisson.

SPÉCIALITÉS I FACILE I RAISONNABLE

Préparation et cuisson : 1 h 15

poulet basquaise

Pour 4 personnes :

Poulet en morceaux, 1,2 kg environ.
Huile, 5 cuillerées à soupe.
Tomates, 1 kg.
Poivrons, 250 g.
Oignons, 2 ou 3.
Ail, 2 ou 3 gousses.
Riz, 250 g.
Piment d'Espelette, 1 petit morceau.
Sel, poivre.

Remarques

Il faut bien assaisonner, bien poivrer et même pimenter : un peu de piment fort d'Espelette est apprécié des amateurs. Pour une présentation plus soignée, tassez le riz dans un verre préalablement beurré et démoulez autour du poulet disposé dans le plat.

1 Plongez les tomates quelques secondes dans de l'eau bouillante. Pelez-les, coupez-les en morceaux ; pressez-les à la main pour les épépiner. Épépinez aussi les poivrons. Hachez-les grossièrement ainsi que les oignons.

2 Faites dorer les morceaux de poulet dans une cocotte avec 3 cuillerées à soupe d'huile. Ajoutez-y les oignons, puis les tomates, les poivrons, l'ail haché, le piment d'Espelette (très fort), du sel et du poivre. Laissez mijoter de 45 à 50 min, couvert à demi.

3 20 min avant de servir, préparez le riz. Faites chauffer dans une casserole 2 cuillerées à soupe d'huile. Jetez-y le riz. Mélangez bien. Ajoutez-y le double de son volume d'eau, du sel et du poivre. Couvrez. Laissez mijoter de 17 à 20 min (ou le temps indiqué sur le paquet) jusqu'à absorption complète du liquide. Étalez le riz dans un plat creux chaud et disposez le poulet basquaise dessus.

Mon avis

Il vous reste du poulet rôti froid et vous aimeriez le servir chaud : préparez donc une fondue de légumes (tomates, poivrons, etc.) comme dans la recette du poulet basquaise. En fin de cuisson, vous y ajouterez votre reste de poulet froid en petits morceaux pour le réchauffer au micro-ondes. C'est mieux qu'avec une autre source de chaleur. Le goût du poulet n'en souffre pas trop.

Préparation et cuisson : 1 h

poulet crapaudine

Pour 4 personnes :

Poulet (fendu et aplati), 1,2 kg environ.
Beurre, 25 g.
Moutarde forte, 1/4 de verre.
Mie de pain rassis (ou chapelure), 50 g.
Sel, poivre.

Sauce diable :

Échalotes, 2.
Beurre, 1 noix.
Vin blanc sec, 1/2 verre.
Vinaigre, 1/2 verre.
Bouillon concentré, 1/2 tablette.
Sel, poivre.

Garniture :

Cresson, 1 botte.

1 Préchauffez le four à 200 °C (th. 6-7). Aplatissez le poulet et tartinez-le de beurre. Salez, poivrez. Faites-le rôtir sur la grille de 40 à 45 min.

2 Lorsque le poulet est presque cuit, badigeonnez-le généreusement de moutarde forte. Saupoudrez-la de mie de pain émiettée. Remettez-le en haut du four bien chaud (à 230 °C ou th. 7-8), pour le faire dorer pendant quelques minutes.

3 Sauce diable : hachez les échalotes et faites-les cuire 5 min, sur feu très doux, avec 1 noix de beurre, sans laisser roussir. Ajoutez ensuite le vin blanc, le vinaigre, la demi-tablette de bouillon concentré délayée avec 1/2 verre d'eau chaude, peu de sel et beaucoup de poivre. Laissez bouillir 5 min, sans couvrir pour réduire la sauce.

4 Placez le poulet aplati sur un grand plat chaud. Arrosez-le avec son jus de cuisson et entourez-le de cresson et des légumes d'accompagnement. Servez la sauce diable à part.

Mon avis

• Demandez au volailler de fendre le poulet en deux, par le dos, mais en le laissant entier. Aplatissez-le complètement. Il y a environ 50 % de déchets dans un poulet. Voyez donc grand au moment de l'achat. Comptez 300 g de poulet brut par personne, au moins.
• Mettez le poulet sur la grille du four. Glissez dessous la lèchefrite (plaque creuse du four) pour recueillir le jus de cuisson.
• Comme légume : des pommes de terre frites, sautées ou chips.

Préparation et cuisson : 2 h 30

poulet farci au maïs frais

Pour 4 personnes :

Poulet, 1,5 kg environ.
Maïs, 2 épis moyens.
Olives dénoyautées ou non, 12.
Poivron, 1 petit.
Laitue, quelques feuilles.
Beurre, 30 g.
Chair à saucisse, 50 g.
Œuf, 1.
Sel, poivre.

Sauce :

Abattis du poulet.
Carotte, 1.
Oignon, 1.
Ail, 1 gousse.
Beurre, 30 g.
Farine, 1 cuillerée à soupe.
Vin blanc sec, 1/2 verre.
Crème fraîche, 100 g.
Poivre.

1 Faites bouillir de l'eau salée. Ôtez les filaments des épis frais. Laissez les feuilles qui les enveloppent, pour maintenir les grains pendant la cuisson. Plongez-les dans l'eau en ébullition. Laissez bouillir de 15 à 25 min. Égouttez et détachez les grains.

2 Pendant la cuisson du maïs, dénoyautez les olives s'il y a lieu. Coupez-les en morceaux, ainsi que le poivron épépiné et les feuilles de laitue.

3 Faites chauffer 1 noix de beurre dans une casserole. Ajoutez-y la chair à saucisse, le foie et le cœur du poulet hachés, puis les olives et les légumes coupés. Mélangez sur feu moyen pendant quelques minutes. Salez, poivrez. Retirez du feu. Mélangez-y alors les grains de maïs et l'œuf battu en omelette. Préchauffez le four à 200 °C (th. 6-7).

4 Introduisez cette farce à l'intérieur de la volaille sans trop la tasser. Cousez l'ouverture avec un gros fil blanc. Déposez le poulet dans un plat à four beurré. Parsemez de noisettes de beurre. Cuisez à four chaud de 1 h à 1 h 15. Arrosez en cours de cuisson.

5 Sauce : épluchez et coupez en dés carotte et oignon. Faites bien dorer avec les abattis de volaille, dans une casserole contenant les 30 g de beurre. Puis, saupoudrez de farine. Mélangez sur le feu et ajoutez le vin blanc et 50 cl d'eau. Poivrez et salez modérément. Laissez bouillir 30 min pour que la sauce réduise. Passez-la à travers une passoire. Remettez sur le feu. Incorporez-y rapidement 100 g de crème fraîche. Laissez bouillir un instant.

6 Servez la volaille découpée dans un plat chaud. Présentez la sauce à part, dans une saucière chaude.

Mon avis

- Choisissez du maïs à grains tendre, bien frais.
- Le temps de cuisson dépend beaucoup de la qualité et de la fraîcheur du maïs. Il est impossible d'indiquer un temps exact. Contrôlez sa tendreté en cours de cuisson.
- Ne bourrez pas trop la volaille de farce car les grains de maïs gonfleront un peu en finissant de cuire à l'intérieur du poulet.
- Pour gagner du temps, vous pouvez utiliser du maïs en boîte.
- Comme légumes d'accompagnement : maïs, riz, pommes de terre.

Préparation et cuisson : 1 h

poulet flambé à l'estragon

Pour 4 personnes :

Poulet en morceaux, 1,2 kg environ.
Huile, 1 cuillerée à soupe.
Beurre, 30 g.
Échalotes, 3.
Jaunes d'œufs, 2.
Crème fraîche, 100 g.
Estragon, quelques branches.
Cognac, 1 verre à liqueur.
Vin blanc sec, 1/2 verre.
Sel, poivre.

1 Mettez les morceaux de poulet à dorer dans une grande cocotte ou une sauteuse contenant l'huile et le beurre.

2 Hachez les échalotes. Effeuillez l'estragon et coupez finement les feuilles. Gardez les tiges à part.

3 Sur le poulet bien doré, versez le cognac. Faites flamber sur feu vif. Retirez la viande et déposez-la dans un plat. Mettez à la place les échalotes hachées. Mélangez sur le feu un instant. Mouillez avec le vin blanc et 1/2 verre d'eau.

4 Replacez le poulet dans la sauteuse avec sel, poivre et tiges d'estragon. Couvrez et laissez mijoter 30 min environ.

5 Quand le poulet est cuit, déposez-le dans le plat de présentation. Tenez-le au chaud. Laissez la sauteuse sur feu vif pour laisser réduire la sauce. Retirez les tiges d'estragon. Dans un bol, mélangez les jaunes d'œufs avec la crème fraîche. Incorporez vivement ce mélange à la sauce très chaude, mais hors du feu. Ajoutez-y les feuilles d'estragon hachées, versez aussitôt sur le poulet et servez.

Mon avis

• Pour faire flamber la sauce légèrement alcoolisée du poulet, portez-la juste à ébullition puis enflammez-la tout simplement avec une allumette.
• Ne laissez pas colorer les échalotes car elles prendraient alors un goût amer.
• Si la sauce vous semble trop fluide, incorporez-y 1 cuillerée à café de fécule délayée avec un peu d'eau froide. Et surtout, ne remettez pas la sauce sur le feu après y avez ajouté les jaunes d'œufs : elle tournerait.

VIANDES ET VOLAILLES I TRÈS FACILE I RAISONNABLE

Préparation et cuisson : 1 h 15

poulet rôti à la broche

Pour 4 personnes :

Poulet (préparé et bridé), 1,2 kg environ.

Beurre, 30 g.

Sel, poivre.

1 Allumez la rôtissoire. Glissez par le croupion à l'intérieur du poulet, le foie, un bon morceau de beurre, sel, poivre. Embrochez et fixez la broche à mi-hauteur sous le grilloir. Glissez dessous la lèchefrite (plaque creuse du four) ou un grand plat, pour recueillir le jus de cuisson.

2 Laissez rôtir environ 1 h. Arrosez au besoin. Si le rôtissage se fait dans un four, laissez-en la porte ouverte.

3 Quand le poulet est rôti, salez et poivrez encore un peu l'extérieur. Tenez-le au chaud 5 min au moins avant de le découper.

Mon avis

• J'ajoute des aromates dans la plaque de cuisson et j'en garnis l'intérieur du poulet pour parfumer la viande et ma cuisine ! L'estragon et le thym sont très bons, de même qu'un soupçon de romarin et de laurier, ou même de genièvre.

• Dans la plupart des tournebroches modernes, il n'est pas nécessaire d'arroser la volaille en cours de cuisson.

• Le foie, cuit à l'intérieur du poulet, est savoureux, mais vous pouvez le réserver pour une autre préparation.

• Légumes d'accompagnement : tous, et en plus, du cresson non assaisonné. Vous avez le choix car tous conviennent plus ou moins. Mais allez au plus rapide avec le cresson (non assaisonné) ou les pommes chips.

Préparation et cuisson : 1 h 30

poulet rôti au four

Pour 4 personnes :

Poulet (préparé et bridé), 1,2 kg environ.

Beurre, 30 g.

Sel, poivre.

1 Préchauffez le four à 200 °C (th. 6-7) environ 15 min à l'avance.

2 Salez et poivrez l'intérieur du poulet. Introduisez-y 1 grosse noix de beurre. Tartinez le reste à l'extérieur. Salez et poivrez.

3 Couchez le poulet sur le côté dans un plat à feu. Mettez le plat à mi-hauteur du four. Laissez cuire 1 h environ. Au cours de la cuisson, retournez le poulet sur l'autre cuisse puis sur le dos, pour qu'il dore uniformément.

4 Quand le poulet est cuit, découpez-le et disposez les morceaux dans un plat chaud. Délayez le jus resté dans le plat de cuisson avec quelques cuillerées d'eau bouillante, en grattant le fond du plat avec une cuiller en bois pour récupérer les sucs. Faites bouillir 1 min. Versez cette sauce dans une saucière chaude. Présentez en même temps que le poulet, dans des assiettes chaudes.

Mon avis

- Vous pouvez également glisser à l'intérieur du poulet le foie et quelques aromates : estragon et brins de thym, sans excès.
- Pour savoir si le poulet est cuit à point, saisissez-le à l'aide d'une grande fourchette, croupion vers le bas. Si le jus qui s'écoule est rosé, le poulet n'est pas tout à fait cuit. Remettez 5 ou 10 min au four jusqu'à ce que le jus en coule incolore.
- Utilisez les abattis pour préparer à bon compte un consommé de volaille, un riz pilaf, ou – avantageusement – la tablette de bouillon concentré parfois conseillé pour certaines recettes.

Préparation et cuisson : 1 h

poulet sauté au thym

Pour 4 personnes :

Poulet, coupé en 8 morceaux, 1,2 à 1,5 kg environ.
Lard de poitrine fumé, 4 fines tranches.
Thym, 8 ou 16 brins.
Huile, 1 cuillerée à soupe.
Beurre, 40 g.
Farine, 1 cuillerée à soupe.
Oignon, 1.
Ail, 3 gousses.
Tomates, 2.
Vin blanc sec, 25 cl.
Olives vertes, 20.
Sel, poivre.
Gros fil blanc.

1 Sur chaque morceau de poulet, déposez 1 ou 2 brins de thym et une demi-tranche de lard. Maintenez-les avec plusieurs tours de gros fil.

2 Faites chauffer le beurre dans une cocotte. Mettez-y les morceaux de poulet à dorer sur toutes les faces. Saupoudrez de farine. Mélangez bien sur le feu. Ajoutez l'oignon haché, l'ail, les tomates pelées et coupées en morceaux, le vin blanc, un peu de sel et du poivre. Couvrez et laissez mijoter 40 min.

3 Si vous craignez l'âcreté de certaines olives, plongez-les dans une casserole d'eau froide. Portez à ébullition 2 min. Égouttez-les et joignez-les au poulet en cours de cuisson.

4 Présentez les morceaux de poulet, sans les fils, dans un plat creux. Arrosez avec le jus de cuisson.

Mon avis

• Vous remplacez le vin blanc par 25 cl de bouillon.
• Plus le thym est frais, plus il donne du goût et de la force. Tenez-en compte.
• Légumes d'accompagnement, vous avez le choix, mais les préparations méridionales sont celles qui conviennent le mieux : tomates provençales, ratatouille, riz nature, pommes de terre sautées ou en purée, petits pois.

Préparation et cuisson : 1 h

profiteroles au chocolat

Pour 4 personnes :

Pâte à choux :

Beurre, 100 g.

Farine, 125 g.

Œufs, 4.

Sucre en poudre, 1 cuillerée à café.

Sel, 1 pincée.

Sauce au chocolat :

Chocolat fin noir, amer, 125 g.

Beurre, 30 g.

Glace :

Glace vanille du commerce, 4 portions.

Remarques

Sans balance, voici une façon rapide mais satisfaisante tout de même de mesurer les ingrédients. Pour 2 œufs : 1 verre d'eau environ, 50 g de beurre, 1 verre de farine.

1 Pâte à choux : dans une casserole, faites chauffer 25 cl d'eau avec sucre, sel et beurre en morceaux. Dès que celui-ci est juste fondu, retirez la casserole du feu. Jetez-y la farine d'un seul coup. Mélangez. Reportez sur le feu. Remuez énergiquement avec une cuiller en bois, jusqu'à ce que la pâte n'adhère plus ni à la cuiller, ni à la casserole. Hors du feu, ajoutez les œufs un à un, en battant vigoureusement.

2 Préchauffez le four à 170 °C (th. 5-6). Beurrez une tôle à pâtisserie. Disposez dessus des petites noix de pâte, en les espaçant suffisamment pour leur permettre de gonfler. Laissez cuire de 20 à 25 min. Ne les sortez du four que lorsqu'ils sont assez durs pour résister à la pression du doigt.

3 Sauce au chocolat : cassez le chocolat en morceaux, laissez-le fondre dans une petite casserole, sur feu doux, avec le beurre et 2 cuillerées à soupe d'eau. Remuez avec une cuiller en bois pour obtenir une crème lisse, sans grumeau.

4 Fendez les profiteroles refroidies (comme des sandwichs). Garnissez-les de glace vanille. Présentez-les sur un plat rond ou sur des assiettes individuelles. Versez dessus la sauce au chocolat chaude. Ou laissez faire vos convives qui agiront selon leur gourmandise.

Mon avis

- Des choux gonflés ne sont pas forcément assez cuits. L'extérieur peut être à point mais l'intérieur encore mou. Résultat : les choux s'affaissent au sortir du four. Respectez donc bien le temps de cuisson.
- Surveillez sans cesse le chocolat pendant qu'il fond. Trop cuit ou trop chauffé, le chocolat se met en grumeaux, devient amer et pas vraiment bon...

Préparation et cuisson : 30 min. **Trempage :** 2 h

pruneaux en chaud-froid

Pour 4 personnes :

Pruneaux secs, 250 g.
Vin rouge, 2 verres.
Sucre en poudre, 75 g (4 à 5 cuillerées à soupe).
Sucre vanillé, 1 sachet ou gousse de vanille fendue, 1.
Glace vanille du commerce, 4 portions.

1 Lavez les pruneaux et laissez-les tremper dans de l'eau tiède, pendant 2 h.

2 Mettez-les dans une casserole avec 2 verres de vin, 2 verres d'eau de trempage, sucre et sucre vanillé ou gousse de vanille fendue en deux. Portez à ébullition et laissez cuire très doucement 30 min environ.

3 Répartissez-les encore chauds dans des verres ou des coupelles. Garnissez de glace et parsemez de gouttelettes du jus de cuisson des pruneaux, un peu sirupeux.

Mon avis

Vous pouvez aromatiser avec de la cannelle, un zeste d'orange ou 2 ou 3 clous de girofle. Décorez éventuellement avec un ruban de peau d'orange, un petit bâton de cannelle ou un brin de menthe.

Préparation et cuisson : 1 h 30. **Au frais** : 2 à 3 h

pudding au pain et à l'écorce d'orange

Pour 4 personnes :

Pain rassis, 200 g.
Raisins secs, 100 g.
Lait, 50 cl.
Écorce d'orange confite, 100 g.
Cannelle en poudre, 1/2 cuillerée à café.
Sucre en poudre, 150 g (9 cuillerées à soupe).
Œufs, 2 ou 3.

Caramel :

Sucre, 10 morceaux.
Citron, 1 quartier.

1 Lavez les raisins et mettez-les à tremper 15 min au moins dans de l'eau chaude pour les faire gonfler.

2 Cassez le pain rassis dans un saladier. Versez dessus le lait bouillant. Couvrez et laissez gonfler quelques minutes. Coupez finement l'écorce d'orange. Égouttez les raisins.

3 Passez le pain au moulin à légumes pour le réduire en bouillie. Incorporez-y le sucre, les œufs battus en omelette, les raisins égouttés, l'écorce d'orange confite et la cannelle. Préchauffez le four à 170 °C (th. 5-6).

4 Caramel : dans un moule à cake, faites caraméliser le sucre avec 2 cuillerées à soupe d'eau, quelques gouttes de jus de citron. Lorsque le sucre brunit, retirez-le du feu et faites-le voyager sur les parois du moule.

5 Versez-y la pâte à pudding. Faites cuire au four environ 1 h. Laissez tiédir avant de démouler. Servez très froid.

Mon avis

• À défaut de moule à cake, utilisez tout simplement une terrine à pâté. Ne caramélisez pas la terrine, bien sûr. Couvrez-la à mi-cuisson. Peut-être devrez-vous prolonger la cuisson de 15 min.
• Si vous aimez ne rien perdre, vous pouvez utiliser ici 1 blanc d'œuf dont vous ne savez que faire, en plus des œufs de la recette.
• Préférez les fruits confits entiers artisanaux (vendus sur les marchés et en épicerie fine) aux fruits confits industriels précoupés en petits dés et très insipides.

Préparation et cuisson : 50 min

purée de pommes de terre

Pour 4 personnes :
Pommes de terre, 1 kg.
Beurre, 50 g.
Lait, 2 à 3 verres.
Sel, poivre.

1 Préparez la purée juste avant le repas. Épluchez les pommes de terre. Faites-les bouillir dans de l'eau salée 30 min.

2 Mettez le lait à bouillir.

3 Égouttez les pommes de terre et écrasez-les à travers une grille. Incorporez-y, en battant énergiquement avec une cuiller en bois, le beurre, puis le lait bouillant (peu à peu afin de bien le doser), du sel et du poivre. Servez sans tarder ou tenez au chaud au bain-marie.

Mon avis

• La bonne purée est assez délicate à préparer : il faut la faire à la dernière minute et puis elle exige pas mal de vaisselle. Mais quel régal !

• Les pommes de terre nouvelles ne conviennent pas pour faire la purée. Elles ont tendance à coller. Ne battez surtout pas avec un batteur électrique à fouet, il la rend élastique. Pour faire une bonne purée, les pommes de terre doivent être passées à travers une grille, mécanique ou électrique, peu importe.

• La purée ne se prépare pas d'avance, car elle supporte mal d'être réchauffée. En revanche, vous pouvez la tenir au chaud, au bain-marie.

Préparation et cuisson : 1 h + **refroidissement**

quatre-quarts

Pour 4 personnes :

Œufs entiers, 2 (à peser).
Sucre en poudre, même poids que les œufs.
Beurre, même poids que les œufs.
Farine, même poids que les œufs.
Sucre vanillé, 1/2 sachet ou zeste râpé de citron ou d'orange, 1.
Levure chimique, 1/2 cuillerée à café.
Sel, 2 pincées.

1 Préchauffez le four à 200 °C (th. 6-7). Battez au fouet électrique le sucre et les œufs entiers, assez longuement pour obtenir une crème blanchâtre et légèrement mousseuse.

2 Mettez le beurre dans le moule de cuisson. Quand il est presque fondu, incorporez-le à la préparation précédente en continuant de fouetter jusqu'à ce qu'il soit bien absorbé. Ajoutez enfin, d'un seul coup, sans trop insister, la farine mélangée avec la levure, le sel et le parfum choisi.

3 Versez la pâte obtenue dans un moule à manqué de 18 à 20 cm de diamètre ou 1 moule à cake de 20 cm beurré et fariné légèrement. Enfournez le gâteau de 40 à 45 min en le couvrant d'une feuille d'aluminium dès que la surface est assez colorée.

4 Au sortir du four, démoulez-le sur une grille. Laissez-le refroidir complètement avant de le déguster.

Mon avis

• Votre quatre-quarts sera plus mousseux et fondant si vous tamisez ensemble farine et levure. Versez-les simplement dans un tamis à grille fine et secouez-le au-dessus du saladier où vous faites votre mélange.
• Pour une réussite parfaite, respectez bien l'ordre du mélange, tel qu'il est indiqué dans la recette.
• Quand le quatre-quarts est juste refroidi, enveloppez-le dans du papier aluminium et mettez-le dans le réfrigérateur jusqu'au moment de déguster. Il se conserve ainsi très bien pendant plusieurs jours et garde son moelleux.

Préparation et cuisson : 15 min

quenelles de brochet sauce aurore

Pour 4 personnes :

Grosses quenelles (en sachet ou en boîte), 1 douzaine environ.

Sauce aurore :

Beurre, 30 g.

Farine, 30 g (1 cuillerée à soupe bombée).

Lait, 50 cl.

Concentré de tomates, 1 cuillerée à café.

Sel, poivre.

Remarques

Les quenelles vendues en sachet sont souvent meilleures que celles en boîte.

1 Faites chauffer de l'eau. Lorsqu'elle est sur le point de bouillir, plongez-y les quenelles de 10 à 12 min, juste pour les réchauffer, mais ne laissez pas bouillir.

2 Sauce aurore : faites fondre, sur feu doux, le beurre. Délayez-y la farine sur le feu, sans arrêt, pendant quelques secondes jusqu'à ce que le mélange soit mousseux. Ajoutez-y d'un seul coup le lait froid. Salez et poivrez. Mélangez jusqu'à épaississement. Incorporez-y le concentré de tomates. Laissez cuire, à feu extrêmement doux, une dizaine de minutes.

3 Égouttez très soigneusement les quenelles sur du papier absorbant. Disposez-les dans un plat chaud. Recouvrez-les de sauce et servez-les aussitôt.

Mon avis

Je ne vous ai pas donné la recette de la pâte à quenelles car c'est une préparation minutieuse demandant un tour de main que seule l'habitude vous permettrait d'acquérir. Ne vous lancez pas dans des recettes si compliquées et si coûteuses, puisqu'il existe, dans le commerce, de bonnes quenelles toutes prêtes.

Préparation et cuisson : 3 h

queue de bœuf en marmite

Pour 4 personnes :
Queue de bœuf (coupée en tronçons), 1 kg.
Poireaux, 3.
Carottes, 2.
Navet, 1.
Céleri, 1 branche.
Oignon, 1.
Clous de girofle, 4.
Ail, 1 gousse.
Bouquet garni (persil, thym, laurier).
Pain, 12 petites tranches.
Beurre, 1 noix.
Sel.

1 Mettez les morceaux de queue de bœuf dans une marmite d'eau froide. Portez à ébullition. Égouttez. Recouvrez à nouveau d'eau froide (2 litres environ). Salez, remettez sur le feu.

2 Épluchez les légumes. Coupez-les en gros morceaux. Hachez l'ail. Jetez-les dans le bouillon en ébullition avec l'oignon piqué de clous de girofle et le bouquet garni. Laissez cuire 2 h 30 environ.

3 Beurrez les tranches de pain. Faites-les dorer quelques minutes à 170 °C (th. 5-6).

4 Servez le bouillon avec viande et légumes. Présentez les croûtons dorés à part.

Mon avis

- Il est préférable de faire subir un bouillon préalable à la queue de bœuf. Elle donnera moins d'écume en cuisant. Pour relever la saveur du bouillon, délayez 1 cuillerée à café de fécule avec 1 verre à liqueur de cherry-brandy.
- En fin de cuisson, des pommes de terre seront cuites à l'eau pendant la dernière demi-heure et présentées avec les autres légumes. Mettez à table des moutardes variées, des cornichons, du gros sel et tout ce qui accompagne bien le bœuf bouilli.

ŒUFS I FACILE I RAISONNABLE

Préparation et cuisson : 1 h

quiche aux fruits de mer

Pour 4 personnes :

Échalote hachée, 1.
Beurre, 1 noix.
Vin blanc sec, 1/2 verre.
Coques, 250 g.
Moules, 250 g.
Coquilles Saint-Jacques (fraîches ou surgelées), 4.
Langoustines, 4.

Garniture :

Œufs entiers, 4.
Persil haché.
Crème fraîche liquide, 15 cl.
Sel, un peu.
Poivre.
Pâte brisée surgelée.

1 La pâte surgelée est souvent vendue étalée. Disposez-la dans une tourtière bien beurrée (de 18 à 20 cm de diamètre environ). Piquez-en le fond.

2 Dans une large sauteuse, faites revenir légèrement (sans dorer) l'échalote hachée avec le beurre. Arrosez avec le vin. Laissez évaporer presque complètement, sur feu doux.

3 Nettoyez et lavez les coquillages. Jetez-les, dans la sauteuse, sauf les saint-jacques. Mélangez sur feu vif. Quand ils sont ouverts (2 ou 3 min), égouttez-les en conservant le jus. Tamisez-le à travers du papier absorbant pour éliminer le sable. Reportez sur feu doux avec les saint-jacques coupées en lamelles. Ne laissez pas bouillir : égouttez-les en gardant le jus de côté.

4 Décoquillez les moules. Joignez-les aux saint-jacques, ainsi que les langoustines coupées (ou crevettes). Préchauffez le four à 200 °C (th. 6-7).

5 Étalez régulièrement ces fruits de mer sur la pâte. Battez ensemble : œufs, crème, persil, très peu de sel, poivre et un verre de jus de cuisson. Versez sur la quiche. Enfournez de 30 à 35 min.

Mon avis

- Placez du papier absorbant au fond d'une petite passoire, c'est suffisant pour retenir tout le sable du jus des coquillages versé dessus. Il est souvent très salé, il est donc prudent de le goûter avant de rajouter du sel dans la préparation.
- Pour abaisser le coût de cette recette de fête, remplacez les langoustines par des crevettes et les saint-jacques par des pétoncles.

Préparation et cuisson : 45 min

quiche froide au thon

Pour 4 personnes :

Pâte brisée :

Farine, 150 g.

Beurre, 75 g.

Sel, 1/2 cuillerée à café.

Garniture :

Miettes de thon à l'huile, 1 boîte (165 g).

Œufs, 2.

Tomates, 3.

Olives vertes, 10.

Filets d'anchois à l'huile, 10.

Citron, 1/2.

Sel.

1 Pâte brisée : mélangez farine, sel et beurre en morceaux en pressant et frottant les paumes des mains l'une contre l'autre. Ajoutez 1/2 verre d'eau à cette pâte granuleuse. Pétrissez vivement. Mettez en boule. Écrasez-la avec la paume de la main. Remettez en boule. Cela trois fois. Étalez la pâte au rouleau à 3 mm environ d'épaisseur. Disposez-la sur une tourtière de 18 à 20 cm de diamètre. Piquez-en le fond. Faites raffermir au réfrigérateur 15 ou 20 min. Mettez dessus une feuille de papier métallisé ronde dont vous aurez roulé les bords. Cela maintiendra la pâte pendant la cuisson. Faites cuire au four, préalablement préchauffé à 200 °C (th. 6-7), pendant 15 à 20 min : la pâte doit être d'un beau blond doré. Démoulez sur une grille.

2 Garniture : faites durcir les œufs en les laissant bouillir 10 min. Laissez-les refroidir puis écalez-les et coupez-les en rondelles. Tranchez également les tomates en rondelles.

3 Juste avant le repas, étalez les miettes de thon sur la quiche. Disposez dessus les tomates que vous ferez se chevaucher. Salez légèrement et aspergez de jus de citron. Décorez de rondelles d'œufs durs surmontés d'une olive entourée d'un filet d'anchois.

Mon avis

- Pour cette recette, vous pouvez parfaitement utiliser une pâte surgelée.
- Il ne faut garnir cette quiche que peu de temps avant le repas, sinon la croûte se détrempera au contact des tomates coupées.
- Disposez les tomates de telle sorte qu'une rondelle recouvre la moitié de la rondelle précédente, c'est plus joli.

Préparation et cuisson : 1 h

quiche lorraine

Pour 4 personnes :

Pâte brisée :
Farine, 150 g.
Beurre, 75 g.
Sel, 1/2 cuillerée à café.

Garniture :
Lard (ou jambon), 150 g.
Œufs, 3.
Lait ou crème fraîche fluide, 2 verres.
Sel, poivre.

Remarques

Le lard peut être remplacé par du jambon fumé ou du jambon blanc. Mais, pour dessaler rapidement le lard, plongez-le dans de l'eau bouillante.
Vous pouvez préparer la quiche quelques heures à l'avance et la manger froide ou réchauffée. Dans ce dernier cas, ne vous attendez pas à ce qu'elle retrouve son bel aspect gonflé tel qu'au sortir du four.

1 Pâte brisée : mélangez la farine, le sel et le beurre coupé en morceaux en pressant et frottant les paumes de vos mains l'une contre l'autre. Ajoutez 1/2 verre d'eau à cette pâte granuleuse. Pétrissez-la vivement. Mettez-la en boule. Écrasez-la avec la paume de la main. Remettez en boule. Répétez cela trois fois. Étendez la pâte au rouleau sur environ 3 mm d'épaisseur. Garnissez-en une tourtière de 18 à 20 cm de diamètre. Piquez le fond.

2 Préchauffez le four à 200 °C (th. 6-7). Coupez le lard en dés. Plongez-les dans de l'eau en train de bouillir. Dès que l'eau est revenue à ébullition, égouttez les lardons sur du papier absorbant et étalez-les dans la tourtière garnie de pâte.

3 Dans une terrine, battez ensemble les œufs, le lait ou la crème, du sel et du poivre. Versez sur les lardons. Enfournez puis modérez la température du four à 170 °C (th. 5-6) pour les 30 min de cuisson. Servez de préférence chaud au sortir du four, ou froid pour l'apéritif ou le pique-nique.

Mon avis

- Vous pouvez utiliser une pâte brisée toute préparée, fraîche ou surgelée, vendue en grandes surfaces.
- Mes amies lorraines font leur quiche avec de la crème fraîche mais, par mesure d'économie, elles mélangent parfois du lait à la crème. Faites-vous votre opinion en essayant la recette avec ou sans crème. Moi, je suis pour la crème !

Préparation et cuisson : 30 min

raie grenobloise

Pour 4 personnes :
Raie (en 4 morceaux), 1 kg.
Vinaigre, 6 cuillerées à soupe.
Beurre, 125 g.
Câpres, 2 cuillerées à soupe.
Pain, 3 tranches.
Citron, 1.
Persil.
Sel.

1 Lavez la raie à grande eau. Mettez-la dans une casserole. Recouvrez d'eau froide salée et vinaigrée (5 cuillerées à soupe). Portez doucement à ébullition. Écumez. Laissez pocher 15 min dans l'eau juste frémissante.

2 Égouttez la raie. Retirez-en la peau et les boucles des deux côtés. Mettez les morceaux dans un plat tenu au chaud. Aspergez-les de 1 cuillerée à soupe de vinaigre.

3 Pelez les citrons avec un couteau en mettant la chair à vif (sans la membrane blanche). Coupez le pain en petits dés. Faites-le frire dans le beurre. Ajoutez les câpres et les dés de citrons. Versez sur la raie. Parsemez de persil haché et servez tout de suite.

Mon avis

• La raie dite « bouclée » est la meilleure ; mais attention aux « boucles » qui sont dangereuses ! Il faut les retirer toutes, une fois le poisson cuit.

• Ne vous inquiétez pas si la raie dégage une légère odeur ammoniacale. Elle n'est pas mauvaise pour autant. C'est le seul poisson qui n'exige pas d'être consommé parfaitement frais, au contraire. Sa chair ferme et élastique gagne à être légèrement rassise. Elle devient, de ce fait, plus tendre.

SPÉCIALITÉS I TRÈS FACILE I BON MARCHÉ

Préparation et cuisson : 1 h 30 à 2 h

ratatouille niçoise

Pour 4 personnes :

Oignons, 3 gros.
Aubergines, 4.
Courgettes, 4.
Tomates, 500 g.
Poivrons, 2.
Huile d'olive, 3 à 4 cuillerées à soupe.
Ail, 2 gousses.
Bouquet garni (persil, thym, laurier).
Sel, poivre.

1 Épluchez et émincez les oignons. Coupez les aubergines et les courgettes en morceaux sans les peler. Coupez les tomates en morceaux et les poivrons, préalablement épépinés, en lanières.

2 Faites chauffer l'huile d'olive dans une cocotte. Jetez-y d'abord les oignons en lamelles et, 1 min après, tous les morceaux de légumes, avec les gousses d'ail, le bouquet garni, du sel et du poivre. Couvrez. Laissez mijoter de 1 h à 1 h 30. Si le jus est trop abondant, découvrez à mi-cuisson. Retirez le bouquet garni avant de servir.

Mon avis

• Mélangez la ratatouille pendant la cuisson ou modérez la chaleur, car elle a tendance à attacher au fond de la cocotte, surtout en raison de la présence des aubergines.

• J'aime beaucoup faire mijoter ma ratatouille en la glissant dans le four à mi-cuisson (à 150 °C ou th. 5). Découvrez-la un peu, sur la fin, pour laisser évaporer l'excès de jus.

• Vous pouvez aussi la servir très froide, en hors-d'œuvre.

Préparation et cuisson : 50 min

reine de Saba

Pour 4 personnes :

Beurre, 125 g.

Farine, 80 g (3 cuillerées à soupe pleines).

Chocolat amer, 125 g.

Sucre en poudre, 125 g (7 à 8 cuillerées à soupe).

Œufs, 3.

Sel, 1 pincée.

Crème Chantilly :

Crème liquide, 15 cl.

Sucre vanillé, 1 sachet.

1 Râpez le chocolat. Mélangez-le dans un saladier, avec la farine, le sucre, puis le beurre à peine fondu et les jaunes d'œufs. Préchauffez le four à 170 °C (th. 5-6).

2 Salez légèrement les blancs d'œufs. Battez-les en neige très ferme. Incorporez-les délicatement à la pâte.

3 Beurrez un moule en couronne, de 18 cm de diamètre environ. Versez-y la pâte et enfournez 25 min environ. Le gâteau cuit doit rester moelleux. Démoulez-le et laissez-le refroidir complètement.

4 Crème Chantilly : dans une terrine très froide, battez la crème fraîche avec un fouet électrique ou un fouet à longues branches, sur un rythme assez lent, de façon à incorporer le plus d'air possible dans la crème jusqu'à obtenir une consistance de chantilly. Ajoutez-y le sucre vanillé. Dès que la crème fouettée est mousseuse et tient aux branches du fouet, cessez immédiatement de la battre, car elle tournerait vite en beurre. Conservez au froid.

5 Déposez le gâteau sur un plat. Versez la chantilly à l'intérieur de la couronne.

Mon avis

- Il vaut toujours mieux démouler un gâteau sur une grille, afin qu'il puisse refroidir sans ramollir. La grille permet à la vapeur de s'échapper par en dessous.
- Ce gâteau peut être également accompagné d'une crème pâtissière.

Préparation et cuisson : 2 h

ris de veau braisés

Pour 4 personnes :

Ris de veau, 800 g.

Beurre, 30 g.

Farine, 1 cuillerée à soupe rase.

Sel.

Fond de braisage :

Carotte, 1.

Oignons, 2.

Beurre, 20 g.

Farine, 20 g (1 cuillerée à soupe rase).

Concentré de tomates, 1 cuillerée à café.

Sel, poivre.

1 Plongez les ris de veau dans une casserole d'eau froide salée. Portez lentement à ébullition et laissez frémir 5 min. Égouttez et passez les ris sous l'eau froide. Détachez-en les déchets, puis épongez bien avec du papier absorbant. Aplatissez les ris en posant dessus un récipient assez lourd pendant 1 h environ.

2 Fond de braisage : épluchez carotte et oignons, coupez-les en dés. Faites chauffer 1 grosse noix de beurre dans une cocotte. Mettez-y à dorer carotte et oignons. Saupoudrez de farine, mélangez bien avec une cuiller en bois. Ajoutez 50 cl d'eau, le concentré de tomates, du sel et du poivre. Laissez cuire à très petit feu, sans couvrir, 30 min environ.

3 Salez, poivrez et farinez légèrement les ris. Faites-les dorer dans une poêle avec 30 g de beurre, sur feu assez vif. Égouttez-les et plongez-les dans le fond de braisage contenu dans la cocotte. Couvrez et laissez mijoter, sur feu doux, de 20 à 25 min.

4 Mettez les ris de veau dans un plat. Versez la sauce dessus à travers une passoire fine.

Mon avis

• Si la sauce vous paraît trop liquide, incorporez-y un tout petit peu de fécule délayée avec très peu d'eau froide.

• Les petits pois sont l'accompagnement traditionnel des ris de veau. Faites-les cuire à part, à l'étouffée.

Préparation et cuisson : 25 min

risotto

Pour 4 personnes :

Riz, 250 g.
Beurre, 30 g.
Oignon, 1.
Gruyère ou parmesan râpé, 50 g.
Bouquet garni (persil, thym, laurier).
Sel, poivre.

Remarques

Si le riz, une fois cuit, vous paraît encore trop mouillé, mettez-le, avant d'y ajouter le fromage râpé, dans un plat à gratin et au four tiède une dizaine de minutes pour qu'il dessèche. Mélangez, de temps en temps, avec une fourchette, pour ne pas briser les grains.
Accompagne bien les œufs, les viandes mijotées, les saucisses à la poêle.

1 Hachez l'oignon. Faites chauffer 30 g de beurre dans une casserole (de préférence à fond épais). Mettez-y l'oignon haché. Lorsqu'il est juste doré, ajoutez-y le riz lavé et bien égoutté, en mélangeant jusqu'à ce que les grains soient luisants.

2 Versez sur le riz deux fois son volume d'eau (ou de bouillon). Ajoutez du sel, du poivre et le bouquet garni. Couvrez. Laissez mijoter sur feu très doux jusqu'à absorption complète du liquide (de 17 à 20 min).

3 Retirez le bouquet garni. Incorporez rapidement au riz le gruyère ou le parmesan râpé et servez tout de suite.

Mon avis

• Employez de préférence un riz rond ou spécial risotto ; contrôlez les temps de cuisson sur l'emballage.
• S'il vous reste des petits pois, mélangez-les au risotto terminé : une bonne façon d'utiliser un reste.

SPÉCIALITÉS I TRÈS FACILE I RAISONNABLE

Préparation et cuisson : 25 min

riz à la valencienne

Pour 4 personnes :

Riz basmati à grains longs, 250 g.
Oignon, 1.
Huile d'olive, 2 cuillerées à soupe.
Tomate, 1.
Jambon cru, 100 g.
Chipolatas, 4.
Fonds d'artichauts en boîte (facultatif), 2.
Poivron rouge (en conserve), 1.
Petits pois (en conserve), 1 petite boîte.
Poivre rouge d'Espagne ou piment d'Espelette (facultatif), 1 pincée.
Sel, poivre.

Remarques

Si vous ne voulez pas acheter une boîte entière de poivrons en conserve, voyez chez votre commerçant italien (et même en grande surface) ; les poivrons en conserve sont souvent vendus au détail.

1 Hachez l'oignon. Faites-le revenir dans une cocotte avec l'huile d'olive. Lorsqu'il est juste doré, ajoutez-y le riz, en mélangeant pour enrober les grains sans laisser colorer. Versez sur le riz deux fois son volume d'eau.

2 Ajoutez-y la tomate coupée en morceaux et pressée à la main pour l'épépiner, le poivron et les cœurs d'artichauts également coupés, le jambon, les chipolatas, du sel, du poivre (traditionnel, du poivre rouge d'Espagne ou du piment d'Espelette). Couvrez et laissez cuire très doucement jusqu'à absorption complète du liquide (de 17 à 20 min). Au bout de 10 min, mettez les petits pois bien égouttés. Servez dans la cocotte.

Mon avis

• Un plat vite fait avec plus ou moins de moyens. Il peut vous aider à utiliser quelques petits restes de volaille, de légumes, de jambon, de petites saucisses ou de chipolatas, d'olives, etc.
• Une pointe de safran pour changer est souvent appréciée.

DESSERTS I TRÈS FACILE I BON MARCHÉ

Préparation et cuisson : 45 min

riz au lait

Pour 4 personnes :

Riz rond, 200 g.
Lait, 75 cl environ.
Beurre, 1 noix.
Sucre en poudre, 150 g (9 cuillerées à soupe).
Sucre vanillé, 1 sachet.
Sel, 1 pincée.

1 Lavez le riz à grande eau. Mettez-le à bouillir 5 min environ. Égouttez-le. Mettez le lait sur le feu avec le sucre vanillé, le sel et le riz bien égoutté. Couvrez à demi et laissez cuire, sur feu très doux, jusqu'à absorption presque complète du lait (de 30 à 35 min).

2 Quand le riz est cuit, retirez-le du feu. Mélangez-y le sucre et le beurre pour terminer la cuisson. Servez le riz au lait bien froid, tel quel ou avec de la confiture.

Mon avis

• Le lait risque moins d'attacher au fond de la casserole si vous le sucrez légèrement en le mettant sur le feu : 1 sachet de sucre vanillé ou 1 cuillerée à soupe de sucre suffit. Le reste du sucre ne doit être ajouté qu'à la fin de la cuisson, sinon le riz resterait un peu dur.
• Il est inutile de remuer le riz en cours de cuisson. Mélangez-le seulement lorsque vous ajoutez le sucre.
• Pour changer un peu, je parfume parfois mon riz au lait avec le zeste râpé d'une orange ou d'un citron, ou je l'accompagne de pommes sautées au beurre.

Préparation et cuisson : 1 h

riz aux pommes meringuées

Pour 4 personnes :

Riz rond, 200 g.
Lait, 75 cl environ.
Sucre vanillé, 1 sachet.
Pommes, 3.
Beurre, 50 g.
Sucre en poudre, 150 g (9 cuillerées à soupe).
Œufs, 2.
Cognac, 2 cuillerées à soupe.
Sel, 1 pincée.

1 Lavez le riz à grande eau. Mettez-le à bouillir 5 min. Égouttez-le. Mettez le lait sur le feu avec le sucre vanillé, le sel et le riz bien égoutté. Couvrez à demi et laissez cuire, sur feu très doux, jusqu'à absorption presque complète du lait (de 30 à 35 min).

2 Épluchez et coupez les pommes en lamelles. Faites fondre un bon morceau de beurre dans une poêle. Faites-y sauter les pommes, saupoudrées de 1 cuillerée à soupe de sucre, une dizaine de minutes. Arrosez de cognac.

3 Retirez le riz du feu. Incorporez-y 6 cuillerées à soupe de sucre, 1 noix de beurre et 2 jaunes d'œufs. Mettez dans un plat à gratin. Recouvrez avec les pommes cuites. Préchauffez le four à 200 °C (th. 6-7).

4 Battez les blancs d'œufs, légèrement salés, en neige très ferme. Incorporez-y ensuite 2 cuillerées à soupe de sucre. Étalez sur les pommes, à l'aide d'une cuiller à soupe, sans lisser la surface. Mettez 5 min en haut du four. Servez tiède.

Mon avis

- Des poires ou des bananes peuvent remplacer les pommes.
- Le cognac n'est pas indispensable, surtout s'il y a des enfants.
- Sucrez les pommes au début de leur cuisson, elles caraméliseront légèrement.
- Si vous mettez 1 ou 2 blancs d'œufs supplémentaires (utilisez vos restes), votre meringue sera plus volumineuse.

Préparation et cuisson : 40 min

riz cantonnais

Pour 4 personnes :

Riz, 250 g.
Beurre, 50 g.
Champignons chinois séchés, 15 g (5 cuillerées à soupe).
Oignons, 2.
Rôti de porc cuit coupé menu, 200 g (environ 1 bol).
Saucisses chinoises, 5.
Crevettes décortiquées, 100 g.
Ciboulette.
Œufs, 2.
Poivre de Cayenne, 1 ou 2 pincées.
Sel, poivre.

1 Faites tremper les champignons chinois séchés 30 min dans de l'eau tiède.

2 Lavez le riz et faites-le cuire de 15 à 17 min dans beaucoup d'eau bouillante salée. Égouttez-le aussitôt cuit.

3 Coupez les oignons et les champignons en lamelles, les saucisses en petits morceaux. Faites sauter tout ensemble, avec le porc, dans une grande poêle contenant 30 g de beurre. Au bout de quelques minutes, jetez-y le riz. Faites rissoler légèrement. En dernier lieu, ajoutez crevettes, ciboulette hachée, sel et poivre de Cayenne. Tenez au chaud.

4 Battez les œufs avec du sel, du poivre et 1 cuillerée à soupe d'eau froide. Dans une petite poêle, très chaude, faites cuire 2 omelettes aussi fines que des crêpes, avec 1 noix de beurre pour chacune. Roulez-les en cigarettes pour les découper ensuite facilement en lanières. Déposez sur le riz bien chaud et servez aussitôt.

Mon avis

• Idéal pour étonner les amis et pour les régaler, ce plat demande un certain temps de préparation. Par contre, comme il est très complet, inutile de le faire précéder de hors-d'œuvre.
• Recette pratique pour utiliser toute sorte de restes de viande blanche cuite (porc, poulet ou canard), de poisson, de champignons et de légumes.
• De plus, les saucisses chinoises (légèrement sucrées) peuvent être remplacées par des chipolatas et les champignons chinois (noirs et très légers, vendus dans les maisons de produits exotiques) par de simples champignons de Paris.
• On peut incorporer, au dernier moment, dans le riz bien chaud, les œufs crus battus plutôt que de l'omelette.

疆

SPÉCIALITÉS I TRÈS FACILE I BON MARCHÉ
Préparation et cuisson : 25 min

riz pilaf

Pour 4 personnes :
Riz long (basmati), 250 g.
Oignon, 1.
Beurre, 30 g.
Bouquet garni (persil, thym, laurier).
Sel, poivre.

1 Hachez l'oignon. Faites-le revenir avec du beurre dans une casserole, de préférence à fond épais. Lorsqu'il est juste doré, ajoutez-y le riz, en mélangeant pour enrober les grains de beurre.

2 Versez sur le riz deux fois son volume d'eau (ou de bouillon). Salez, poivrez. Mettez le bouquet garni. Couvrez. Laissez mijoter sur feu très doux jusqu'à absorption complète du liquide (de 17 à 20 min). Retirez le bouquet garni avant de servir.

Mon avis

- Vérifiez les temps de cuisson du riz sur l'emballage.
- Lavez le riz, sinon il peut avoir un goût de « ficelle ». Séchez-le bien, dans un torchon, avant de la mettre dans la casserole.
- Ce sera meilleur si vous mouillez le riz avec du bouillon de viande ou du bouillon de légumes ou, même, avec du court-bouillon de poisson si le riz est destiné à accompagner un plat de poisson.

Préparation et cuisson : 20 min

rognons flambés au cognac

Pour 4 personnes :
Rognons de veau, 2,
ou rognons de porc, 4.
Beurre, 30 g.
Cognac, 1 verre à liqueur.
Crème fraîche, 50 g.
Sel, poivre.

1 Retirez la pellicule qui entoure les rognons. Coupez-les en deux dans l'épaisseur. Éliminez les petits nerfs et les déchets qui se trouvent à l'intérieur. Coupez les rognons en gros dés.

2 Dans une grande poêle, mettez à chauffer assez fort le beurre. Faites-y sauter les rognons, rapidement, sur feu vif. Salez, poivrez. Arrosez de cognac. Dès qu'il bout, faites flamber. Retirez les rognons de la poêle. Gardez-les au chaud sur une grille.

3 Reportez la poêle, avec la sauce de cuisson, sur le feu. Délayez-y la crème fraîche. Laissez bouillir un instant. Versez sur les rognons et servez aussitôt.

Mon avis

• Les rognons de veau sont chers. Par contre, les rognons de porc sont plus abordables. Demandez au commerçant de vous les nettoyer. Vous en trouverez, plus spécialement, chez le charcutier.
• Les pommes de terre à l'anglaise légèrement saupoudrées de persil haché, accompagnent bien ce plat.
• Mettez les rognons cuits à égoutter sur une grille, le temps de préparer la sauce. Ils rendront un peu de jus qu'il ne faut surtout pas ajouter dans la sauce car il n'est pas très bon.

Préparation et cuisson : 40 min

rognons grillés en brochettes

Pour 4 personnes :

Rognons d'agneau ou de mouton, 8 (2 par personne).

Champignons de Paris, 4 gros.

Lard fumé (en morceau), 100 g.

Chipolatas, 4 petites.

Sel, poivre.

Matériel :

Piques à brochette, 4.

1 Demandez au charcutier ou au tripier de parer les rognons pour vous. Sinon, retirez la pellicule qui entoure les rognons. Coupez-les en deux dans l'épaisseur. Éliminez les petits nerfs et les déchets qui se trouvent à l'intérieur. Coupez le morceau de lard en huit.

2 Ôtez le pied sableux des champignons. Lavez-les rapidement. Coupez-les en quatre. Allumez le grilloir.

3 Sur chaque brochette, enfilez, en les alternant : des morceaux de rognon, de champignon et de lard fumé. Terminez par une chipolata. Déposez-les sur la grille du four placée elle-même au-dessus de la plaque creuse (lèchefrite). Glissez sous le grilloir et laissez cuire 10 à 15 min environ. Laissez la porte du four ouverte. Retournez les brochettes à mi-cuisson. Servez sur une assiette.

Mon avis

- Les rognons d'agneau ou de mouton conviennent bien à la cuisson en brochettes car ils sont petits.
- Si vous employez des rognons de porc, coupez-les en 4 ou 6 morceaux. Deux rognons suffisent pour 4 personnes. Servez-les avec du riz nature et des tomates grillées.
- Les piques à brochette sont des tiges d'une vingtaine de centimètres de long en acier ou en bois. Elles ressemblent à de grosses aiguilles. Vous en trouverez au rayon quincaillerie des grands magasins.

Préparation et cuisson : 50 min

rôti de bœuf à la cocotte

Pour 4 personnes :

Rôti de bœuf, 1 kg environ.
Beurre, 15 g.
Huile, 1 cuillerée à soupe.
Sel, poivre.

1 Faites chauffer l'huile dans une cocotte. Lorsqu'elle est bien chaude, ajoutez le beurre, mettez-y la viande à revenir sur toutes ses faces et à feu vif.

2 Laissez cuire, sans couvrir au départ, environ 25 min à feu moyen à vif. Au cours de la cuisson, retournez plusieurs fois la viande sans la piquer. Couvrez à demi pendant le dernier quart d'heure. Salez et poivrez un peu avant de servir.

3 Retirez le rôti de la cocotte. Délayez le jus de cuisson resté au fond avec 1 ou 2 cuillerées à soupe d'eau. Laissez bouillir un instant. Salez, poivrez. Servez le jus obtenu, à part, dans une saucière chaude.

Mon avis

• En même temps que la viande, je mets, dans la cocotte : 1/2 carotte coupée en très petits dés et 1 ou 2 oignons. Je laisse bien roussir, puis j'ajoute 1 bouquet garni et 1 gousse d'ail et je couvre la cocotte à demi. Avec tous ces ingrédients, le jus de viande a beaucoup de saveur.
• Il est plus facile de faire revenir un rôti dans une poêle que dans une cocotte. Non seulement la viande roussit mieux, mais on risque moins de se brûler. On transvase ensuite le rôti dans une cocotte pour qu'il continue de cuire selon la recette.
• Il est conseillé de saler le rôti au début de la cuisson afin de rendre la viande plus goûteuse ; et, conseil de chef : laissez à la viande cuite un temps de repos suffisant (10 à 15 min) avant de la servir, elle sera beaucoup plus tendre.

Préparation et cuisson : 40 min

rôti de bœuf au four

Pour 4 personnes :

Rôti de bœuf, 1 kg environ.

Beurre, 30 g.

Sel, poivre.

1 Préchauffez le four à 230 °C (th. 7-8), 15 à 20 min avant d'y enfourner le rôti.

2 Déposez le rôti dans un plat à gratin. Tartinez la viande de beurre, salez-la et enfournez-la de 25 à 30 min, soit de 12 à 15 min par livre. Retournez la viande et arrosez-la pendant la cuisson.

3 Salez et poivrez encore un peu avant la fin. Présentez la viande, découpée en tranches, sur un plat chaud et la sauce, très courte (non allongée d'eau), à part, dans une saucière chaude.

Mon avis

• Avec le rôti de bœuf, servez des pommes de terre accommodées de toutes les façons : en purée, sautées, frites, en gratin dauphinois, en croquettes.

• Corsez la sauce du rôti en mettant, dans le plat à feu, avant de l'enfourner, 1 oignon et 1/2 carotte coupés en rondelles. Arrosez la viande avec son jus bouillant.

• À mi-cuisson, ajoutez un peu d'eau chaude dans le plat mais surtout pas sur la viande. Avant de découper le rôti, laissez-le reposer 10 min au moins dans le four éteint et chaud. Il sera plus tendre et plus juteux.

GIBIERS I FACILE I CHER

Préparation et cuisson : 50 min. **Marinade :** 48 h

rôti de chevreuil aux pommes

Pour 4 personnes :

Rôti de chevreuil (filet, gigue, côtes désossées), 1 kg.

Beurre, 50 g.

Sel.

Marinade :

Oignons, 2.

Carottes, 2.

Échalotes, 2.

Huile, 2 cuillerées à soupe.

Vin blanc ou rouge, 75 cl.

Vinaigre, 3/4 de verre.

Céleri, 1 branche.

Ail, 2 gousses.

Bouquet garni (persil, thym, laurier).

Clous de girofle, 2.

Grains de poivre, 3.

Romarin (facultatif), 1 branche.

Garniture :

Pommes-fruits, 1 kg.

1 Marinade : coupez en rondelles oignons, carottes, échalotes ; faites-les dorer dans une casserole avec l'huile. Ajoutez : vin, vinaigre, céleri, ail, bouquet garni, clous de girofle, poivre et romarin. Faites bouillir doucement, sans couvrir, de 30 à 40 min. Laissez refroidir complètement. Versez sur le chevreuil. Laissez-le mariner au frais 48 h en retournant la viande le matin et le soir pour qu'elle ne noircisse pas.

2 1 h avant le repas, égouttez les légumes et les aromates de la marinade. Mettez-les dans un plat à four beurré. Posez dessus le rôti bien égoutté et salé.

3 Préchauffez le four à 230 °C (th. 7-8). Pelez les pommes entières. Ôtez-en les pépins avec un vide-pomme. Déposez dans chacune 1 noisette de beurre et disposez-les dans le plat autour du rôti. Faites cuire à four bien chaud, de 15 à 20 min par livre, soit environ 40 min en tout.

Mon avis

- Le temps de cuisson peut être plus ou moins long suivant la fermeté de la chair du chevreuil.
- Servez avec le gibier, et avec le chevreuil en particulier, de la purée de marrons, de la compote de pommes non sucrée ou de la confiture d'airelles ou de myrtilles... et aussi des pommes de terre vapeur ou à l'eau.

Préparation et cuisson : 1 h 30

rôti de porc au four

Pour 4 personnes :
Rôti de porc, 1 kg.
Beurre, 40 g.
Sel, poivre.

1 Préchauffez le four à 170 °C (th. 5-6).

2 Faites chauffer 25 g de beurre dans une poêle. Mettez-y le rôti à dorer de tous côtés, sur feu vif.

3 Déposez-le ensuite dans un plat à feu, sans y mettre la graisse fondue. Salez, poivrez, parsemez de noisettes de beurre et faites cuire à four moyen, 15 min. Ajoutez alors 1 verre d'eau bouillante et laissez cuire pendant 1 h de plus. Arrosez plusieurs fois la viande au cours de la cuisson.

Mon avis

• J'en connais qui, comme pour le gigot, glissent des gousses d'ail dans la viande avant de la mettre au four. C'est une bonne idée. Quant à moi, je glisse des brindilles de thym ou de romarin sous la ficelle qui entoure le rôti, pour bien le parfumer.
• Pour faire rôtir au four, choisissez : filet, pointe de filet, échine ou carré.
• Le rôti sera mieux saisi, plus doré, si vous le faites revenir à la poêle avant de le mettre au four.

Préparation et cuisson : 1 h 15

rôti de porc suédoise

Pour 4 personnes :

Rôti de porc (filet, pointe de filet), 1 morceau de 800 g.
Pruneaux, 1 douzaine.
Beurre, 70 g.
Pommes-fruits, 1 kg.
Sel, poivre.

1 La veille, mettez les pruneaux à tremper dans de l'eau froide. Dénoyautez-les. Glissez-les à l'intérieur du rôti.

2 Avant de faire cuire la viande, préchauffez le four à 200 °C (th. 6-7). Faites d'abord dorer la viande de tous côtés, dans une poêle, sur feu vif, avec 30 g de beurre. Salez, poivrez.

3 Déposez ensuite le rôti dans un plat à four avec quelques noix de beurre. Enfournez pour 25 min. 10 min après avoir mis au four, versez un verre d'eau bouillante dans le plat. Arrosez le rôti de temps en temps pendant la cuisson.

4 Épluchez les pommes entières. Sans les couper, videz-les de leur cœur pour glisser dans chacune 2 pruneaux et 1 noisette de beurre. Disposez les pommes autour du rôti et faites cuire de 25 à 30 min supplémentaires.

Mon avis

- Choisissez du filet ou de la pointe de filet pour faire de belles tranches. Demandez au charcutier de le transpercer en longueur.
- Si vous êtes pressé, faites tremper les pruneaux 1 h seulement dans de l'eau très chaude renouvelée plusieurs fois.
- Un vide-pomme est très pratique pour creuser les pommes. Si vous n'en avez pas, utilisez un petit couteau pointu.
- Pour compléter ce plat, faites cuire quelques pommes de terre à l'eau. Vous les présenterez, épluchées, en même temps que le rôti.

Préparation et cuisson : 1 h 30

rôti de veau au four

Pour 4 personnes :
Rôti de veau, 1 kg.
Beurre, 30 g.
Sel, poivre.

1 20 min avant d'y mettre le rôti, préchauffez le four à 200 °C (th. 6-7).

2 Déposez le rôti dans un plat à feu. Tartinez-le de beurre. Salez et poivrez. Mettez au four pendant 1 h à 1 h 15. Arrosez la viande plusieurs fois au cours de la cuisson. Laissez reposer le rôti une dizaine de minutes dans le four éteint.

3 Coupez la viande en tranches. Mettez-les sur un plat chaud. Versez un tout petit peu d'eau bouillante dans le plat de cuisson. Grattez-en le fond pour récupérer les sucs de viande. Servez cette sauce à part dans une saucière.

Mon avis

- Temps de cuisson du rôti de veau : de 30 à 35 min par livre.
- Vous avez intérêt à faire cuire un morceau de viande de 1 kg au moins, car plus un rôti est petit, plus il diminue à la cuisson. Vous en accommoderez les restes de différentes façons : en tranches avec une mayonnaise, hachés dans différentes préparations (crêpes farcies, hachis Parmentier...).
- Corsez la sauce du rôti en mettant dans le plat à feu, avant de l'enfourner, un oignon et une moitié de carotte en rondelles.
- À mi-cuisson, ajoutez un peu d'eau chaude dans le plat : surtout pas sur la viande. Arrosez celle-ci avec son jus quand il est bouillant.
Si vous suivez ce conseil, ne rajoutez plus d'eau dans le plat à rôti, après cuisson : le jus serait trop allongé.

VIANDES ET VOLAILLES I FACILE I CHER

Préparation et cuisson : 2 h 15. **Cuisson en autocuiseur :** 40 min + 5 min

rôti de veau bûcheronne

Pour 6 personnes :

Carré de veau, 1 kg.
Farine, 1 cuillerée à soupe rase.
Beurre, 45 g.
Petits oignons, 15.
Champignons de Paris, 125 g.
Ail, 1/2 gousse.
Bouquet garni (persil, thym, laurier).
Sucre en poudre, 1 petite cuillerée à café.
Sel, poivre.

1 Salez et poivrez le rôti, puis farinez-le. Faites-le dorer de tous côtés à la cocotte avec 30 g de beurre, sur feu vif. Ajoutez-y 25 cl d'eau chaude, une pointe d'ail et le bouquet garni. Couvrez et laissez cuire doucement pendant 2 h environ.

2 Épluchez les petits oignons. Mettez-les, entiers, dans une casserole avec juste assez d'eau pour les recouvrir. Portez lentement à ébullition, puis égouttez-les. Remettez-les dans la casserole vide avec 1 noix de beurre et le sucre en poudre. Faites-les dorer sur feu assez doux.

3 20 min environ avant la fin de la cuisson de la viande, nettoyez les champignons. Coupez-les en morceaux et ajoutez-les dans la cocotte ainsi que les oignons. Laissez cuire 15 min de plus.

4 Coupez le rôti en tranches. Disposez celles-ci dans un plat chaud. Versez dessus la sauce avec les oignons et les champignons.

Mon avis

• Vous pouvez remplacer le carré par un morceau un peu moins cher : noix ou sous-noix.
• Préparés de cette façon, les oignons seront bien dorés et ne s'écraseront pas en cuisant.
• Les champignons noircissent rapidement ; préparez-les juste avant de les ajouter dans la cocotte.
• Si vous délayez 2 ou 3 cuillerées de crème fraîche avec la sauce avant de la verser sur la viande, ce n'en sera que mieux. Servez avec des pommes de terre à l'anglaise.

Préparation et cuisson : 1 h 30

rôti de veau en cocotte

Pour 4 personnes :
Rôti de veau, 1 kg.
Carotte, 1 petite.
Oignon, 1.
Beurre, 30 g.
Sel, poivre.

1 Dans une cocotte, faites bien chauffer le beurre. Mettez-y le rôti à dorer sur tous les côtés, sur feu vif.

2 Pendant ce temps, épluchez carotte et oignon. Coupez-les en morceaux. Ajoutez-les dans la cocotte avec le rôti. Au bout de 5 min, salez, poivrez. Couvrez et laissez cuire à feu moyen de 1 h à 1 h 15 (soit de 30 à 35 min par livre). Retournez plusieurs fois le rôti au cours de sa cuisson.

3 Retirez le rôti de la cocotte. Gardez-le au chaud. Dans la cocotte restée sur le feu, versez 2 ou 3 cuillerées à soupe d'eau bouillante. Grattez le fond de la cocotte avec une cuiller en bois pour délayer les sucs de la viande. Laissez bouillir, à découvert, quelques minutes.

4 Pendant ce temps, découpez le rôti en tranches. Disposez-les sur un plat chaud. Servez la sauce à part, dans une saucière chaude.

Mon avis

- Cuit à la cocotte, le rôti diminue moins que dans le four.
- Si le rôti menace d'attacher au fond de la cocotte, ajoutez 1 à 2 cuillerées à soupe d'eau bouillante à mi-cuisson.
- Ébouillantez la saucière avant d'y verser votre sauce qui s'y conservera chaude plus longtemps.
- Pour accompagner le rôti de veau : la purée de pommes de terre, les épinards, les pois, les haricots verts, les endives, le chou… et même les pâtes.

Préparation et cuisson : 20 min. **Marinade :** 30 min

rougets grillés aux herbes

Pour 4 personnes :

Rougets-barbets (de 150 à 200 g chacun), 4.

Romarin en poudre, 1/2 cuillerée à café.

Thym en poudre, 1/2 cuillerée à café.

Fenouil, 1 brin.

Citron, 1/2.

Huile, 1 verre.

Persil.

Sel, poivre.

1 Videz les rougets par les ouïes. Écaillez-les. Faites-leur quelques incisions légères avec un couteau pointu bien tranchant. Mettez-les dans un plat creux avec sel, poivre, romarin et thym en poudre, quelques petits bouquets de persil, brin de fenouil, le jus d'un demi-citron et 1 verre d'huile. Laissez-les mariner 30 min.

2 Allumez le grilloir du four.

3 Retirez les rougets de la marinade. Déposez-les sur une grille placée elle-même sur la plaque creuse du four (lèchefrite). Glissez sous le grilloir. Faites cuire, en laissant la porte du four ouverte, de 3 à 4 min sur chaque face. Pendant la cuisson, humectez les poissons avec l'huile de la marinade. Parsemez de persil haché avant de servir.

Mon avis

- Pour écailler le poisson plus facilement, faites-le avec le plat d'un couteau ou une râpe à fromage mouillée. Grattez les écailles en allant de la queue à la tête. Lavez. Coupez, avec des ciseaux, nageoires et queue. Si les rougets sont très frais, ne les videz pas. Leur intérieur est apprécié par les amateurs.
- Les feuilles de thym ou de romarin séchées sont encore meilleures que le thym ou le romarin en poudre. Faites-en la cueillette à la bonne saison et conservez vos herbes séchées dans des boîtes bien fermées.

Préparation et cuisson : 45 min

roussette braisée à la cocotte

Pour 4 personnes :

Roussette, 1 kg.
Beurre, 50 g.
Farine, 2 cuillerées à soupe.
Oignons, 100 g.
Vin blanc sec, 1 verre.
Sel, poivre.

1 Coupez la roussette en tronçons. Salez, poivrez et farinez légèrement.

2 Dans une cocotte, faites chauffer modérément le beurre. Mettez-y les morceaux de poisson à dorer sur toutes les faces, sur feu moyen.

3 Ajoutez-y les oignons coupés en quatre, le vin blanc sec, du sel et du poivre. Couvrez. Laissez mijoter sur feu doux 30 min.

Mon avis

• Roussette = saumonette = chien de mer.
• Le vin blanc n'est pas indispensable, mais il améliore la sauce.
À défaut de vin blanc, ajoutez un peu de jus de citron dans la cocotte.
Préparez la roussette « à l'américaine » au prix d'une légère modification : ajoutez, au poisson déjà doré, 1 tomate coupée et pressée, un peu de concentré et de poivre de Cayenne. Puis continuez comme dit dans la recette.
• Le poisson cuit étant disposé dans un plat tenu au chaud, incorporez dans la sauce restée sur le feu 1 cuillerée à café de farine malaxée avec du beurre. Remettez la roussette dedans. Arrosez d'un petit verre de cognac. Faites flamber sur le feu et servez.

STAUB

DESSERTS | FACILE | BON MARCHÉ

Préparation et cuisson : 30 min. **Au frais :** 1 h

sablés

Pour 4 personnes :

Farine, 125 g (4 cuillerées à soupe très pleines).

Sucre en poudre, 60 g (3 à 4 cuillerées à soupe environ).

Beurre, 60 g.

Jaune d'œuf, 1.

Sel, 1 pincée.

1 Pâte sablée : disposez la farine sur la table ou, mieux, sur une grande planche à pâtisserie. Au milieu, creusez un large puits. Déposez-y côte à côte le jaune d'œuf, le sel, le beurre assez mou et le sucre. Malaxez d'abord le beurre avec le sucre, jusqu'à ce que vous obteniez une crème, puis incorporez-y le jaune d'œuf entièrement. Amalgamez vivement la farine en travaillant la pâte le moins possible avec les deux mains frottées l'une contre l'autre. Roulez en boule. Si possible, laissez reposer 1 h dans un endroit frais.

2 Préchauffez le four à 170 °C (th. 5-6). Abaissez la pâte au rouleau, sans la faire trop fine (0,5 cm d'épaisseur). Découpez-la en rondelles à l'aide d'un emporte-pièce ou d'un verre. Déposez-les sur la plaque du four, préalablement enduite de beurre. Piquez-les avec une fourchette. Faites cuire à four moyen de 10 à 12 min. Laissez refroidir sur la plaque avant de décoller.

Mon avis

Les sablés ordinaires doivent être de couleur sable, à la sortie du four. Par contre, les « sablés nantais », badigeonnés au jaune d'œuf avant d'être mis au four, sont dorés et glacés.

Préparation et cuisson : 50 min

saint-pierre farci à l'anglaise

Pour 4 personnes :

Saint-pierre, 1 de 1,5 kg environ.
Œuf, 1.
Mie de pain rassis, 100 g.
Beurre, 70 g.
Persil haché, 2 cuillerées à soupe.
Citron, 1.
Muscade râpée, 1 pincée.
Carotte, 1.
Oignon, 1.
Sel, poivre.

1 Nettoyez le poisson. Enlevez les nageoires et les ouïes. Essuyez-le soigneusement y compris la poche intérieure.

2 Dans une terrine, battez l'œuf entier avec sel, poivre, persil haché, un peu de muscade râpée et quelques gouttes de jus de citron. Ajoutez-y la mie de pain émiettée et 50 g de beurre légèrement fondu. Mélangez bien. Tassez à l'intérieur du poisson. Préchauffez le four à 200 °C (th. 6-7).

3 Beurrez un grand plat à four. Mettez au fond la carotte et l'oignon coupés en rondelles fines. Déposez dessus le saint-pierre farci. Arrosez-le d'un verre d'eau. Parsemez de noisettes de beurre. Faites cuire à four chaud 30 min environ. Arrosez de temps en temps. Au moment de servir, aspergez avec le reste de jus de citron.

Mon avis

- Saint-pierre = dorée = john-doré.
- Le saint-pierre est un des poissons que je préfère. Cependant, je vous mets en garde sur son prix, d'autant plus élevé qu'il y a beaucoup de perte car sa tête est énorme. Les déchets sont donc importants.
- On peut aussi acheter du saint-pierre en filets et les cuire meunière, c'est simple et délicieux.
- Vous pouvez mettre du vin blanc sec plutôt que de l'eau afin de corser le fumet du poisson.

Préparation : 20 min. **Au frais** : 2 h

salade d'oranges

Pour 4 personnes :

Oranges très fermes, 4.
Sucre en poudre, 100 g (6 cuillerées à soupe).
Rhum, 1/2 verre.
Menthe, quelques brins.

1 Avec un couteau très aiguisé, pelez 3 oranges à vif en faisant une si grosse peau que vous entamez la chair. Laissez une orange avec sa peau, mais essuyez-la bien. Coupez-les toutes en rondelles assez minces. Mettez-les dans un saladier. Rincez, équeutez et coupez finement la menthe. Mélangez avec les oranges.

2 Saupoudrez abondamment de sucre. Arrosez de rhum et mettez au frais 2 h avant de servir.

Mon avis

• Supprimez le rhum pour les enfants.

• Coupez une orange (non traitée) non épluchée et ajoutez-la à la salade qui n'en sera que plus parfumée. Si vous n'aimez pas croquer cette peau, épluchez toutes les oranges, mais hachez très finement un zeste dont vous parfumerez la salade.

• Panachez avec du pamplemousse, sucrez un tout petit peu plus.

• Pour la présentation : décorez d'un brin de menthe fraîche et placez des cerises confites au centre des rondelles qui se trouvent à la surface du saladier.

Préparation et cuisson : 30 min

salade de coquillettes au jambon

Pour 4 personnes :

Coquillettes, 250 g.
Huile, 2 cuillerées à soupe.
Cornichons, quelques uns.
Radis, quelques uns.
Olives vertes dénoyautées, 20.
Fines herbes.
Tomates, 3 petites.
Œufs durs, 4.
Fonds d'artichauts, 1 boîte.
Jambon, 2 tranches.
Sel.

Sauce :

Mayonnaise, 1/2 bol.
Paprika, 1 cuillerée à café.
Ketchup, 1 cuillerée à café.

1 Faites cuire les coquillettes dans beaucoup d'eau bouillante salée selon le temps indiqué sur le paquet. Égouttez-les et mélangez-les aussitôt avec un peu d'huile. Exceptionnellement, dans le cas de la salade, vous pouvez rafraîchir rapidement les coquillettes cuites sous l'eau froide sans les laisser tremper.

2 Hachez les cornichons, les radis, les olives vertes dénoyautées et les fines herbes. Coupez en quartiers les tomates, pelées ou non, et les œufs durs.

3 Préparez la mayonnaise (voir recette p. 626). Elle doit être bien relevée et assez fluide. Au besoin, incorporez-y, à la fin, un peu d'eau froide ou de vinaigre, puis ajoutez le ketchup et le paprika. Mélangez-la avec les coquillettes refroidies, les fonds d'artichauts coupés, le hachis de cornichons, les radis, les olives et les fines herbes. Disposez le tout dans un saladier ou un grand plat creux. Décorez avec des dés de jambon, des quartiers d'œufs durs et de tomates.

Mon avis

• Cette salade peut être enrichie de bien des façons avec blanc de poulet, coquillages, crabe, crevettes, langoustines ou légumes tels que le maïs, les cœurs de palmiers, le concombre, etc.

• Les pâtes de petite taille – coquillettes, torsades, macaroni courts – sont les plus indiquées pour la salade, car elles conservent mieux leur forme quand elles sont délicatement brassées avec l'assaisonnement.

Préparation et cuisson : 20 min. **Marinade :** 1 h

salade de poulet tandoori

Pour 4 personnes :

Laitue, 1.
Poulet, 4 filets.
Pomme, 1.
Yaourt, 1.
Citron, 1.
Huile, 1 cuillerée à soupe.
Épice tandoori, 2 cuillerées à soupe.
Sel.

Vinaigrette :

Huile, 4 cuillerées à soupe.
Vinaigre, 1/2 cuillerée à soupe.
Moutarde forte, 1 cuillerée à café.
Sel, poivre.

1 Épluchez, lavez la salade et égouttez-la avec soin. Coupez la pomme en minces lamelles et citronnez-les.

2 Préparez la vinaigrette dans un saladier. Vous en assaisonnerez la salade au dernier moment.

3 Coupez le poulet en lanières. Mettez dans un plat avec la poudre à tandoori, le jus du citron, du sel, du poivre, l'huile et le yaourt. Mélangez bien et laissez macérer au froid pendant 1 h.

4 Piquez sur des piques à brochette et faites cuire 10 min environ sous le gril en retournant de temps à autre. Servez sur la salade assaisonnée et agrémentée des pommes.

Mon avis

• L'épice tandoori se trouve très facilement dans tous les supermarchés. On en trouve de la jaune ou de la rouge : préférez la rouge qui donne une couleur vraiment étonnante à cette salade.
• Ces brochettes se servent aussi à l'apéritif, seule ou avec d'autres brochettes d'inspiration exotique (satay, c'est-à-dire à la cacahuète, au citron...).

Préparation et cuisson : 30 min

salade de riz aux fruits de mer

Pour 4 personnes :

Riz non traité (long ou basmati), 100 g.
Moules, 1 litre.
Oignon, 1.
Crevettes décortiquées, 50 g.
Fines herbes.
Tomates, 2.
Vinaigrette :
Huile, 5 cuillerées à soupe.
Vinaigre, 1/2 cuillerée à soupe.
Sel, poivre.

Remarques

Cette salade peut devenir un plat-repas pour un soir d'été ou pour un lunch à la campagne ; il suffit d'augmenter un peu les proportions de moules et de crevettes et d'ajouter, au besoin, des œufs durs.

1 Faites bouillir une grande quantité d'eau salée ; lavez le riz rapidement dans une passoire, sous le jet du robinet, pour qu'il ne trempe pas. Puis, jetez-le dans l'eau en ébullition, sans couvrir, de 15 à 17 min. Rafraîchissez-le aussitôt sous l'eau froide. Égouttez sans attendre. Laissez refroidir.

2 Grattez et lavez les moules. Mettez-les dans une sauteuse, sur feu vif, avec l'oignon coupé finement. Mélangez et retirez-les du feu aussitôt ouvertes. Décoquillez-les.

3 Préparez la vinaigrette dans un saladier. Ajoutez-y le riz, les moules, les crevettes, les fines herbes hachées. Mélangez. Décorez avec les tomates coupées en quartiers. Servez assez frais. Mélangez la vinaigrette avec un peu de mayonnaise (du commerce) ; la salade sera mieux liée.

Mon avis

• Mélangez la vinaigrette avec un peu de mayonnaise ; la salade sera plus onctueuse.
• Vous pouvez, de la même façon, préparer une salade avec des coques. Mais, pensez alors à les faire tremper plusieurs heures dans de l'eau froide très salée afin qu'elles rejettent leur sable.

Préparation : 20 min

salade M.C.B.

Pour 4 personnes :

Mâche, 125 g.

Citron, 1/2.

Céleri-rave, 100 g.

Betterave rouge cuite, 1 petite.

Échalote, 1.

Persil.

Vinaigrette :

Huile, 3 cuillerées à soupe.

Vinaigre, 1 cuillerée à soupe.

Sel, poivre.

1 Si la mâche n'est pas prélavée à l'achat, lavez-la dans plusieurs eaux, car elle renferme souvent du sable. Égouttez-la avec soin. Râpez le céleri-rave, aspergez-le aussitôt avec du jus de citron pour qu'il reste blanc. Coupez la betterave en rondelles ou en dés. Hachez l'échalote et le persil.

2 Mélangez le tout avec de la vinaigrette. Parsemez de persil haché au moment de servir.

Mon avis

- M.C.B. signifie Mâche, Céleri, Betterave.
- Les salades à base de betterave rouge s'accommodent de bien des combinaisons : fines lamelles de pommes fruits, cerneaux de noix, bâtonnets de céleri-branche ou de fenouil cru, cresson, haricots verts et, cela va de soi, pommes de terre.

ENTRÉES DIVERSES I TRÈS FACILE I RAISONNABLE

Préparation : 15 min

salade mimosa

Pour 4 personnes :

Laitue, 1.

Orange, 1.

Banane, 1.

Jus de citron, 1 cuillerée à soupe environ.

Crème fraîche, 3 cuillerées à soupe environ.

Sel, poivre.

1 Lavez la laitue. Égouttez-la avec soin. Pelez l'orange à vif.

2 Juste avant le repas, faites l'assaisonnement dans le saladier : mélangez la crème fraîche assez liquide avec sel, poivre et jus de citron. Ajoutez, sur le couvert en croix, les feuilles de laitue, l'orange coupée en lamelles très fines et la banane en rondelles. Ne mélangez qu'au moment de consommer.

Mon avis

• Pour peler une orange (ou un citron) à vif, coupez avec un couteau très aiguisé, en entamant la pulpe du fruit. Il ne doit plus rester de peau du tout. La chair est « à vif ».

• Si la crème fraîche est trop ferme, délayez-la avec 1 cuillerée à soupe d'eau froide. Vous doserez le jus de citron selon votre goût.

• Voici la vraie recette de la salade mimosa. Toutefois, ce nom désigne plus généralement une laitue simplement parsemée de blanc et de jaune d'œuf dur finement écrasés.

SPÉCIALITÉS I TRÈS FACILE I RAISONNABLE

Préparation et cuisson : 15 min

salade niçoise

Pour 4 personnes :

Pommes de terre cuites, 2.
Œufs, 2.
Haricots verts, 1 petite boîte (250 g environ).
Tomates, 2.
Concombre, 1/2.
Oignon blanc, 1.
Poivron, 1.
Thon à l'huile, 1 petite boîte.
Filets d'anchois, 1 petite boîte (8 à 10 filets).
Olives, 10.
Pain, frotté d'ail (facultatif), quelques tranches.

Vinaigrette :

Huile d'olive, 3 cuillerées à soupe.
Vinaigre, 1 cuillerée à soupe.
Moutarde, 1 cuillerée à café.
Sel, poivre.

Remarques

Présentez ce plat en hors-d'œuvre, pour un lunch ou, un jour d'été, en guise de plat-repas ou pour un pique-nique. Dans le cas du plat-repas, mettez 1 œuf par personne, 1 grosse boîte de thon et davantage de pommes de terre. Augmentez un peu la quantité de vinaigrette.

1 Faites durcir les œufs 10 min dans de l'eau bouillante. Pendant ce temps, préparez la vinaigrette.

2 Égouttez les haricots verts. Passez-les sous l'eau froide dans une passoire. Coupez-les en morceaux réguliers. Écalez les œufs et coupez-les. Pelez et coupez les tomates en quartiers, le concombre, les pommes de terre et l'oignon en rondelles. Épépinez le poivron et coupez-le en lanières.

3 Versez dans un saladier le contenu de la boîte de thon avec son huile, les haricots verts, l'oignon, les pommes de terre et le concombre, le poivron, les tomates et les œufs, les filets d'anchois, les olives. Arrosez de vinaigrette.

Mon avis

• Pour la présentation : dans le saladier, disposez les pommes de terre en dôme, les haricots verts autour. Parsemez de quartiers de tomate et d'œuf, de morceaux de thon, de lanières de poivron, d'olives et d'anneaux d'oignon, de filets d'anchois en étoile. Arrosez de vinaigrette. Ne mélangez ce bel arrangement qu'au moment de servir.
• Si vous aimez bien l'ail, frottez-en quelques tranches de baguette préalablement toastées. Arrosez-les d'un peu d'huile d'olive et plantez-les sur la salade.

Préparation et cuisson : 1 h 15

salsifis sautés

Pour 4 personnes :

Salsifis, 1 kg.
Beurre, 40 g.
Farine, 20 g (1 cuillerée à soupe rase).
Vinaigre.
Persil.
Sel, poivre.

1 Épluchez les salsifis avec un économe. Tranchez net les deux extrémités et coupez les salsifis en tronçons. Déposez-les au fur et à mesure dans de l'eau vinaigrée pour les empêcher de noircir (1 cuillerée à soupe par litre).

2 Préparez un « blanc » : faites bouillir environ 1,5 litre d'eau salée ; ajoutez-y la farine délayée avec un peu d'eau froide.

3 Plongez les salsifis dans ce « blanc » en ébullition. Laissez-les cuire de 30 à 40 min, puis égouttez-les bien.

4 Faites chauffer le beurre dans une poêle. Mettez-y les salsifis à dorer une dizaine de minutes. Salez et poivrez. Parsemez de persil haché au moment de servir.

Mon avis

• Faites tremper les salsifis dans de l'eau froide pour ramollir la terre qui les entoure et faciliter ainsi leur épluchage.
• Pour simplifier, vous pouvez cuire vos salsifis dans de l'eau, tout simplement, et non dans un « blanc ». Vos salsifis seront moins blancs une fois cuits.

Préparation et cuisson : 15 min

saltimbocca

Pour 4 personnes :

Escalopes de veau très minces, 4.
Beurre, 25 g.
Farine, 1 cuillerée à soupe.
Cognac, 1 verre à liqueur.
Crème fraîche, 3 ou 4 cuillerées à soupe.
Sel, poivre.

1 Coupez les escalopes en carrés de 3 cm de côté environ. Salez et poivrez-les, puis farinez-les légèrement.

2 Faites chauffer le beurre dans une grande poêle. Mettez-y la viande à cuire doucement 2 à 3 min de chaque côté. Arrosez de cognac et flambez-le sur le feu.

3 Retirez les saltimbocca de la poêle. Tenez-les au chaud dans un plat. Dans la poêle restée sur le feu, versez la crème. Faites bouillir 1 min en grattant le fond de la poêle avec une cuiller en bois pour délayer les sucs de viande caramélisés. Versez sur les saltimbocca et servez aussitôt.

Mon avis

• Ne farinez pas trop la viande. Secouez les morceaux pour faire tomber l'excès de farine.

• Cette recette succulente nous vient d'Italie. On pourrait traduire saltimbocca par « saute-en-bouche »… Et c'est tout à fait cela ! Dès qu'on les voit apparaître sur la table, on a l'impression de les déguster déjà.

• On peut aussi enrouler les lanières de viande avec une lanière de jambon et une feuille de sauge avant de les poêler au beurre.

• Des escalopes de poulet ou de dinde conviennent aussi.

• Servez la saltimbocca avec du riz nature.

Préparation et cuisson : 20 min

sardines fraîches poêlées et persillées

Pour 4 personnes :
Sardines fraîches, 750 g (environ 24).
Farine, 4 à 5 cuillerées à soupe.
Beurre, 60 à 90 g.
Persil (facultatif).
Citron (facultatif).
Sel, poivre.

1 Videz et lavez rapidement les sardines. Essuyez-les dans un linge. Farinez-les légèrement.

2 Les sardines devant être à l'aise dans la poêle, faites-les cuire en deux ou trois fois. À chaque fois, faites chauffer 30 g de beurre. Déposez-y les sardines farinées. Laissez cuire 2 à 3 min de chaque côté, sur feu modéré. Salez, poivrez et parsemez de persil haché avant de servir avec des quartiers de citron.

Mon avis

• Ne grattez pas les sardines. Il suffit de les essuyer avec un linge ou un papier pour que les écailles partent.
• Pour ôter l'odeur de poisson, frottez la poêle avec du gros sel ou faites-y bouillir un peu de vinaigre. Le mieux encore, si vous faites souvent du poisson, serait de réserver pour sa cuisson une poêle spéciale.
• Si les sardines sont tout frais pêchées, donc très fermes, mettez-les directement dans la poêle sans les fariner.
• Les sardines doivent être extra-fraîches. Un poisson frais :
- n'a presque pas d'odeur ;
- a une peau brillante, les écailles y adhèrent bien ;
- a l'œil bombé, brillant et transparent ; est rigide et sa chair est ferme et élastique ;
- a l'ouïe rouge et brillante (vous vous en rendrez compte en la soulevant).

Préparation : 15 min

sauce ailloli

Pour 8 personnes :

Ail, 5 à 7 gousses.

Jaune d'œuf, 1.

Huile d'olive, 50 cl environ.

Citron, 1/2.

Sel, poivre.

1 Tous les éléments doivent être à température ambiante. Épluchez l'ail. Pilez-le avec un pilon, très finement. Ajoutez-y le jaune d'œuf, du sel et du poivre. Mélangez vigoureusement avec un fouet à sauce.

2 Ajoutez, peu à peu, l'huile. Quand la sauce prend, versez l'huile plus généreusement. Ajoutez 1 cuillerée à soupe d'eau chaude et le jus du citron pour terminer.

Mon avis

- Pour réussir cette sauce, prenez les mêmes précautions que pour une mayonnaise.
- Augmentez ou diminuez le nombre de gousses d'ail, selon votre goût.
- Habituellement servi avec le « grand ailloli » : chou-fleur, pommes de terre, carottes, haricots verts, etc.
- Accompagne aussi toutes les viandes froides, le poisson froid et les œufs durs, ainsi que la morue, le bœuf bouilli chaud et les légumes.

Préparation et cuisson : 20 min

sauce au curry

Pour 4 personnes :

Beurre, 30 g.

Farine, 30 g (1 cuillerée à soupe très pleine).

Curry, 1 ou 2 cuillerées à café (selon la force).

Bouillon ou eau froide, 50 cl.

Crème fraîche, 1 ou 2 cuillerées à soupe.

Sel.

Remarques

Accompagne les viandes blanches (blanquette, poule bouillie), les œufs durs ou pochés, les poissons cuits au court-bouillon et, surtout, le riz.

1 Faites fondre le beurre sur feu doux. Délayez-y la farine sur le feu pendant quelques instants jusqu'à ce que le mélange mousse.

2 Ajoutez-y la poudre de curry puis, d'un seul coup, le liquide froid. Salez. Mélangez sans arrêt jusqu'à épaississement. Laissez cuire à feu doux une dizaine de minutes puis incorporez la crème fraîche. Laissez bouillir quelques secondes et servez.

Mon avis

Attention, le curry, mélange d'épices diverses, peut être fort, plus ou moins pimenté. Soyez prudent si vous n'avez pas l'habitude d'utiliser votre poudre de curry ; ajoutez-la petit à petit en goûtant votre sauce au fur et à mesure. La crème fraîche l'adoucit bien.

Préparation et cuisson : 15 min

sauce aux câpres

Pour 4 personnes :

Beurre, 75 g.

Farine, 30 g (1 cuillerée à soupe très pleine).

Court-bouillon de poisson froid, 50 cl.

Câpres, 1 à 2 cuillerées à soupe.

Jaune d'œuf, 1.

1 Faites fondre, sur feu doux, 30 g de beurre. Ajoutez-y la farine. Délayez sur le feu, pendant quelques secondes, jusqu'à ce que le mélange soit mousseux. Ajoutez-y d'un seul coup le court-bouillon froid. Mélangez jusqu'à épaississement. Laissez cuire à feu extrêmement doux, une dizaine de minutes.

2 Dans un bol, mélangez ensemble 1 jaune d'œuf et les câpres. Incorporez-y 2 ou 3 cuillerées de sauce chaude. Reversez dans la casserole, hors du feu, sans cesser de mélanger.

3 Hors du feu et juste avant de servir, incorporez le reste de beurre, par petits morceaux, en mélangeant vigoureusement. Servez aussitôt.

Mon avis

• Certaines mettent un peu de lait dans leur sauce câpres. Personnellement, je préfère l'enrichir avec un peu de crème fraîche plutôt qu'avec du lait. Mais ce n'est pas indispensable… si vous n'aimez pas cela.

• Accompagne le poisson cuit au court-bouillon.

SAUCES I TRÈS FACILE I BON MARCHÉ

Préparation et cuisson : 1 h 10

sauce aux tomates fraîches

Pour 4 personnes :

Tomates, 750 g.
Oignons, 2.
Carotte, 1/2.
Ail, 1 gousse.
Farine, 1 cuillerée à café.
Beurre, 20 g.
Bouquet garni (persil, thym, laurier).
Persil.
Sel, poivre.

1 Coupez les tomates en quartiers. Mettez-les dans une casserole avec oignons et carotte coupés en morceaux, ail, bouquet garni, sel et poivre. Laissez cuire à feu moyen et sans couvrir, de 45 min à 1 h.

2 Retirez le bouquet garni. Passez la purée au moulin à légumes avec la grille fine : celle-ci retiendra la peau et les pépins des tomates. Reportez sur le feu.

3 Malaxez la farine avec le beurre. Incorporez peu à peu la purée de tomates. Remuez sur feu doux jusqu'à épaississement. Parsemez de persil haché avant de servir.

Mon avis

• Si la purée de tomates vous paraît vraiment très liquide, mettez-la à bouillir quelques minutes, sans couvrir. Si au contraire, elle vous semble à bonne consistance, il sera inutile d'ajouter le beurre manié avec la farine.

• Accompagne les viandes rôties, les œufs durs ou en omelette, les pâtes, le riz et les haricots verts.

Préparation et cuisson : 30 min

sauce béarnaise

Pour 4 personnes :

Échalotes, 2.
Estragon.
Vinaigre, 3 cuillerées à soupe.
Jaunes d'œufs, 2.
Beurre, 100 g.
Sel, poivre.

1 Hachez finement les échalotes et coupez les feuilles d'estragon. Mettez-les dans une petite casserole épaisse avec le vinaigre. Faites bouillir très doucement quelques minutes, jusqu'à évaporation complète du liquide. Laissez refroidir.

2 Hors du feu, ajoutez les jaunes d'œufs, 2 cuillerées à soupe d'eau, du sel et du poivre. Reportez sur feu très doux. Fouettez vigoureusement avec un fouet à sauce, jusqu'à ce que le mélange épaississe et tienne un peu aux branches du fouet. Veillez à ce que la casserole ne soit jamais assez chaude pour brûler la main.

3 Retirez du feu et incorporez-y le beurre, noix par noix, en tournant sans cesse.

Mon avis

• Faites cette sauce à la dernière minute car elle ne peut être réchauffée.

• Pour réussir une béarnaise, il est indispensable d'utiliser :
- un fouet à sauce ;
- une petite casserole à fond très épais, en fonte émaillée par exemple.

• À défaut d'estragon frais, utilisez de l'estragon conservé dans du vinaigre.

• Vous pouvez faire la béarnaise au bain-marie. La cuisson sera plus longue, mais le risque de trop chauffer sera supprimé.

• Cette sauce accompagne : des beefsteaks à la poêle ou grillés, des œufs durs ou pochés, du poisson frit ou grillé.

SAUCES I TRÈS FACILE I BON MARCHÉ

Préparation et cuisson : 15 min

sauce béchamel

Pour 4 personnes :

Beurre, 30 g.

Farine, 30 g (1 cuillerée à soupe très pleine).

Lait froid, 50 cl.

Sel, poivre.

1 Faites fondre, sur feu doux, le beurre. Ajoutez-y la farine. Délayez sur le feu pendant quelques secondes jusqu'à ce que le mélange soit mousseux.

2 Ajoutez-y d'un seul coup le lait froid. Salez et poivrez. Mélangez jusqu'à épaississement. Laissez cuire à feu extrêmement doux une dizaine de minutes.

Mon avis

• Une pincée de muscade râpée relève le goût un peu douceâtre de la sauce béchamel.

• Pour préparer une sauce crème, il suffit d'ajouter à la béchamel 2 ou 3 cuillerées de crème fraîche et, selon votre goût, un peu de citron.

• Accompagne les œufs pochés ou durs, les viandes blanches, le poisson au court-bouillon et la plupart des légumes cuits à l'eau.

• Il vaut mieux mélanger les sauces avec un fouet à sauce en fil de laiton plutôt qu'avec une cuiller en bois. Cela va beaucoup plus vite et évite les grumeaux.

SAUCES I TRÈS FACILE I BON MARCHÉ

Préparation et cuisson : 15 min

sauce blanche

Pour 4 personnes :

Beurre, 30 g.

Farine, 30 g (1 cuillerée à soupe très pleine).

Bouillon de viande, 50 cl.

Sel, poivre.

1 Faites fondre sur feu doux, le beurre. Ajoutez-y la farine. Délayez sur le feu pendant quelques secondes jusqu'à ce que le mélange soit mousseux.

2 Ajoutez-y d'un seul coup le bouillon froid. Salez et poivrez. Mélangez jusqu'à épaississement. Laissez cuire à feu extrêmement doux une dizaine de minutes.

Mon avis

• Incorporez le liquide froid au mélange farine-corps gras chaud ou, au contraire, le liquide bien chaud au mélange refroidi. Dans ces conditions, vous n'aurez jamais de grumeaux.

• Pour accompagner un poisson bouilli : remplacez le bouillon de viande par le court-bouillon du poisson. Il est bien évident, dans ce cas, qu'il ne faut pas saler la sauce à nouveau.

SAUCES I FACILE I RAISONNABLE
Préparation et cuisson : 50 min

sauce bolognaise

Pour 4 personnes :
Carotte, 1.
Oignon, 1.
Beurre, 30 g.
Farine, 1 cuillerée à soupe très pleine.
Tomates fraîches, 2.
Concentré de tomates, 1 cuillerée à café.
Bouillon de viande ou eau, 50 cl.
Champignons de Paris, 50 g.
Jambon de Paris, 1 tranche fine.
Persil, cerfeuil, estragon.
Sel, poivre.

1 Épluchez carotte et oignon. Coupez-les en petits morceaux. Mettez-les à revenir avec le beurre. Saupoudrez de farine. Remuez jusqu'à ce que le mélange brunisse bien.

2 Ajoutez, d'un seul coup, le bouillon froid ou d'eau, le concentré de tomates, les tomates fraîches coupées, du sel et du poivre. Mélangez jusqu'à épaississement. Laissez bouillir doucement 30 min environ, sans couvrir. La sauce doit diminuer de moitié.

3 Lavez les champignons et coupez-les en très petits morceaux ainsi que le jambon.

4 Passez la sauce. Remettez-la sur feu doux, avec le hachis de champignons et de jambon, une dizaine de minutes. Ajoutez persil, cerfeuil et estragon hachés, au moment de servir.

Mon avis

• Vous pouvez utiliser une petite boîte de champignons. Ajoutez-les dans la sauce.
• Le persil suffit, mais un mélange d'herbes variées donnera encore plus de saveur.
• Accompagne les pâtes, le riz et certains légumes cuits à l'eau tels que : céleri, fenouil, bettes.

SAUCES I FACILE I BON MARCHÉ

Préparation et cuisson : 15 min

sauce diable

Pour 4 personnes :

Bouillon de viande concentré, 10 cl.
Vin blanc sec, 2 verres.
Échalotes, 2.
Moutarde aromatisée, 1 cuillerée à café.
Ketchup (facultatif), 2 cuillerées à soupe.
Poivre de Cayenne, 1 ou 2 pincées.
Poivre.

1 Faites bouillir le vin blanc avec les échalotes hachées, pendant une dizaine de minutes, sans couvrir. Le liquide doit diminuer de moitié.

2 Ajoutez le bouillon de viande et 1 pincée de poivre de Cayenne. Faites bouillir 3 min. Hors du feu, incorporez la moutarde aromatisée et, si vous l'aimez, un peu de Ketchup. Ne salez pas.

Mon avis

• Pour obtenir un bouillon de viande concentré, il suffit de le faire réduire sur feu vif : ainsi, les sucs et les arômes se concentrent.
• Préparez cette sauce peu avant de la servir.
• Accompagne : poulet ou pigeon grillé « à la diable », escalope panée, pied de porc pané, poissons grillés.
• Un hachis de fines herbes (cerfeuil, estragon), ajouté à la dernière minute, donne encore plus de parfum à cette sauce très relevée.

SAUCES I TRÈS FACILE I BON MARCHÉ

Préparation et cuisson : 15 min

sauce gribiche

Pour 4 personnes :

Œuf, 1.
Moutarde, 1 cuillerée à café.
Huile, 1 verre environ.
Vinaigre, 1 cuillerée à café.
Cornichon, 1.
Câpres, 4 ou 5.
Fines herbes (cerfeuil, estragon, persil).
Sel, poivre.

1 Faites durcir l'œuf en le faisant cuire 10 min à l'eau bouillante salée. Écalez-le. Coupez-le en deux. Retirez-en le jaune que vous écraserez dans un bol. Incorporez-y la moutarde, du sel, du poivre et huile en filet, comme pour une mayonnaise.

2 Lorsque la sauce est prise, ajoutez-y le cornichon haché, les câpres, les fines herbes finement coupées, ainsi qu'un peu de vinaigre.

Mon avis

• Quand des fines herbes sont indiquées dans la recette, cela signifie que vous pouvez les utiliser toutes ou seulement l'une d'entre elles, selon vos possibilités.
• Vous pouvez également ajouter le blanc d'œuf haché, ainsi qu'un filet de jus de citron.
• Accompagne le poisson froid, la tête et le pied de veau.

Préparation et cuisson : 15 min

sauce hollandaise

Pour 4 personnes :

Jaunes d'œufs, 2.
Beurre, 100 g.
Jus de citron, quelques gouttes.
Sel, poivre.

1 Dans un poêlon épais, mettez 2 jaunes d'œufs, 2 cuillerées à soupe d'eau froide, un peu de sel et de poivre, quelques gouttes de jus de citron.

2 Sur feu très doux, mélangez vigoureusement avec un fouet à sauce jusqu'à ce que le mélange épaississe et tienne un peu aux branches du fouet. Veillez à ce que la casserole ne soit jamais trop chaude à la main.

3 Hors du feu, incorporez-y délicatement le beurre, noix par noix.

Mon avis

• Certains chefs cuisiniers ajoutent le citron à la fin seulement. Si je fais le contraire, c'est qu'après bien des expériences, je me suis rendu compte que la sauce prend plus facilement si l'on met le citron tout au début.

• Vous pouvez faire cette sauce au bain-marie plutôt que sur le feu directement. C'est un peu plus long.

• La sauce hollandaise ne peut pas être réchauffée. Si elle doit attendre, maintenez-la dans un bain-marie tiède (vous devez pouvoir y tremper le doigt sans vous brûler). Si le bain-marie était trop chaud, la sauce tournerait.

• Accompagne principalement du poisson cuit au court-bouillon, des asperges ou des fonds d'artichauts.

SAUCES | FACILE | RAISONNABLE

Préparation et cuisson : 15 min

sauce ivoire

Pour 4 personnes :

Beurre, 30 g.

Farine, 30 g (1 cuillerée à soupe très pleine).

Bouillon de volaille froid, 50 cl.

Jaunes d'œufs, 2.

Crème fraîche, 2 cuillerées à soupe.

Poivre.

1 Faites fondre, sur feu doux, le beurre. Ajoutez-y la farine. Délayez sur le feu pendant quelques secondes jusqu'à ce que le mélange soit mousseux.

2 Ajoutez-y, d'un seul coup, le bouillon froid. Poivrez. Mélangez jusqu'à épaississement. Laissez cuire à feu doux une dizaine de minutes.

3 Dans un bol, délayez jaunes d'œufs et crème fraîche. Incorporez-y quelques cuillerées de sauce, puis reversez dans la casserole, hors du feu, en mélangeant vivement.

Mon avis

- Ne salez pas puisque le bouillon l'est déjà.
- Accompagne une volaille cuite au bouillon ou des abats tels que tête ou cervelle de veau.

Préparation et cuisson : 25 min

sauce madère

Pour 4 personnes :

Oignon, 1.
Beurre, 40 g.
Farine, 30 g (1 cuillerée à soupe très pleine).
Champignons de Paris, 1 petite boîte.
Liquide (1 verre de vin blanc sec + jus des champignons + eau), 75 cl.
Madère, 1 petit verre à apéritif.
Sel, poivre.

Remarques

Vous devez obtenir une sauce assez épaisse ; le madère ajouté tout à la fin lui donnera la consistance et le goût désirés. Accompagne principalement les viandes rouges (tournedos, rôti de bœuf) mais aussi les tranches de jambon cuit réchauffé,
la langue de veau ou de bœuf, le ris de veau.

1 Égouttez les champignons. Conservez-en le jus.

2 Hachez l'oignon. Faites-le dorer légèrement avec 30 g de beurre. Saupoudrez de farine. Délayez, sur le feu, pendant quelques secondes jusqu'à ce que le mélange colore légèrement. Mouillez avec le liquide froid (vin blanc sec, jus des champignons, eau) versé d'un seul coup. Salez, poivrez. Remuez jusqu'à épaississement. Laissez mijoter sur feu très doux 15 min. Un peu avant la fin de la cuisson, ajoutez-y les champignons coupés en quatre, juste pour les réchauffer.

3 Hors du feu, ajoutez le verre de madère. Au besoin, faites réchauffer un instant sur le feu, sans laisser bouillir. Incorporez-y le reste de beurre.

Mon avis

Tout le monde n'aimant pas le goût un peu particulier du madère, vous pourrez le remplacer par un autre vin à saveur douce tel que porto ou xérès.

SAUCES | MOINS FACILE | RAISONNABLE

Préparation : 10 min

sauce mayonnaise

Pour 4 personnes :

Jaune d'œuf, 1.

Huile, 100 g (1 grand verre).

Moutarde forte, 1 cuillerée à café.

Vinaigre, 1 cuillerée à café.

Sel, poivre.

1 Dans un bol, mélangez bien avec un fouet : jaune d'œuf, 1/2 cuillerée à café de vinaigre, sel, poivre, moutarde.

2 Quand le mélange est bien homogène et lisse, ajoutez-y l'huile presque goutte à goutte pour débuter, puis quand la sauce commence à prendre, versez l'huile plus abondamment. Tournez rapidement et sans arrêt pendant toute la durée de la préparation. Ajoutez encore 1/2 cuillerée à café de vinaigre à la moitié de la préparation.

3 Quand la mayonnaise est terminée, incorporez-y d'un seul coup, en mélangeant, 1 cuillerée à café d'eau bouillante. La sauce sera plus légère et tiendra mieux.

Mon avis

• Tous les éléments de la mayonnaise doivent être à la même température : celle de la cuisine.

• La mayonnaise peut rater parce que : ses éléments ne sont pas à la même température ; l'huile a été ajoutée en trop grande quantité au début ; il y a trop d'huile pour la quantité d'œuf.

• Mayonnaise au mixeur électrique : elle se fait avec l'œuf entier – blanc et jaune – et les mêmes quantités d'éléments indiqués dans cette recette. On met tout à la fois, même l'huile, dans le bol du mixeur, puis on mixe quelques secondes.

• La mayonnaise « collée », très brillante, permet d'enrober un plat froid (poisson, poulet, macédoine de légumes ou œufs durs) : il suffit d'incorporer à la mayonnaise un peu de gelée froide, mais encore liquide, avant de l'étendre sur l'aliment. La gelée se prépare très facilement avec de la gelée en poudre, achetée en sachet.

• Variante : vous pouvez faire une mayonnaise au citron en y ajoutant quelques gouttes de citron frais à la place du vinaigre.

SAUCES I FACILE I BON MARCHÉ

Préparation et cuisson : 15 min

sauce Mornay

Pour 4 personnes :

Beurre, 30 g.

Farine, 30 g (1 cuillerée à soupe très pleine).

Lait froid, 50 cl.

Gruyère râpé, 50 g.

Sel, poivre.

1 Faites fondre, sur feu doux, le beurre. Ajoutez-y la farine. Délayez sur le feu pendant quelques secondes jusqu'à ce que le mélange soit mousseux. Ajoutez-y le lait froid, d'un seul coup. Poivrez. Mélangez jusqu'à épaississement. Laissez cuire à feu doux de 5 à 10 min.

2 Hors du feu, incorporez-y le gruyère râpé. Mélangez bien. Goûtez et salez à ce moment seulement.

Mon avis

- Ne remettez pas sur le feu, une fois le fromage ajouté à la sauce.
- Accompagne : la viande blanche et surtout les œufs durs ou pochés, le poisson poché et certains légumes tels que : pommes de terre, chou-fleur, salade cuite, bettes, épinards, carottes, etc.
- Le fromage étant déjà plus ou moins salé, il est prudent de ne saler la sauce qu'après l'y avoir mélangé.

MOINS FACILE I RAISONNABLE
Préparation et cuisson : 15 min

sauce mousseline

Pour 4 personnes :
Jaunes d'œufs, 2.
Beurre, 100 g.
Crème fraîche, 2 ou 3 cuillerées à soupe.
Jus de citron, quelques gouttes.
Sel, poivre.

1 Dans un poêlon épais, mettez les jaunes d'œufs, 2 cuillerées à soupe d'eau froide, un peu de sel et de poivre, le jus de citron.

2 Sur feu très doux, mélangez vigoureusement avec un fouet à sauce jusqu'à ce que le mélange épaississe et tienne un peu aux branches du fouet. Veillez à ce que la casserole ne soit jamais trop chaude à la main.

3 Hors du feu, incorporez-y délicatement le beurre, noix par noix.

4 À la sauce terminée, incorporez la crème fraîche telle quelle ou, mieux encore, fouettée comme de la chantilly.

Mon avis

- Accompagne le poisson cuit au court-bouillon et surtout les asperges.
- Certaines appellent sauce « mousseline » une simple sauce blanche ou une béchamel pas trop épaisse, enrichie de crème fraîche. C'est très bon aussi et beaucoup plus simple à réaliser, évidemment.

SAUCES I TRÈS FACILE I BON MARCHÉ
Préparation et cuisson : 15 min

sauce moutarde

Pour 4 personnes :
Beurre, 40 g.
Farine, 30 g (1 cuillerée à soupe très pleine).
Bouillon de viande ou eau froide, 50 cl.
Moutarde forte, 1 cuillerée à soupe.
Persil.
Sel, poivre.

1 Faites fondre, sur feu doux, le beurre. Ajoutez-y la farine. Délayez sur le feu pendant quelques secondes jusqu'à ce que le mélange soit mousseux. Versez d'un seul coup le liquide froid. Salez et poivrez. Mélangez jusqu'à épaississement. Laissez cuire à feu très doux une dizaine de minutes.

2 Hors du feu, incorporez à la sauce la moutarde forte, 1 noix de beurre et le persil haché.

Mon avis

• Vous pouvez également faire une sauce moutarde extrêmement simple en délayant de la moutarde forte, du sel, du poivre, du jus de citron et de la crème fraîche ajoutée peu à peu. Travaillez comme une mayonnaise. Cela accommode parfaitement les hors-d'œuvre de crudités.
• Accompagne surtout le poisson.

SAUCES | TRÈS FACILE | RAISONNABLE

Préparation et cuisson : 15 min

sauce pesto

Pour 4 personnes :

Basilic, 1 gros bouquet.
Ail, 4 à 5 gousses.
Pignons, 1 cuillerée à soupe.
Parmesan râpé, 2 cuillerées à soupe.
Huile d'olive, 10 cl.
Sel, poivre.

Équeutez, rincez et épongez le basilic. Pelez l'ail. Mettez dans le mortier (ou le bol d'un mixeur) : le basilic, l'ail, les pignons. Pilez énergiquement. Ajoutez le parmesan. Puis versez l'huile en filet sans cesser de mélanger. Salez, poivrez.

Mon avis

- Il s'agit davantage d'un condiment que d'une sauce. On en assaisonne les pâtes, les salades, les soupes, la viande...
- On peut ajouter au pesto des tomates concassées fraîches.

Préparation et cuisson : 35 min

sauce piquante

Pour 4 personnes :

Bouillon de viande concentré, 50 cl.
Farine, 30 g (1 cuillerée à soupe très pleine).
Beurre, 40 g.
Concentré de tomates, 1 cuillerée à soupe.
Tomate fraîche, 1.
Échalote, 1.
Vin blanc sec, 6 cuillerées à soupe.
Vinaigre, 6 cuillerées à soupe.
Cornichons, 3.
Persil, estragon.
Poivre en grains.

1 Faites fondre sur feu doux 30 g de beurre. Ajoutez-y la farine. Délayez sur le feu pendant quelques secondes, jusqu'à ce que le mélange soit blond. Ajoutez-y le concentré de tomates, les morceaux de tomate fraîche et le bouillon. Remuez jusqu'à ébullition. Couvrez à demi. Laissez cuire, sur feu très doux, 20 min environ.

2 Hachez l'échalote. Mettez-la dans une casserole avec le vin blanc, le vinaigre, du poivre. Laissez mijoter sur feu moyen, sans couvrir, jusqu'à ce que le liquide soit réduit de moitié. Versez-le dans la sauce. Laissez cuire 10 min. Passez. Avant de servir, ajoutez les cornichons coupés en rondelles, le persil et l'estragon hachés et 1 noix de beurre.

Mon avis

• À défaut d'estragon frais, utilisez du vinaigre aromatisé à l'estragon pour préparer la sauce.
• Accompagne les abats tels que langue, tête, pied de porc grillé ainsi que cotes de porc ou bœuf bouilli.

SAUCES I TRÈS FACILE I BON MARCHÉ

Préparation : 10 min

sauce ravigote

Pour 4 personnes :

Vinaigre, 1 cuillerée à soupe.

Huile, 3 cuillerées à soupe.

Oignon ou échalote, 1.

Câpres, 1 cuillerée à café.

Fines herbes hachées (cerfeuil, estragon, ciboulette).

Sel, poivre.

1 Préparez une vinaigrette en délayant bien vinaigre, huile, sel et poivre.

2 Hachez très finement l'oignon ou l'échalote. Coupez les fines herbes. Ajoutez oignon ou échalote, fines herbes et câpres dans la vinaigrette.

Mon avis

• Coupez les fines herbes dans un verre, avec des ciseaux. C'est simple et les herbes conservent mieux leur parfum.

• La ravigote accompagne la tête ou le pied de veau, la viande et le poisson froids.

Préparation : 15 min

sauce rouille

Pour 4 personnes :

Mie de pain, la valeur d'un petit œuf.
Lait tiède, 1/2 tasse.
Gousses d'ail, 1 ou 2.
Petit piment fort (frais ou sec), 1.
Huile, 6 cuillerées à soupe environ.
Sel, poivre.

1 Faites tremper la mie de pain dans le lait tiède. Une fois imbibée, pressez-la bien.

2 Écrasez au pilon les gousses d'ail et le piment. Ajoutez-y ensuite la mie de pain, puis incorporez-y l'huile, goutte à goutte. Salez et poivrez. La rouille prend comme une mayonnaise.

Mon avis

- Je parfume souvent la rouille avec un peu de safran qui lui donne, en plus, une jolie couleur dorée.
- Accompagne la bouillabaisse, la soupe de poisson. Se sert aussi avec des petits croûtons à l'apéritif (du pastis, de préférence).

SAUCES | FACILE | BON MARCHÉ

Préparation et cuisson : 45 min

sauce Soubise

Pour 4 personnes :

Oignons, 250 g.

Beurre, 60 g.

Farine, 30 g (1 cuillerée à soupe très pleine).

Lait, 50 cl.

Sel, poivre.

1 Coupez les oignons en rondelles. Jetez-les dans de l'eau bouillante. Laissez bouillir une dizaine de minutes. Égouttez-les bien. Mettez-les dans une casserole avec une bonne noix de beurre. Laissez mijoter très doucement, couvert, de 10 à 15 min.

2 Préparez une sauce béchamel en délayant dans une casserole, sur feu moyen, 30 g de beurre et la farine. Versez-y d'un seul coup tout le lait froid. Mélangez jusqu'à épaississement.

3 Ajoutez les oignons dans la sauce, du sel, du poivre et laissez mijoter tout ensemble, très doucement, une dizaine de minutes.

Mon avis

• Les oignons doivent rester parfaitement blancs. Les gros oignons doux d'Espagne n'exigent pas d'être préalablement cuits à l'eau. Il suffit de les faire cuire doucement dans la casserole avec le beurre. Ajoutez-y l ou 2 cuillerées d'eau au départ, pour qu'ils ne colorent ni ne brûlent.

• Accompagne les œufs durs ou pochés, les escalopes ou côtes de veau, la volaille, certains légumes tels que pommes de terre, fonds d'artichauts.

• J'ajoute de la crème fraîche dans la sauce Soubise, juste avant de la servir.

• Pour varier, vous pouvez faire aussi une sauce Soubise à la tomate ; il suffit d'y ajouter 1 cuillerée à soupe de concentré de tomates en fin de préparation.

Préparation : 15 min

sauce tartare

Pour 4 personnes :

Jaune d'œuf, 1.
Moutarde forte, 1 cuillerée à café.
Huile, 100 g.
Vinaigre, 1 cuillerée à café.
Cornichons, 4 ou 5.
Oignon, 1.
Câpres, 1 ou 2 cuillerées à café.
Fines herbes (persil, ciboulette, cerfeuil, estragon).
Sel, poivre.

1 Dans un bol, mélangez bien avec un fouet : jaune d'œuf, 1/2 cuillerée à café de vinaigre, sel, poivre, moutarde.

2 Quand le mélange est bien homogène et lisse, ajoutez-y l'huile presque goutte à goutte pour débuter, puis quand la sauce commence à prendre, versez l'huile plus abondamment. Tournez rapidement et sans arrêt pendant toute la durée de la préparation. Ajoutez encore 1/2 cuillerée à café de vinaigre à la moitié de l'opération.

3 Hachez finement l'oignon et les fines herbes. Coupez les cornichons et les câpres. Incorporez à la sauce bien relevée.

Mon avis

• La sauce tartare est une mayonnaise à base de jaune d'œuf dur très relevée avec des aromates vinaigrés. Si je me suis permis une entorse à la tradition, en remplaçant le jaune d'œuf dur par un jaune d'œuf cru, c'est que la sauce est plus facile à réussir et tient bien mieux.

• Accompagne surtout les restes de viande froide et de poisson.

SAUCES | TRÈS FACILE | BON MARCHÉ

Préparation et cuisson : 30 min

sauce tomate italienne

Pour 4 personnes :

Lard de poitrine, 50 g.
Beurre, 30 g.
Échalotes, 2.
Ail, 1 gousse.
Vin blanc sec, 1 grand verre.
Concentré de tomates, 1 petite boîte.
Bouquet garni (persil, thym, laurier).
Farine, 1 cuillerée à café.
Sel poivre.

1 Dans 15 g de beurre, faites blondir légèrement : ail et échalotes hachés et lard finement coupé. Ajoutez-y vin, 2 verres d'eau, concentré de tomates, bouquet garni, sel, poivre. Laissez mijoter 20 min.

2 Avec une fourchette, malaxez la farine avec autant de beurre. Incorporez à la sauce, par petits morceaux. Laissez épaissir un instant sur feu doux. Enlevez le bouquet garni.

Mon avis

• Si la tomate vous paraît trop acide, ajoutez à la sauce 1 morceau de sucre pour l'adoucir.

• Accompagne :

- viandes : bœuf bouilli, boulettes de viande, porc grillé ;
- abats : langue, foie, cervelle, pieds grillés ;
- poissons : morue, poissons frits ou au court-bouillon ;
- œufs : pochés ou durs ;
- légumes, pâtes, riz et semoule.

Préparation et cuisson : 30 min

sauce verte

Pour 4 personnes :

Jaune d'œuf, 1.
Moutarde forte, 1 cuillerée à café.
Huile, 100 g (1 grand verre).
Vinaigre ou jus de citron, 1 cuillerée à café.
Fines herbes (persil, cerfeuil, ciboulette, estragon), 1 gros bouquet.
Feuilles d'épinards, 50 g.
Feuilles de cresson, 50 g.
Sel, poivre.

Remarques

Cette sauce est une sorte de mayonnaise. Elle exige de respecter les mêmes précautions. C'est très simple : tous les éléments la composant – l'huile et l'œuf principalement – doivent être à la même température, soit tiède, soit froide, peu importe. Il suffit de les sortir du réfrigérateur 15 min avant la préparation. Vous la réussirez sans problème. C'est une excellente sauce pour rehausser la saveur de simples filets de poisson froids et œufs durs.

1 Mettez, dans une casserole d'eau en ébullition, les feuilles d'épinards et de cresson, ainsi que les fines herbes dont vous disposez (100 g environ). Laissez-les bouillir 5 min et égouttez bien en pressant. Puis passez-les à la moulinette très fine ; vous obtiendrez un liquide vert. Laissez-la refroidir.

2 Dans un bol, mélangez bien avec un fouet le jaune d'œuf, 1/2 cuillerée à café de vinaigre ou de jus de citron, du sel, du poivre et la moutarde. Quand le mélange est bien homogène et lisse, ajoutez-y l'huile presque goutte à goutte pour débuter puis, quand la sauce commence à prendre, versez l'huile plus abondamment. Tournez rapidement et sans arrêt pendant toute la durée de la préparation. Ajoutez encore 1/2 cuillerée à café de vinaigre ou de jus de citron.

3 Incorporez le mélange aux herbes refroidi à la mayonnaise.

CHARCUTERIES, TRIPERIES ET ABATS | TRÈS FACILE | BON MARCHÉ

Préparation et cuisson : 15 min

saucisses à la poêle

Pour 4 personnes :

Saucisses, 4 (500 g environ).

Beurre, 25 g.

Faites chauffer le beurre dans une poêle. Lorsqu'elle est bien chaude, faites-y rissoler vivement les saucisses sur feu vif d'abord, puis sur feu doux pendant une dizaine de minutes.

Mon avis

• Toutes les saucisses à base de chair à saucisse, telles que saucisses de Toulouse, saucisses longues ou plates, crépinettes ou chipolatas, se préparent de cette façon. Le temps de cuisson est plus ou moins long selon la grosseur de la saucisse.

• Présentez les saucisses avec des légumes qui en absorbent bien le gras, tels que des pommes de terre, du riz, des pois cassés, des lentilles ou des choux.

Préparation et cuisson : 1 h 15

saucisson chaud et pommes à l'huile

Pour 4 personnes :

Pommes de terre, 250 g.
Saucisson à cuire fumé ou non, 1 (300 à 400 g).
Vin blanc sec, 1 verre.
Persil.
Sel.

Vinaigrette :

Oignon, 1 petit.
Échalote, 1.
Huile, 3 cuillerées à soupe.
Vinaigre, 1 cuillerée à soupe.
Sel, poivre.

1 Lavez les pommes de terre. Mettez-les à bouillir non épluchées dans de l'eau salée pendant 30 min.

2 Faites chauffer 1 litre d'eau avec le vin blanc sec. Plongez-y le saucisson. Laissez cuire de 15 à 25 min dans l'eau juste frémissante.

3 Délayez le sel et le vinaigre dans un saladier. Ajoutez-y l'huile, du poivre, l'oignon et l'échalote finement hachés. Épluchez les pommes de terre chaudes. Coupez-les aussitôt en rondelles dans le saladier. Ajoutez 1/2 verre d'eau de cuisson du saucisson et le saucisson coupé en rondelles épaisses. Mélangez. Parsemez de persil haché. Servez le tout bien chaud.

Mon avis

- Le saucisson peut cuire dans de l'eau sans addition de vin blanc.
- Vous pouvez ajouter un peu de vin blanc tiédi aux pommes de terre chaudes, à la place du bouillon de cuisson du saucisson : c'est très bon !

Préparation et cuisson : 25 min

saumon frais grillé

Pour 4 personnes :

Darnes ou tranches de saumon frais, 4 (800 g environ).
Huile, 2 cuillerées à soupe.
Beurre maître d'hôtel :
Beurre, 100 g.
Citron (jus), 1.
Persil.
Sel, poivre.

Remarques :

Ouvrez les fenêtres toutes grandes lorsque vous faites griller un aliment, du poisson en particulier. Faites brûler ensuite une pelure de pomme ou d'orange pour atténuer l'odeur inévitable.

1 Beurre maître-d'hôtel : malaxez le beurre ramolli avec le persil haché, le jus du citron, du sel et du poivre.

2 Allumez le grilloir du four. Salez et poivrez les tranches de poisson. Badigeonnez-les d'huile sur les deux faces.

3 Déposez-les sur la grille posée elle-même sur la plaque creuse du four (lèchefrite). Glissez le tout sous le grilloir et faites cuire de 5 à 8 min sur chaque face, suivant l'épaisseur des tranches.

4 Présentez une tranche de saumon par assiette chaude. Servez avec le beurre maître d'hôtel.

Mon avis

Si vous utilisez un gril de contact, déposez-y les tranches de poisson lorsqu'il est très chaud. Faites pivoter les tranches pour marquer la chair d'un quadrillage. Laissez cuire encore 3 ou 4 min. Puis retournez les morceaux et faites cuire sur l'autre face de la même façon.
Vous pouvez présenter, avec le saumon, du beurre fondu (assaisonné d'un jus de citron) ou de la sauce béarnaise (toute préparée, en grande surface).

Préparation et cuisson : 1 h 20

sauté de mouton au curry

Pour 4 personnes :

Mouton en morceaux, 1 kg.
Huile, 2 cuillerées à soupe.
Ail, 1 gousse.
Farine, 20 g (1 cuillerée à soupe rase).
Curry, 2 ou 3 cuillerées à café.
Concentré de tomates, 1 cuillerée à soupe.
Oignons, 4.
Bouquet garni (persil, thym, laurier).
Sel, poivre.

1 Faites chauffer l'huile dans une cocotte. Mettez-y à dorer sur tous les côtés, les morceaux de mouton et les oignons en rondelles, puis saupoudrez de farine. Mélangez bien sur feu vif, pour laisser roussir la farine.

2 Ajoutez le curry, le concentré de tomates, la gousse d'ail, 75 cl d'eau chaude et le bouquet garni. Salez et poivrez modérément. Couvrez. Laissez mijoter doucement 1 h. Retirez le bouquet garni avant de servir.

Mon avis

- Pour les sautés ou les ragoûts de mouton, choisissez des morceaux bon marché : collier, haut de côtelettes, poitrine.
- Si vous n'êtes pas habitué au curry, ajoutez-le avec prudence. Goûtez au fur et à mesure.
- Servez avec du riz nature, cuit environ 17 min dans beaucoup d'eau bouillante salée.
- Vous pouvez incorporer 1 ou 2 cuillerées à soupe de crème fraîche à la sauce, pour en atténuer le piquant et la rendre plus moelleuse.

Préparation et cuisson : 1 h 15

sauté de veau à la crème et à l'estragon

Pour 4 personnes :

Veau (coupé en 8 ou 10 morceaux), 1 kg environ.
Beurre, 40 g.
Oignons, 2.
Estragon frais (ou cerfeuil), 1 branche.
Farine, 1 cuillerée à café.
Crème fraîche, 3 cuillerées à soupe.
Sel, poivre.

1 Hachez les oignons. Faites chauffer le beurre dans une cocotte. Mettez-y les oignons à blondir. Ajoutez ensuite la viande, du sel, du poivre et les tiges d'estragon ; mettez les feuilles de côté. Couvrez hermétiquement d'une assiette creuse remplie d'eau froide. Renouvelez l'eau quand elle est chaude. Laissez mijoter 1 h.

2 Retirez la viande de la cocotte, lorsqu'elle est tout à fait cuite. Mettez-la sur un plat. Tenez-le au chaud.

3 Mélangez, dans un bol, la farine avec la crème fraîche et les feuilles d'estragon hachées finement. Incorporez ce mélange au jus de cuisson resté dans la cocotte. Laissez bouillir un instant. Versez sur la viande et servez aussitôt.

Mon avis

- L'épaule laisse moins de déchets, mais le flanchet ou le tendron sont moins coûteux.
- Il vaut toujours mieux laisser cuire un peu la crème fraîche dans la sauce.
- Servez avec du riz nature, cuit à l'eau bouillante le temps indiqué sur l'emballage (17 min en moyenne).

Préparation et cuisson : 25 min

soles meunière

Pour 4 personnes :

Soles, 4.
Beurre, 60 g.
Farine, 2 cuillerées à soupe.
Citron, 1.
Persil.
Sel, poivre.

1 Faites vider et dépouiller les soles par le poissonnier. Lavez-les et essuyez-les. Salez, poivrez et farinez-les légèrement des deux côtés.

2 Faites fondre 30 g de beurre dans une grande poêle. Déposez-y 2 soles seulement (elles doivent y être à l'aise). Laissez-les cuire, sur feu moyen, de 3 à 4 min sur chaque face. Mettez-les dans un plat que vous garderez au chaud. Remettez 30 g de beurre dans la poêle pour y faire cuire les autres poissons.

3 Servez les soles arrosées de leur sauce de cuisson et parsemées de persil haché. Présentez des quartiers de citron à part.

Mon avis

• Pour bien réussir cette cuisson « meunière », c'est-à-dire à la poêle, il faut toujours fariner le poisson. Sans cette couche protectrice, la peau naturellement humide du poisson collerait au fond de la poêle.
• Ne cuisez pas sur feu trop vif ; le poisson risquerait d'attacher. Secouez souvent la poêle pendant la cuisson. Ne piquez pas le poisson avec la fourchette, il se briserait.
• Pour 4 personnes, vous pouvez également choisir 2 soles assez grosses. Dans ce cas, cuisez-les 5 min environ sur chaque face.
• Les filets de soles se préparent « à la meunière », exactement de la même manière.

Préparation et cuisson : 50 min

soufflé à la liqueur

Pour 4 personnes :

Farine, 30 g (1 cuillerée à soupe très pleine).
Beurre, 40 g.
Sucre en poudre, 80 g (5 cuillerées à soupe environ).
Lait, 25 cl.
Œufs, 4.
Liqueur (Grand-Marnier, curaçao etc.), 4 cuillerées à soupe.
Sel, 1 pincée.

1 Dans une grande casserole, mélangez, sur feu doux, 30 g de beurre et la farine. Lorsque le mélange commence à mousser légèrement, incorporez-y le lait froid, d'un seul coup. Remuez jusqu'à ébullition. Laissez mijoter quelques minutes. Préchauffez le four à 170 °C (th. 5-6).

2 Retirez la casserole du feu. Ajoutez-y, en mélangeant sans arrêt avec une cuiller en bois, le sucre, la liqueur et les jaunes d'œufs.

3 Battez en neige très ferme les blancs additionnés de sel. Incorporez-les délicatement dans la casserole, toujours hors du feu.

4 Beurrez bien un moule à soufflé, suffisamment grand pour que la préparation à soufflé ne l'emplisse qu'aux trois quarts. Égalisez la surface avec la lame d'un couteau. Faites cuire au four, 30 min environ. Servez immédiatement.

Mon avis

La grande difficulté du soufflé réside, on le sait, dans l'organisation du temps. Il suffit que le soufflé attende 15 min de trop dans le four... et il retombe. Un bon truc : préparez l'appareil à soufflé juste avant le repas. Versez-le dans le moule et mettez-le dans le réfrigérateur. Allumez votre four en passant à table. Puis, aussitôt le plat de résistance desservi, c'est-à-dire environ 30 min avant le dessert, mettez le soufflé dans le four chaud à point.

ŒUFS I DIFFICILE I RAISONNABLE

Préparation et cuisson : 45 min

soufflé au fromage

Pour 4 personnes :

Œufs, 3.

Gruyère râpé, 75 g.

Beurre, 1 noix.

Sel.

Béchamel :

Farine, 30 g.

Beurre, 30 g.

Lait, 25 cl.

Sel, poivre.

Remarques

Attention, ne vous réjouissez pas trop vite ! Votre soufflé n'est pas cuit parce qu'il est bien gonflé : attendez encore. Laissez-le dans le four assez longtemps car un soufflé bien cuit en profondeur retombe moins rapidement.

À votre troisième ou quatrième essai, la préparation d'un soufflé au fromage vous paraîtra facile.

1 Béchamel épaisse : faites fondre le beurre sur feu doux. Ajoutez-y la farine. Délayez sur le feu quelques secondes jusqu'à ce que le mélange soit mousseux. Ajoutez-y d'un seul coup le lait froid. Salez et poivrez. Mélangez jusqu'à épaississement.

2 Préchauffez le four à 170 °C (th. 5-6). Beurrez un moule à soufflé. Cassez les œufs en séparant les jaunes des blancs. Ajoutez 1 pincée de sel à ces derniers. Battez-les en neige très ferme.

3 Ajoutez à la béchamel, hors du feu, le gruyère râpé, les 3 jaunes d'œufs puis, avec précaution, les blancs d'œufs battus. Versez dans le moule. Enfournez de 25 à 30 min.

Mon avis

- Votre soufflé ne sera réussi que si les blancs en neige sont très fermes. Avant de les battre, ajoutez-y 1 pincée de sel : ils monteront mieux. Mais ne les brisez pas en les incorporant à la béchamel ; faites-le délicatement avec une cuiller et non un fouet.
- Pour que votre soufflé monte régulièrement, une précaution avant de l'enfourner : passez la lame d'un couteau entre le moule et l'appareil à soufflé.
- Mettez le soufflé au four quand vos invités arrivent, pas avant, son temps de cuisson de 25 ou 30 min étant exact. Rappelez-vous qu'« un soufflé n'attend pas, ce sont les convives qui attendent ».
- En ramequins individuels, les soufflés sont plus présentables et retombent beaucoup moins vite. La cuisson est un peu plus rapide.

Préparation et cuisson : 45 min

soupe à l'oignon

Pour 4 personnes :

Oignons, 3 gros.
Beurre, 60 g.
Farine, 20 g (1 cuillerée à soupe rase).
Pain de mie, 4 tranches.
Gruyère râpé, 50 g.
Sel, poivre.

1 Épluchez les oignons. Coupez-les en rondelles minces. Faites-les blondir doucement, avec une noix de beurre, dans une grande casserole.

2 Saupoudrez de farine et remuez avec une cuiller en bois jusqu'à ce que le mélange brunisse un peu. Ajoutez-y 1,5 litre d'eau, du sel et du poivre. Laissez bouillir 20 min.

3 Coupez les tranches de pain en quatre. Faites dorer à la poêle avec 40 g de beurre. Égouttez le pain et mettez-le dans un poêlon ou une cocotte allant au feu. Allumez le grilloir du four.

4 Versez la soupe à l'oignon sur le pain. Parsemez de gruyère râpé. Faites gratiner quelques minutes sous le grilloir.

Mon avis

• Pour éviter que les oignons n'attachent au fond de la casserole, ajoutez-leur – quand ils sont assez colorés – 1 ou 2 cuillerées à soupe d'eau froide. Couvrez et laissez mijoter doucement.
• Vous pouvez mélanger 1 ou 2 verres de vin blanc sec à votre soupe à l'oignon ou même 1 verre à apéritif de porto.
• Pour gagner du temps, vous pouvez servir la soupe à l'oignon non gratinée. En guise de croûtons dorés, mettez tout bonnement des biscottes. Et si, bien que pressée, vous voulez une « gratinée », faites-la à partir d'un potage en sachet. Il ne vous restera que l'opération « gratin » à mener à bien.

Préparation et cuisson : 2 h

soupe au pistou

Pour 4 personnes :

Haricots frais, écossés (cocos de préférence), 300 g.
Courgette, 1.
Haricots verts, 125 g.
Poireaux, 125 g.
Carottes, 125 g.
Navets, 125 g.
Céleri-rave, 125 g.
Tomates, 2.
Spaghettis ou gros vermicelle, 50 g.
Sel.

Pistou :

Ail nouveau, 2 ou 3 gousses (selon grosseur).
Basilic frais, 1 ou 2 bouquets.
Parmesan fraîchement râpé, 50 g.
Huile d'olive, 1/2 verre.
Sel, 2 cuillerées à café rases.

Remarques

À défaut de basilic frais, utilisez du basilic déshydraté en poudre (1/2 cuillerée à café suffit) ou bien encore du basilic surgelé, mais c'est moins bon !

1 Dans une marmite, faites bouillir 2 litres d'eau salée. Écossez les haricots. Lavez, épluchez et coupez les légumes en petits dés. Jetez-les tous dans l'eau bouillante. Couvrez et laissez cuire doucement pendant 1 h.

2 Ajoutez les spaghettis cassés en tronçons. Remettez à bouillir 15 min.

3 Pistou : dans un grand saladier solide, coupez l'ail en morceaux. Ajoutez-y le sel et les feuilles de basilic au fur et à mesure ; écrasez le tout en pommade au fur et à mesure. Incorporez peu à peu l'huile en fouettant, comme pour une mayonnaise. Ajoutez à la fin le fromage râpé.

4 Versez la soupe non passée dans la soupière. Délayez-y le pistou et servez très chaud.

Mon avis

Le mélange hollande et gruyère râpé est délicieux avec le pistou. Mettez-en dans une coupelle sur la table, pour que les gourmands en rajoutent dans leur assiette.

Préparation et cuisson : 1 h

soupe au potiron

Pour 4 personnes :

Potiron, 1 kg.
Beurre, 1 noix.
Lait, 1 litre.
Riz, 50 g (environ 3 cuillerées à soupe rases).
Sel, poivre.

1 Épluchez et coupez le potiron en gros dés. Mettez dans une grande casserole, sur feu doux, avec 1 noix de beurre et 1 verre d'eau. Couvrez et laissez cuire 30 min.

2 Écrasez le potiron. Ajoutez-y le lait et le riz, du sel et du poivre. Laissez bouillir doucement 20 min.

Mon avis

- Une fois le lait ajouté, ne couvrez pas, sinon le lait déborderait facilement.
- Si vous n'aimez pas beaucoup le riz (qui permet de lier la soupe), à la place, faites cuire 2 ou 3 pommes de terre coupées en dés, en même temps que le potiron.
- Et n'oubliez pas quelques pincées de persil haché sur le potage au moment de servir.

SOUPES ET CONSOMMÉS I TRÈS FACILE I BON MARCHÉ

Préparation et cuisson : 1 h

soupe bonne femme

Pour 4 personnes :

Poireaux, 3.

Beurre, 40 g.

Pommes de terre, 250 g.

Pain rassis, 4 tranches.

Sel, poivre.

1 Coupez finement les poireaux bien lavés et débarrassés de leurs plus grosses feuilles. Faites-les cuire un instant dans une grande casserole avec 1 noix de beurre. Ajoutez-y ensuite 1 cuillerée à soupe d'eau. Couvrez et laissez cuire sur feu très doux 5 min.

2 Pendant ce temps, épluchez les pommes de terre. Coupez-les en rondelles. Ajoutez-les dans la casserole avec 1,5 litre d'eau, du sel et du poivre. Couvrez. Faites bouillir doucement 45 min environ.

3 Beurrez les tranches de pain. Disposez-les au fond de la soupière. Versez la soupe dessus et servez.

Mon avis

- Ne laissez pas brûler les poireaux, ils deviendraient amers.
- Mettez dans cette soupe : moitié eau, moitié lait.

Préparation et cuisson : 1 h 30

soupe de poisson provençale

Pour 4 personnes :

Poissons de Méditerranée, 1 kg à 1,2 kg.
Huile, 4 cuillerées à soupe.
Oignon, 1 gros.
Tomates, 2.
Concentré de tomates, 1 cuillerée à soupe.
Fenouil, 1 brin.
Laurier, 1/2 feuille.
Safran, 0,5 g.
Ail, 4 gousses.
Clous de girofle, 2.
Gros vermicelle, 3 cuillerées à soupe (facultatif).
Biscottes ou pain grillé, 4.
Sel, poivre.
Gruyère ou parmesan râpé.

1 Videz et lavez les poissons. N'en ôtez pas la tête. Coupez-les en tronçons. Dans une casserole, faites blondir légèrement, dans l'huile, l'oignon haché, puis les tomates coupées, avec le fenouil, le laurier, les morceaux de poisson ainsi que les têtes. Laissez cuire 10 min sur feu moyen, en écrasant avec une cuiller en bois pour réduire les poissons en bouillie.

2 Ajoutez-y 1,5 litre d'eau, du sel, du poivre et le safran, 3 gousses d'ail, le concentré de tomates, les clous de girofle. Faites bouillir 25 min.

3 Passez la soupe à travers une moulinette à grille fine. Reportez à ébullition. Jetez-y le vermicelle et laissez cuire de 7 à 10 min. Servez avec le gruyère ou le parmesan râpé et, à part, les biscottes ou les croûtons frottés d'ail.

Mon avis

• Choisissez des poissons variés : rascasses, girelles, sarents, galinottes, congres, perches de mer et autres poissons de Méditerranée. À défaut, utilisez un assortiment de merlans, rougets et colinots. Vous pouvez aussi y ajouter quelques petits crabes.
• Il vaut mieux utiliser les petites pousses vertes d'un bulbe de fenouil. À défaut, une lamelle de ce bulbe lui-même peut convenir ou, à la rigueur, 1 cuillerée à soupe de pastis.

Préparation et cuisson : 15 min

steaks à la lyonnaise

Pour 4 personnes :
Beefsteaks, 4.
Oignons, 2 à 3.
Beurre, 30 g.
Vin blanc sec, 1/2 verre.
Sel, poivre.

Remarques
Un steak « bleu » est rapidement saisi à feu vif. L'intérieur en est presque cru et d'un rouge bleuâtre.
« À point » : le steak est saisi d'un côté, puis de l'autre. Il cuit plus longtemps : jusqu'à ce que le sang perle à la surface. Il est rose à l'intérieur.
« Bien cuit » : le steak est saisi, puis cuit sur feu moyen, plus longtemps que le précédent.
Il sera grisâtre à l'intérieur.

1 Épluchez les oignons. Coupez-les en rondelles fines. Mettez-les à dorer dans une poêle avec 20 g de beurre, sur feu moyen. Salez, poivrez. Retirez-les de la poêle et gardez-les au chaud.

2 Remettez une noix de beurre dans la poêle. Lorsqu'elle est très chaude, déposez-y les beefsteaks. Laissez-les cuire 1 à 2 min environ, puis retournez-les sans les piquer. Salez, poivrez et faites cuire sur l'autre face jusqu'à ce que le sang perle à la surface du côté déjà cuit. Disposez les beefsteaks dans un plat chaud. Recouvrez-les avec les oignons cuits. Tenez au chaud.

3 Remettez la poêle sur le feu. Versez-y le vin blanc. Délayez les sucs de viande caramélisés dans la poêle en grattant le fond avec une cuiller en bois. Laissez bouillir 1 ou 2 min et arrosez-en les beefsteaks avant de les apporter à table.

Mon avis

• Achetez le beefsteak dans le filet, le contre-filet, le rumsteck, l'entrecôte. Ou encore, si vous aimez la viande aux fibres un peu « longues », très juteuse et très savoureuse, prenez de la bavette, de la hampe (peu épaisse) ou de l'onglet.
• Variante, steaks à la poêle. Faites chauffer le beurre dans une poêle. Lorsqu'il est très chaud, déposez-y la viande. Lorsque la viande est saisie d'un côté (au bout de 1 à 2 min environ), retournez-la. Salez, poivrez. Laissez cuire sur l'autre face jusqu'à ce que le sang perle à la surface du côté déjà cuit. À ce moment, la viande est « à point ».

Préparation et cuisson : 15 min

steaks au poivre

Pour 4 personnes :

Filet épais ou rumsteck,
4 tranches.
Beurre, 50 g.
Cognac, 3 cuillerées à soupe.
Poivre en grains ou concassé,
1 cuillerée à café.
Sel.

1 Écrasez grossièrement une trentaine de grains de poivre. Enrobez-en la viande de tous côtés.

2 Dans une poêle contenant 25 g de beurre très chaud (presque plus de bulles à la surface), déposez la viande. Retournez-la au bout de 1 min 30 environ. Salez. Laissez cuire à feu vif 1 ou 2 min. Mettez la viande sur un plat tenu au chaud.

3 Égouttez la poêle sans la laver. Versez-y le cognac. Remettez sur feu vif. Faites flamber. Sur feu très doux, incorporez avec une cuiller en bois le reste de beurre pour lier. Versez sur la viande et servez aussitôt, avec des pommes chips et du cresson assaisonné d'un trait de vinaigre balsamique.

Mon avis

• Étalez le poivre sur une planche. Couvrez-le d'un papier absorbant pour éviter les éclats. Ecrasez-le avec un rouleau à pâtisserie.
Le poivre du moulin est moulu trop fin pour convenir à cette recette.
• Un steak est cuit « à point » lorsque, une fois retourné, le sang perle à la surface qui est déjà cuite.
• Jetez la matière grasse qui a servi à la cuisson. Ayant beaucoup chauffé, elle a perdu une grande partie de ses qualités. Il vaut mieux en rajouter à la fin de la cuisson, après avoir fait flamber le cognac.
• Une fois le cognac flambé, je trouve presque meilleur d'y incorporer de la crème fraîche plutôt que du beurre. À vous d'en juger !

Préparation et cuisson : 5 min

steaks hachés

Pour 4 personnes :

Steak haché, 500 g.
Beurre, 30 g.
Persil.
Sel, poivre.

1 Faites chauffer le beurre dans une poêle. Lorsqu'il est chaud, déposez-y les steaks hachés et laissez cuire, sur feu moyen, 3 à 4 min sur chaque face.

2 Salez, poivrez et mettez les steaks dans un plat. Parsemez de persil haché, juste avant de servir.

Mon avis

• Un peu de sauce béarnaise ou de sauce tartare donne un petit cachet au beefsteak haché. Utilisez les sauces du commerce car il ne s'agit pas de faire de la cuisine compliquée lorsqu'on veut servir un steak haché...

• Le temps de cuisson d'un steak haché est toujours un peu plus long que celui d'un steak ordinaire.

• Si le boucher a un appareil spécial pour reconstituer le beefsteak haché – c'est souvent le cas – demandez-lui de le préparer pour vous. Sinon, formez vos steaks vous-même, à la maison.

Préparation et cuisson : 15 min

steaks hachés à la russe

Pour 4 personnes :

Steak haché, 400 g.
Moutarde forte, 1 cuillerée à soupe.
Câpres, 1 cuillerée à soupe.
Persil, 1 bouquet.
Farine, 1 cuillerée à soupe.
Beurre, 50 g.
Sel, poivre.

1 Malaxez la viande hachée avec 1 cuillerée à soupe de moutarde forte, persil et câpres hachés, sel, poivre. Modelez-en quatre boulettes. Aplatissez-les en les tassant bien. Farinez-les légèrement.

2 Faites chauffer le beurre dans une poêle. Mettez-y les *bitoks* (en réalité, il faut dire : « bitkis ») à dorer, sur feu vif, de 3 à 4 min sur chaque face.

Mon avis

• Faites cuire sur feu vif, sinon la viande aurait tendance à se défaire dans la poêle.
• Vous pouvez très bien supprimer les câpres ou la moutarde dans cette recette et y ajouter, à la place, de l'ail et des cornichons hachés, si vous préférez. Vous pouvez aussi y mettre tout ce que j'ai énuméré ; c'est une affaire de goûts et de possibilités.

Préparation : 10 min

steak tartare

Pour 4 personnes :

Viande hachée, 400 g.
Jaunes d'œufs, 4.
Oignons (facultatif), 4 petits.
Câpres, 3 cuillerées à soupe.
Moutarde forte, 4 cuillerées à café.
Persil.
Sel, poivre.

1 Juste avant de passer à table, hachez finement oignons et persil. Mélangez avec la viande ainsi que les câpres, la moutarde, le sel et le poivre.

2 Donnez la forme d'une boulette aux quatre steaks. Creusez légèrement le centre pour y déposer 1 jaune d'œuf. Apportez-les tels quels sur la table.

Mon avis

- Demandez au boucher de hacher la viande devant vous.
- Important : à consommer sans attendre.
- Il existe bien des variantes à la recette du steak tartare. Vous pouvez supprimer certains ingrédients que vous n'aimez pas et en ajouter d'autres tels que : ketchup, sauce anglaise, poivre de Cayenne, ail, fines herbes... Tout ce qui peut en corser le goût vous est permis.

Préparation : 10 min. **Au frais :** 2 h au moins

taboulé

Pour 4 personnes :

Semoule à couscous, 150 g.

Sauce :

Tomates bien mûres, 2 (300 g).
Concombre, 1/2.
Oignon blanc, 1.
Citron, 1.
Huile, 2 à 3 cuillerées à soupe.
Fines herbes (quelques feuilles de menthe fraîche, persil, ciboulette), 1 bol.
Sel, 1 cuillerée à café rase.
Poivre.

Remarques

Il est parfois conseillé de laisser gonfler 30 min la semoule couverte d'eau froide, puis de bien l'essorer dans un linge avant de l'accommoder. Le taboulé ainsi traité sera plus moelleux. C'est donc une question de goût qui vous fera adopter l'une ou l'autre de ces recettes.

1 Mettez tous les éléments de la sauce dans le mixeur. Réduisez en fine purée.

2 Mélangez la semoule avec une fourchette. Couvrez et laissez reposer au réfrigérateur 2 h ou, mieux, jusqu'au lendemain. Mélangez plusieurs fois à l'aide d'une fourchette au cours du temps de repos.

3 Présentez le taboulé dans un saladier garni de feuilles de laitue.

Préparation et cuisson : 35 min

tartare de saumon

Pour 4 personnes :

Saumon sans peau, 400 g.
Echalote, 1.
Fines herbes, 1 bouquet.
Salade (mâche par exemple), quelques feuilles.
Citron, 1/2.
Huile d'olive, 2 cuillerées à soupe.
Sel, poivre.

1 Pelez l'échalote et coupez-la en dés. Arrosez-les du jus de citron. Équeutez, rincez et coupez finement les herbes.

2 Ôtez bien toutes les arêtes du poisson. Rincez-le à l'eau froide et épongez. Coupez-le en petits dés. Salez-les et réservez au froid (10 min au minimum et 30 min au maximum).

3 Assaisonnez de poivre, d'huile, d'échalote au jus du citron et de fines herbes. Mélangez et présentez en petits dômes sur quelques feuilles de salade.

Mon avis

- Panachez les fines herbes : persil, ciboulette, cerfeuil, menthe…
- À la manière d'un tartare de bœuf, on peut ajouter toutes sortes d'ingrédients au saumon : dés de courgette, de mangue (c'est très bon), gingembre râpé…
- Pour donner un goût iodé, ajoutez quelques huîtres coupées en dés et incorporez leur eau dans le tartare. En ce cas, présentez dans des coquilles d'huîtres.
- Pour une consistance plus « liée », ajoutez 1 cuillerée de mayonnaise au tartare.
- Décorez de dés de tomates, de ciboulette coupée en gros morceaux, de dés de pulpe de citron…
- Servez avec un verre de vodka ou d'aquavit frappé.

Préparation et cuisson : 1 h

tarte au fromage blanc

Pour 6 personnes :

Pâte brisée :

Farine, 150 g (5 cuillerées à soupe très pleines).

Beurre, 75 g.

Sel, 1/2 cuillerée à café.

Garniture :

Fromage blanc, 200 g.

Crème fraîche, 75 g.

Œufs, 2.

Fécule de pommes de terre ou Maïzena, 2 cuillerées à soupe.

Lait, 1/2 verre.

Sucre en poudre, 40 g (2 cuillerées à soupe environ).

Raisins secs, 50 g.

Remarques

Il est indispensable de faire subir une courte cuisson préalable à la tarte non garnie. Cela la rend imperméable ; elle ne ramollira pas au contact du fromage blanc. Vous pouvez aromatiser avec du zeste de citron ou d'orange, de la cannelle ou de la vanille.

1 Pâte brisée : mélangez farine, le sel et le beurre en petits morceaux, en pressant et frottant les paumes des mains l'une contre l'autre. Ajoutez 1/2 verre d'eau à cette pâte granuleuse. Pétrissez vivement. Mettez en boule. Écrasez-la avec la paume de la main. Remettez en boule. Cela, trois fois. Préchauffez le four à 200 °C (th. 6-7).

2 Avec le rouleau à pâtisserie, étalez la pâte, bien fine, à 2 mm d'épaisseur environ. Garnissez-en une tourtière de 20 à 22 cm de diamètre. Piquez le fond avec une fourchette. Découpez, dans une feuille de papier blanc, une rondelle plus grande que le fond de la tourtière. Roulez-en les bords et appliquez cette rondelle de papier sur la pâte crue. Ainsi maintenus, les bords de la pâte ne retomberont pas pendant la cuisson. Mettez à four chaud 5 à 10 min seulement.

3 Pendant ce temps, battez ensemble à la fourchette : fromage blanc, crème fraîche, œufs entiers, sucre et raisins secs préalablement lavés et égouttés. Délayez la fécule de pommes de terre ou la Maïzena avec le lait froid. Ajoutez-les au mélange.

4 Retirez la tarte mi-cuite du four. Ôtez-en le papier. Remplissez la tarte avec la préparation à base de fromage. Remettez au four pour 30 min environ.

Mon avis

- Le beurre doit être assez ferme. Dès que l'on a ajouté de l'eau ou des œufs à une pâte à tarte, il faut la travailler très rapidement, sinon elle durcit. En revanche, il est pratique de la faire à l'avance ou d'en préparer pour deux fois. Pour la conserver, il suffit de bien l'envelopper et de la mettre dans le réfrigérateur (un ou deux jours) ou dans le congélateur.
- Bien qu'elle soit un dessert, cette tarte au fromage, très riche, très nourrissante, peut tenir lieu de plat principal d'un repas du soir. Servez-la tiède l'hiver, ou bien froide l'été.

DESSERTS I FACILE I RAISONNABLE

Préparation et cuisson : 1 h

tarte aux fruits à l'alsacienne

Pour 4 personnes :

Pâte sucrée :

Farine, 150 g.

Beurre, 75 g.

Sucre en poudre, 40 g (2 cuillerées à soupe environ).

Œuf, 1 petit.

Sel, 1 pincée.

Garniture :

Fruits (pommes, poires, prunes, quetsches, abricots, cerises), 500 à 600 g.

Œuf, 1.

Lait, 1 verre.

Sucre, 50 g (3 cuillerées à soupe).

1 Pâte sucrée : mettez la farine sur la table ou sur une planche. Creusez-y un puits au milieu. Malaxez ensemble le beurre ramolli, le sucre et le sel. Incorporez l'œuf entier à ce mélange pour obtenir une crème, puis la farine. Si possible, laissez reposer 1 h au frais. Étendez la pâte au rouleau à 3 mm d'épaisseur environ. Garnissez-en un moule à tarte de 20 à 22 cm de diamètre. Piquez-en le fond.

2 Préchauffez le four à 200 °C (th. 6-7). Disposez les fruits coupés et dénoyautés bien serrés sur la pâte. Faites cuire à four chaud 20 min.

3 Dans un grand bol, battez ensemble l'œuf entier, le lait, 50 g de sucre. Versez sur la pâte (qui a déjà cuit 20 min). Remettez au four à 150 °C (th. 5-6), 15 min environ.

Mon avis

• Pour la cuisson des tartes : un simple cercle posé sur la plaque non émaillée du four. On peut le retirer licitement après la cuisson ou, mieux, aux trois quarts pour que les bords cuisent bien.

• Pour les fruits qui rendent beaucoup de jus, tels que les abricots, les quetsches, les prunes en général, laissez la pâte et les bords un peu plus épais que d'habitude : vous aurez moins de déboires !

Préparation et cuisson : 1 h 30

tarte aux pommes

Pour 4 personnes :

Pâte brisée :

Farine, 150 g (5 cuillerées à soupe très pleines).

Beurre, 75 g.

Sel, 1/2 cuillerée à café.

Garniture :

Pommes, 1 kg.

Sucre, quelques cuillerées à soupe.

Remarques

Vérifiez si le dessous de la tarte est bien cuit, un peu doré. Rien n'est plus décevant, selon moi, et en matière de dessert... qu'une tarte insuffisamment cuite.

La pâte doit croquer sous la dent.

1 Pâte brisée : mélangez la farine, le sel et le beurre en morceaux, en pressant et frottant les paumes des mains l'une contre l'autre. Ajoutez environ 1/2 verre d'eau à cette pâte granuleuse. Pétrissez vivement. Mettez en boule. Écrasez-la avec la paume de la main. Remettez en boule. Cela, trois fois. Avec le rouleau à pâtisserie, étalez la pâte assez fine. Garnissez-en un moule à tarte d'environ 20 cm de diamètre.

2 Préchauffez le four à 200 °C (th. 6-7). Épluchez les pommes et coupez-les en fines tranches. Placez-les, se chevauchant très serrées, sur la pâte. Mettez à mi-hauteur du four chaud, 30 min environ. Démoulez au sortir du four, sur une grille. Sucrez abondamment.

Mon avis

Comment bien réussir sa pâte à tarte ?

- Une pâte à tarte est dure parce que : vous l'avez travaillée trop longtemps ; vous y avez ajouté trop d'eau (mieux vaut un peu moins qu'un peu trop).
- Elle s'étend mal, elle est cassante, parce que vous n'avez pas mis assez d'eau. Aspergez-la de quelques gouttes. Mais faites vite, pour ne pas faire durcir la pâte.
- Les bords retombent à la cuisson, parce que : la pâte était trop molle (trop d'eau ou beurre trop mou parce que température ambiante trop chaude) ; le four n'était pas assez chaud ; vous n'avez pas bien « accroché » la pâte au bord du moule.

Préparation et cuisson : 2 h

tarte feuilletée aux abricots frais

Pour 4 personnes :

Abricots, 500 g.
Sucre, 1 à 2 cuillerées à soupe.
Pâte feuilletée :
Farine, 250 g.
Beurre, 175 g environ.
Sel, 1/2 cuillerée à café.

Remarques

La pâte feuilletée supporte bien les fruits rendant du jus tels que les abricots. Cependant, comme elle est assez difficile et longue à faire, vous pouvez préparer à la place une pâte brisée, ou même acheter de la pâte toute préparée : on en trouve d'excellentes dans le commerce.

1 Pâte feuilletée : disposez la farine sur une planche à pâtisserie. Creusez-y un puits. Mettez au milieu le sel et 3/4 de verre d'eau. Pétrissez vivement du bout des doigts, sans presque travailler la pâte, de façon à ne lui donner aucune élasticité. Roulez-la en boule. Aplatissez-la avec la paume de la main. Cela deux fois. (La pâte obtenue s'appelle « détrempe ».) Laissez-la reposer au frais, si possible, pendant 15 min.

2 Travaillez le beurre avec une cuiller en bois pour lui donner la même consistance que celle de la détrempe. Farinez légèrement la planche et le rouleau à pâtisserie. Aplatissez la détrempe en la tapotant avec le poing. Placez au milieu le beurre. Rabattez dessus les 4 côtés de la pâte de façon à bien l'enfermer. Étendez cette pâte au rouleau en lui donnant la forme d'une bande longue et régulière. Pliez-la régulièrement en trois, en longueur : rabattez un des bouts vers l'intérieur, puis repliez l'autre bout, par-dessus, de façon qu'ils se superposent exactement. On appelle cette opération « donner un tour ». Faites pivoter sur lui-même le morceau de pâte, étalez à nouveau au rouleau et repliez en trois. Laissez reposer de 10 à 15 min, puis redonnez encore 2 tours à la pâte, un temps de repos, et de nouveau 2 tours.

3 Préchauffez le four à 230 °C (th. 7-8). Coupez les abricots en deux et ôtez-en les noyaux.

4 Aplatissez la pâte au rouleau. Garnissez-en un moule de 20 à 22 cm de diamètre. Étalez dessus les abricots bien serrés. Faites cuire à four bien chaud 30 min environ. Démoulez la tarte, sur une grille si possible. Saupoudrez tout de suite de sucre en poudre.

Mon avis

La pâte feuilletée gonfle encore mieux dans le four si elle a séjourné 1 h dans le réfrigérateur, avant d'être enfournée.

Préparation et cuisson : 1 h

tarte meringuée au citron

Pour 4 personnes :

Pâte brisée :

Farine, 150 g (5 cuillerées à soupe très pleines).

Beurre, 75 g.

Sel, 1/2 cuillerée à café.

Crème :

Œuf, 1.

Sucre, 100 g (6 cuillerées à soupe).

Citron, 1.

Beurre, 40 g.

Sel, 1 petite pincée.

Meringue :

Blancs d'œufs, 2.

Sucre en poudre, 60 g (3 à 4 cuillerées à soupe).

Sel, 1 pincée.

1 Pâte brisée : mélangez la farine, la moitié du zeste de citron râpé, le sel et le beurre en morceaux en pressant et frottant les paumes des mains l'une contre l'autre. Ajoutez 1/2 verre d'eau à cette pâte granuleuse. Pétrissez vivement. Mettez en boule. Écrasez-la avec la paume de la main. Remettez en boule. Cela, trois fois. Laissez reposer au frais si possible. Étalez la pâte au rouleau. Garnissez-en un moule à tarte de 20 à 22 cm de diamètre. Piquez-en le fond. Préchauffez le four à 200 °C (th. 6-7).

2 Crème : dans une terrine, malaxez l'œuf entier, le sel et le sucre pendant 5 min. Ajoutez-y le reste du zeste de citron râpé, le jus du citron et le beurre ramolli. Étalez cette crème sur la pâte à tarte. Faites cuire à four chaud de 25 à 30 min.

3 Meringue : mettez le sel dans les blancs d'œufs ; battez-les en neige très ferme. Incorporez-y légèrement et sans insister le sucre en poudre. Recouvrez la tarte, déjà cuite, avec cette meringue. Remettez au four à 130 °C (th. 3-4), jusqu'à ce que la meringue soit dorée (de 10 à 15 min).

Mon avis

- Par zeste de citron l'on entend seulement la fine pellicule extérieure brillante et colorée. Ne prenez pas du tout de peau blanche qui se trouve dessous ; elle est assez amère.
- Pensez à sortir les œufs du réfrigérateur un bon quart d'heure avant de les battre en neige. Des blancs trop froids « montent » mal.

Préparation et cuisson : 45 min

tartelettes aux crevettes

Pour 8 tartelettes :

Pâte brisée maison
(ou 1 pâte brisée préparée, en grande surface) :

Farine, 150 g.
Beurre, 75 g.
Sel, 1/2 cuillerée à café.

Garniture :

Crevettes décortiquées, fraîches ou surgelées, 200 g.
Mayonnaise au citron, 1 bol.
Laitue, 8 belles feuilles.
Persil.

Remarques

Pour que la pâte ne retombe pas pendant la cuisson, posez dessus un deuxième moule très légèrement plus petit : ceci la maintiendra. Mais n'oubliez pas de le retirer un peu avant la fin de la cuisson pour que le dessus de la pâte puisse dorer légèrement.

1 Pâte brisée : mélangez la farine, le sel et le beurre assez froid en morceaux en pressant et frottant les paumes des mains l'une contre l'autre. Ajoutez 1/2 verre d'eau à cette pâte granuleuse. Pétrissez vivement. Mettez en boule. Écrasez-la avec la paume de la main. Remettez en boule. Cela, trois fois.

2 Préchauffez le four à 200 °C (th. 6-7). Étendez la pâte au rouleau à 2 mm d'épaisseur. Garnissez-en des moules à tartelettes. Piquez-en le fond. Enfournez-les 15 min environ. Démoulez.

3 Préparez un bol de mayonnaise assaisonnée au citron (voir recette p. 626). Mélangez-y les crevettes. Disposez une feuille de salade au fond de chaque tartelette. Couvrez de crevettes à la mayonnaise. Parsemez de persil haché.

Mon avis

- Un plat vite fait et spectaculaire ! En 30 min, vos tartelettes sont cuites. Il ne vous reste plus qu'à les garnir de crevettes et de mayonnaise.
- Je vous recommande d'avoir toujours, en réserve, 1 ou 2 tubes de mayonnaise toute préparée, de la pâte brisée ou feuilletée préparée, très bonne, et des crevettes décortiquées, le tout vendu en grande surface.

Préparation et cuisson : 1 h

tartelettes sablées aux fraises ou aux framboises

Pour 4 personnes :

Pâte sablée :

Farine, 125 g (4 cuillerées à soupe très pleines).

Jaune d'œuf, 1.

Beurre, 60 g.

Sucre en poudre, 60 g (3 à 4 cuillerées à soupe).

Sel, 1 pincée.

Garniture :

Fraises ou framboises, 400 g environ.

Gelée de groseilles, 3 à 4 cuillerées à soupe.

Remarques

Il ne faut garnir les tartelettes qu'à la dernière minute, sinon la pâte s'imprègne d'humidité. Je mets souvent une couche de crème fraîche sur la pâte avant les fruits. En dehors de la saison, j'utilise des fraises ou des framboises congelées. Un petit conseil : il vaut mieux ne pas laisser décongeler complètement ; les fruits ont plus bel aspect et ils sont meilleurs encore un peu croquants.

1 Pâte sablée : disposez la farine sur une grande planche à pâtisserie. Au milieu, creusez un large puits. Déposez-y côte à côte, le jaune d'œuf, 1 pincée de sel, le beurre assez mou et le sucre. Malaxez d'abord le beurre avec le sucre, jusqu'à ce que vous obteniez une crème, puis incorporez-y le jaune d'œuf entièrement. Amalgamez vivement la farine en travaillant la pâte le moins possible, avec les deux mains frottées l'une contre l'autre. Roulez en boule. Si possible, laissez reposer 1 h dans un endroit frais.

2 Préchauffez le four à 170 °C (th. 5-6). Étalez la pâte au rouleau à 0,5 cm d'épaisseur. Garnissez-en les petits moules. Piquez-en le fond. Faites cuire à four moyen, de 10 à 15 min. Laissez refroidir complètement avant de démouler.

3 Lavez soigneusement mais rapidement les fraises ou les framboises. Égouttez-les aussitôt. Équeutez-les. Rangez-les, bien serrées, sur les tartelettes. Délayez, sur feu doux, 3 à 4 cuillerées à soupe de gelée de groseilles et 1 cuillerée à soupe d'eau. Étalez sur les fruits.

Mon avis

• Avec ces proportions, vous obtiendrez de 6 à 8 tartelettes. Prévoyez de petits moules à tartelettes, ronds ou en barquettes. Il est plus facile de faire des tartelettes qu'une seule grande tarte difficile à démouler ou à couper.

• La pâte sablée est facile à faire et plus vite on la travaille, meilleure elle est. Respectez bien l'ordre dans lequel on ajoute les ingrédients. Pour empêcher plus sûrement la pâte de se boursoufler, recouvrez le moule garni de pâte crue d'un second moule de même taille qui s'emboîtera dedans.

Préparation et cuisson : 2 h 30. **Cuisson en autocuiseur :** 50 min

tête de veau vinaigrette

Pour 4 personnes :
Tête de veau roulée, 1.
Vinaigre, 2 cuillerées à soupe.
Carotte, 1.
Bouquet garni (persil, thym, laurier).
Gros sel, 1 cuillerée à soupe.
Poivre, 12 grains.
Vinaigrette :
Huile, 9 cuillerées à soupe.
Vinaigre, 3 cuillerées à soupe.
Moutarde forte, 1 cuillerée à soupe.
Cerfeuil ou persil.
Sel, poivre.

1 Mettez la tête de veau dans une grande marmite d'eau froide. Faites bouillir 10 min. Égouttez-la et arrosez-la d'eau froide.

2 Remettez à nouveau de l'eau dans la marmite avec gros sel, 2 cuillerées à soupe de vinaigre, la carotte fendue en deux, bouquet garni, grains de poivre. Quand elle bout, plongez-y la tête de veau. Laissez cuire pendant 2 h à douce ébullition.

3 Mélangez dans une saucière vinaigre, sel, huile, moutarde, poivre et cerfeuil ou persil haché. Servez la tête de veau bien chaude, bien égouttée, avec la vinaigrette.

Mon avis

• Achetez la tête de veau désossée et toute roulée chez votre tripier.
• Faites cuire la tête de veau aussitôt après l'avoir achetée. Les abats s'altèrent plus vite que la viande.
• La tête de veau peut se servir froide également, mais elle est plus difficile à digérer.
• Servez-la avec une sauce très relevée : tartare, rémoulade ou de la simple moutarde.

Préparation et cuisson : 1 h 15

thon frais braisé aux tomates et aux poivrons

Pour 4 personnes :

Thon, 4 tranches de 200 g chacune.
Huile, 2 cuillerées à soupe.
Oignon, 1.
Carotte, 1.
Poivron, 1.
Tomate, 1.
Vin blanc sec ou eau, 1/2 verre.
Ail, 1 gousse.
Bouquet garni (persil, thym, laurier).
Sel, poivre.

Fondue de légumes :

Oignons, 250 g.
Tomates, 250 g.
Poivrons, 250 g.
Huile d'olive, 2 cuillerées à soupe.
Ail, 1 gousse.
Bouquet garni (persil, thym, laurier).
Sel, poivre.

1 Ouvrez 1 poivron pour l'épépiner et le couper en lanières. Coupez en rondelles 1 oignon, 1 carotte et 1 tomate.

2 Dans une cocotte, faites dorer les tranches de thon sur les deux faces avec 2 cuillerées à soupe d'huile. Ajoutez-y sel, poivre, oignon, carotte, poivron, tomate, vin blanc ou d'eau, ail et bouquet garni. Couvrez. Laissez mijoter de 30 à 40 min.

3 Fondue de légumes : épluchez oignons et tomates ; coupez-les en morceaux. Videz et coupez les poivrons en lanières. Faites chauffer 2 cuillerées à soupe d'huile dans une poêle. Mettez-y tous les légumes, ail, bouquet garni, sel, poivre. Faites cuire 30 min à feu moyen, sans couvrir.

4 Déposez les tranches de thon dans un plat creux. Passez son jus de cuisson. Ajoutez-le à la fondue de légumes. Enlevez le bouquet garni. Versez sur le poisson et servez.

Mon avis

• Si vous aimez la cuisine épicée, ajoutez un petit morceau de piment « enragé » dans la fondue de légumes.

• Ce plat est aussi bon chaud que froid. Accompagnez-le de riz nature chaud ou froid (en salade).

SPÉCIALITÉS I FACILE I RAISONNABLE

Préparation et cuisson : 25 min

thourins

Pour 4 personnes :

Oignons, 3.

Beurre, 20 g.

Farine, 20 g (1 cuillerée à soupe rase).

Lait, 125 cl.

Jaunes d'œufs, 2.

Crème fraîche, 1 cuillerée à soupe.

Tranches de pain (baguette), 12 (très fines).

Sel, poivre.

1 Épluchez les oignons. Coupez-les en rondelles minces. Faites-les blondir doucement avec le beurre dans une grande casserole. Saupoudrez de farine et remuez avec une cuiller en bois jusqu'à ce que le mélange brunisse un peu.

2 Versez dessus le lait bouilli refroidi. Salez, poivrez. Laissez bouillir doucement 15 min, sans couvrir.

3 Dans la soupière, délayez les jaunes d'œufs avec la crème fraîche. Incorporez-y peu à peu le potage chaud en mélangeant sans arrêt. Mettez de fines tranches de pain dans les assiettes. Versez le potage dessus.

Mon avis

• Le « thourins », ou « tourin », ou même « tourain » est un potage que l'on consomme surtout au sud de la Loire. Il peut se préparer de différentes façons. Ainsi, dans le Bordelais, le lait est remplacé par de l'eau. Dans le Périgord, on le fait à l'eau également, mais on y ajoute, en plus, de la tomate fraîche.

• À partir du moment où les jaunes d'œufs sont incorporés, ne reportez plus le potage sur le feu.

• Coupez le pain en tranches minces. Vous pouvez les faire sécher au four mais ce n'est pas indispensable.

Préparation et cuisson : 1 h

tomates farcies à la viande

Pour 4 personnes :

Tomates, 4 grosses.
Mie de pain rassis, 50 g.
Lait, 1/2 verre.
Viande hachée, 150 à 200 g.
Oignon, 1.
Ail, 1 gousse.
Œuf, 1
Beurre, 25 g.
Chapelure (ou biscotte écrasée), 50 g.
Persil.
Sel, poivre.

1 Découpez un couvercle dans chaque tomate du côté opposé à la tige. Videz les tomates avec une cuiller à café, en veillant à ne pas trouer la peau. Gardez le jus. Salez-les et retournez-les sur un plat pour mieux les égoutter.

2 Mouillez la mie de pain avec 1/2 verre de lait chaud. Hachez persil, oignon et ail. Préchauffez le four à 170 °C (th. 5-6).

3 Pressez la mie de pain. Malaxez-la bien dans une terrine avec la viande hachée, l'œuf, le hachis de persil, d'oignon et d'ail, du sel, du poivre et un peu de jus des tomates pour humidifier si c'est nécessaire. Tassez cette farce dans les tomates.

4 Beurrez un plat à feu. Déposez les tomates dedans. Parsemez-les de chapelure et de noix de beurre. Faites cuire au four pendant 30 min. Replacez les couvercles sur chaque tomate et laissez cuire 10 min de plus.

Mon avis

• Pour qu'elles s'égouttent mieux, retournez les tomates sur une grille à gâteau, posée sur une assiette.
• Serrez bien les tomates en les rangeant dans le plat à feu. Elles éclateront moins facilement en cuisant.
• On prépare généralement des tomates farcies pour utiliser un reste de viande bouillie ou rôtie. Mais si vous n'avez pas de reste de viande, préparez une farce avec de la chair à saucisse ; le charcutier en vend même par très petites quantités.

Préparation : 25 min. **À dégorger** : 2 h

tomates farcies au concombre

Pour 4 personnes :

Tomates, 4 (500 g environ).
Concombre, 1 (500 g environ).
Mayonnaise, 1 tasse à café.
Crème fraîche, 1 cuillerée à soupe.
Sel, poivre.

1 Épluchez le concombre. Fendez-le en deux dans la longueur. Retirez-en les graines. Coupez-le en lamelles. Saupoudrez de sel et laissez dégorger 2 h.

2 Découpez un couvercle sur chaque tomate du côté opposé à la tige. Évidez-les avec une petite cuiller. Salez l'intérieur et retournez-les sur une assiette pour les égoutter.

3 Avant le repas, pressez les lamelles de concombre avec la main pour en exprimer le jus afin de les dessaler. Épongez-les. Incorporez-y de la mayonnaise, de la crème fraîche et du poivre. Remplissez-en les tomates. Servez très frais.

Mon avis

Ajoutez un peu de persil, de cerfeuil, de ciboulette ou de menthe hachés à cette préparation.

Préparation et cuisson : 15 min

tomates farcies au thon

Pour 4 personnes :

Tomates, 4 moyennes.
Miettes de thon à l'huile, 1 petite boîte (100 g environ).
Œufs, 2.
Vinaigre, 1 cuillerée à café.
Fines herbes (persil, cerfeuil, ciboulette).
Sel, poivre.

1 Faites bouillir les œufs pendant 10 min.

2 Dans chaque tomate, découpez une rondelle assez large, du côté opposé à la tige. Creusez les tomates avec une petite cuiller. Salez-en l'intérieur et retournez-les sur une assiette pour qu'elles rendent leur jus.

3 Écalez les œufs. Coupez-les en petits morceaux. Mélangez-les avec les miettes de thon, 1 cuillerée à café de vinaigre, les fines herbes hachées, du sel et du poivre.

4 Remplissez les tomates avec cette farce.

Mon avis

Vous pouvez lier la farce en y ajoutant 1 ou 2 cuillerées à soupe de mayonnaise ainsi que des câpres hachées pour en relever davantage le goût.

Préparation et cuisson : 15 min

tomates provençales

Pour 4 personnes :

Tomates bien fermes, 6.
Beurre, 80 g.
Ail, 4 gousses.
Persil, 1 bouquet.
Chapelure, 2 à 3 cuillerées à soupe.
Sel, poivre.

1 Coupez les tomates en deux. Salez-les et retournez-les sur une assiette, pour les égoutter.

2 Faites chauffer une noix de beurre dans la poêle. Déposez-y les tomates sur la face coupée. Laissez frire, à feu vif, 2 min sur cette face puis 2 min sur l'autre. Salez et poivrez.

3 Hachez le persil et l'ail. Mélangez avec la chapelure. Mettez sur les tomates, avec une noisette de beurre sur chacune. Couvrez et laissez cuire encore, sur feu moyen, 10 min.

4 Déposez les tomates cuites dans un plat tenu au chaud et faites cuire de la même façon celles qui restent.

Mon avis

• Préparez de la chapelure vous-même en écrasant 2 biscottes.
• Si votre poêle n'est pas très grande, faites cuire les tomates en deux ou trois fois. Gardez-les, couvertes, au chaud, pendant la cuisson des autres fournées.
• Accompagnent particulièrement bien les escalopes et les côtes de veau.

VIANDES ET VOLAILLES | FACILE | CHER

Préparation et cuisson : 20 min

tournedos Clamart

Pour 4 personnes :

Tournedos, 4.
Beurre, 50 g.
Petits pois, 1 petite boîte (280 g environ).
Fonds d'artichauts en boîte, 4 ou 8.
Madère, 1/2 verre.
Bouillon ou eau, 1/2 verre.
Sel, poivre.

1 Faites réchauffer lentement les pois dans leur jus jusqu'à ébullition. Faites réchauffer les fonds d'artichauts de la même manière, dans une autre casserole.

2 Mettez les tournedos à cuire à la poêle, avec 30 g de beurre très chaud, pour bien les saisir. Quand ils sont suffisamment dorés d'un côté – au bout de 1 à 2 min environ – retournez-les sans les piquer. Salez, poivrez et laissez cuire sur l'autre côté jusqu'à ce que le sang perle à la surface. À ce moment, la viande est « à point ».

3 Mettez les tournedos dans un grand plat chaud. Égouttez les fonds d'artichauts et les petits pois. Incorporez à ces derniers une grosse noix de beurre. Mettez-les sur les fonds d'artichauts que vous disposerez dans le plat, autour de la viande. Gardez au chaud.

4 Reportez la poêle sur le feu avec le madère et le bouillon ou l'eau. Laissez bouillir à gros bouillons jusqu'à ce que le jus soit réduit de moitié. Pendant tout ce temps, grattez le fond de la poêle avec une cuiller en bois pour récupérer les sucs de la viande. Servez cette sauce à part ou dans le plat.

Mon avis

• Un tournedos est une tranche ronde de filet ou de contre-filet, que le boucher présente entourée d'une fine barde de lard. Ôtez-la avant de servir vos tournedos.

• Voici un plat de réception « spécial pour débutantes ». Il est assez cher, mais vite prêt et si bien présenté. Il fait beaucoup d'effet à coup sûr. Quelques pommes chips toutes préparées, une salade, et votre menu est tout trouvé.

Préparation et cuisson : 30 min

truites aux amandes

Pour 4 personnes :

Truites, 4.
Lait, 1 verre.
Farine, 50 g.
Beurre, 60 g.
Amandes effilées, 50 g.
Citron, 1.
Sel, poivre.

1 Videz et essuyez les truites. Passez-les dans le lait bien salé et poivré, puis dans la farine.

2 Dans une grande poêle, faites chauffer 40 g de beurre. Mettez-y les poissons à dorer, sur feu moyen, de 7 à 8 min sur chaque face. Surveillez bien cette cuisson qui est assez délicate.

3 Faites blondir très légèrement les amandes dans une petite casserole contenant 20 g de beurre modérément chaud. Versez sur les truites juste avant de servir. Décorez avec des demi-rondelles cannelées de citron.

Mon avis

Si votre poêle est trop petite, faites cuire les truites deux par deux, en mettant, à chaque fois, 20 g de beurre.

Préparation et cuisson : 30 min

turbot grillé

Pour 4 personnes :

Turbot, 4 morceaux de 200 g chacun.

Huile, 2 cuillerées à soupe.

Sel, poivre.

1 Allumez le grilloir du four.

2 Salez et poivrez les morceaux de turbot. Badigeonnez-les d'huile, sur les deux faces.

3 Déposez-les sur la grille placée elle-même sur la plaque creuse du four (lèchefrite). Glissez le tout sous le grilloir et laissez cuire le poisson, porte ouverte, 7 à 10 min sur chaque face.

Mon avis

• Vous pouvez faire mariner le poisson quelques heures avec : 1/2 verre d'huile, le jus d'un citron, un oignon coupé, thym, laurier, persil.

• Égouttez-le avant de le faire griller.

• Un beurre fondu au citron accompagne bien le poisson grillé, mais je trouve que la sauce béarnaise lui convient encore mieux.

Préparation et cuisson : 45 min

velouté aux moules

Pour 4 personnes :

Moules, 1 litre.
Champignons de Paris, 50 g.
Poireau, 1 petit.
Beurre, 20 g.
Farine, 20 g (1 cuillerée à soupe rase).
Bouillon (jus de cuisson des moules + eau), 125 cl.
Jaune d'œuf, 1.
Crème fraîche, 1 cuillerée à soupe.
Sel, poivre.

1 Ôtez le pied sableux des champignons. Lavez-les ainsi que le blanc de poireau. Coupez le tout finement.

2 Grattez et lavez les moules. Mettez-les dans une cocotte, quelques minutes, sur feu vif, pour les faire ouvrir. Sortez-les de leurs coquilles. Recueillez leur jus en le passant à travers une passoire fine.

3 Dans une casserole, mélangez beurre et farine, sur feu doux. Ajoutez-y le jus de cuisson et l'eau froide, les champignons et le poireau hachés, très peu de sel et du poivre. Remuez jusqu'à ébullition. Laissez cuire 30 min. Ajoutez les moules.

4 Dans la soupière, mélangez le jaune d'œuf et la crème fraîche. Incorporez-y le potage peu à peu, sans cesser de remuer.

Mon avis

• Retirez les moules du feu dès qu'elles sont ouvertes. Elles durcissent quand elles cuisent trop longtemps.
• Si votre passoire n'est pas très fine, garnissez-la d'un morceau de linge fin mouillé et passez le jus des moules à travers ; le linge retient jusqu'au plus petit grain de sable.
• Procédez de la même façon pour dégraisser parfaitement un bouillon de pot-au-feu trop gras.

Préparation et cuisson : 15 min

velouté d'asperges

Pour 4 personnes :

Eau de cuisson des asperges, 125 cl.

Tapioca, 2 cuillerées à soupe.

Jaune d'œuf, 1.

Crème fraîche, 1 ou 2 cuillerées à soupe.

Sel, poivre.

1 Faites bouillir l'eau de cuisson des asperges (présentées comme légume ou entrée). Versez-y en pluie le tapioca. Salez et poivrez légèrement. Laissez cuire doucement de 5 à 7 min, en mélangeant de temps à autre.

2 Dans la soupière, délayez le jaune d'œuf avec la crème fraîche et incorporez-y peu à peu le bouillon d'asperges bien chaud. Servez immédiatement.

Mon avis

Quelques petits croûtons préparés avec du pain de mie coupé en dés, puis dorés à la poêle ou au four, ajoutent une note très raffinée à tous les potages du type « velouté ».

Annexes

cocktails

bloody Mary

Par personne :

2 tomates moyennes, mûres à point (ou 1 verre ordinaire de jus de tomate)
1 quartier de citron, pelé et coupé en dés
quelques gouttes de Worcestershire sauce
2 ou 3 gouttes de Tabasco (ou une pincée de cayenne)
un peu de sel et de poivre
2 ou 3 glaçons
2 ou 3 verres à liqueur de vodka

Mettez dans le bocal du mixeur les tomates coupées en morceaux, ni pelées, ni épépinées. Ajoutez-y tous les autres ingrédients de la recette sauf les glaçons. Couvrez et mixez à grande vitesse pendant 15 à 20 secondes. Versez dans des chopes contenant chacune 2 ou 3 glaçons.

cocktail exotique (sans alcool)

Pour 4 personnes :

3 mangues
300 g de litchis
2 cuillerées à soupe de sucre en poudre
le jus d'un citron
glaçons

Pelez les mangues. Coupez-les en morceaux tout en ôtant le noyau. Épluchez et dénoyautez les litchis. Placez le tout dans le mixeur avec sucre et jus de citron. Mixez suffisamment pour obtenir un coulis bien lisse. Ajoutez les glaçons. Couvrez et mixez pour les piler. Servez aussitôt.

cocktail de fruits rouges (sans alcool)

Pour 4 ou 6 personnes :
250 g de fraises fraîches ou surgelées
1/2 citron pelé à vif et coupé en dés
1 cuillerée à soupe de sirop de cerises (ou de confiture)
1 cuillerée à soupe de sirop de cassis (ou de gelée)
3 ou 4 cuillerées à soupe de sucre en poudre
eau gazeuse

Nettoyez les fraises et les framboises. Si elles sont surgelées, laissez dégeler partiellement. Mettez-les dans le bocal du mixeur ainsi que les dés de citron (sans peau du tout), les sirops de cerises et de cassis, le sucre et suffisamment d'eau gazeuse pour obtenir la quantité de boisson désirée. Couvrez et mixez à grande vitesse. Présentez dans des chopes.

cup au vin blanc

Pour 18 à 20 verres :
1 bouteille de vin blanc sec
2 pêches mûres
1 citron
1 orange
1 tronçon de concombre
1 branche de céleri
20 grains de raisin
4 ou 5 cuillerées à soupe de sucre
1 ou 2 verres à apéritif de fine ou de cognac
1 verre à liqueur de cointreau (facultatif)
Au froid : 1 h.

Coupez en rondelles le citron, l'orange et le tronçon de concombre non épluché. Pelez les raisins et les pêches. Mettez le tout dans un grand récipient ou pot en verre ainsi que les feuilles de céleri et le sucre. Versez dessus le vin et l'alcool que vous doserez selon votre goût. Mettez au froid un moment avant de servir. Il est prudent, par temps chaud, de tempérer la teneur en alcool de cette boisson avec une demi-bouteille d'eau gazeuse… ou même une bouteille entière !

gin fizz

Pour 4 personnes :

1 blanc d'œuf (facultatif)
2 citrons pelés à vif et coupés en dés
2 cuillerées à soupe de sucre en poudre
2 verres à bordeaux de gin
4 cubes de glace
eau gazeuse

Dans le bocal du mixeur, mettez : blanc d'œuf, dés de pulpe de citron, sucre, gin et un cube de glace. Couvrez. Mixez d'abord lentement, puis plus rapidement jusqu'à ce que la glace soit suffisamment brisée. Ajoutez le cube suivant, mixez et ainsi de suite jusqu'à ce que toute la glace soit pilée. Versez aussitôt dans des chopes à whisky garnies d'une paille. Finissez d'emplir avec de l'eau gazeuse.

Note : La glace ne doit jamais être pilée « à sec », mais toujours avec un peu de liquide. Attendez que le premier cube de glace soit brisé pour ajouter le suivant. Et ainsi de suite.

lait à la banane (sans alcool)

Pour 4 ou 5 personnes :

2 bananes
3 cuillerées à soupe de sucre semoule
1/2 litre de lait
1 pincée de cannelle ou de vanille
4 cubes de glace

Dans le bocal du mixeur, mettez 1/2 verre de lait et les bananes pelées, coupées en morceaux. Mixez à vitesse rapide. Ajoutez le reste de lait, la cannelle et les glaçons. Couvrez et mixez à nouveau. Servez dans des verres très froids.

lait du dragon (sans alcool)

Par personne :

1 banane
quelques amandes pelées
1 verre de lait
1 cuillerée à café de levure de bière
1 cuillerée à café de germes de blé
1 cuillerée à café de miel
quelques gouttes de vanille liquide

Versez d'abord le lait et le miel dans le bocal du mixeur, puis les autres éléments solides : banane coupée en tranches épaisses, amandes, levure de bière, germes de blé et vanille. Couvrez et mixez à grande vitesse jusqu'à ce que vous obteniez une purée très mousseuse. Servez aussitôt dans une grande chope.

marquise au champagne

Pour 10 verres :

1 bouteille de champagne (ou de mousseux) très froid
1/2 bouteille d'eau gazeuse
1 verre à bordeaux de liqueur d'orange
2 grosses poignées de fraises (des bois de préférence)

Dans une coupe ou un grand pot très froid (au besoin, mettez dedans quelques glaçons pour le rafraîchir), versez le champagne, l'eau gazeuse, la liqueur. Ajoutez-y les fruits. Servez aussitôt.

Mon avis

Des framboises donneront un parfum différent de celui des fraises, mais très apprécié également.

milk-shake aux pêches (sans alcool)

Pour 4 personnes :

4 ou 5 pêches bien mûres
1/2 citron
1 verre de lait froid
1 cuillerée à soupe de crème fraîche
1 cuillerée à soupe de sucre en poudre
2 ou 3 portions de glace à la vanille

Épluchez les pêches et le demi-citron. Mettez les morceaux dans le bocal du mixeur. Ajoutez lait et sucre. Couvrez. Mixez à vitesse rapide jusqu'à ce que le mélange soit lisse. Ajoutez alors la glace à la vanille et la crème fraîche. Mixez 1 ou 2 secondes à vitesse lente, juste le temps d'incorporer. Servez aussitôt avec des pailles.

Note : D'autres fruits à pulpe tendre conviennent pour faire un milk-shake. Prévoyez pour quatre les quantités suivantes :
abricots = 8 à 10 ; prunes = 8 à 10 ; poires épluchées = 4 à 5 ; fraises, framboises, cerises dénoyautées = 4 à 5 tasses ; bananes = 4.

porto-flip

Par personne :

1 verre à madère de porto rouge ou blanc
1 œuf frais
1 cuillerée à café de sucre en poudre
2 pincées de muscade râpée

Dans le bocal du mixeur, versez le porto, l'œuf entier et le sucre. Couvrez. Commencez de mixer à vitesse lente, puis rapide. Versez aussitôt dans des verres à bordeaux. Parsemez de muscade avant de servir avec une paille.

punch guadeloupéen

Par personne :
2/3 de rhum blanc
1/3 de sirop de sucre
1 pincée de muscade
1 petit zeste de citron
1 glaçon pilé

Pour piler les glaçons, enfermez-les dans un torchon et écrasez-les à l'aide d'un rouleau à pâtisserie ou d'un autre objet lourd – et peu fragile. Ou plus simplement, mettez les glaçons avec un peu d'eau dans le bocal du mixeur et mixez jusqu'à ce que la glace soit pilée. Dosez le punch dans chaque verre selon les proportions ci-dessus. Ajoutez-y le petit zeste de citron plié en deux pour en exprimer tout l'arôme et 1 cuillerée à soupe de glace pilée. Servez avec une paille ou une cuiller à café pour que chacun puisse mélanger avant de déguster.

Variante Punch martiniquais

Mettez simplement dans chaque verre :
2/3 de rhum blanc
1/3 de sirop de sucre
1 glaçon et le zeste de citron fendu en deux

punch au thé (chaud)

Pour 12 tasses :
3/4 de litre de thé fort
(2 ou 3 cuillerées à café de thé)
350 g de sucre
1/2 bouteille de rhum blanc
12 fines tranches de citron

Portez à ébullition 3/4 de litre d'eau avec 350 g de sucre. Versez sur 2 ou 3 cuillerées à café de thé. Laissez infuser quelques minutes. Faites chauffer le rhum dans une grande casserole, sans laisser bouillir. Ajoutez-y le thé très chaud ainsi que les tranches de citron. Faites flamber. Servez aussitôt en mettant une tranche de citron dans chaque verre.

rose cocktail

Par personne :

- 1 verre à liqueur de vermouth doux
- 1 verre à liqueur de vermouth sec
- 1 giclée d'orange bitter
- 1/2 verre à liqueur de kirsch
- 1/2 verre à liqueur de cherry brandy
- 1 verre à liqueur de gin
- 1 cerise à l'eau-de-vie
- 1 zeste d'orange

Dans le bocal du mixeur, mettez tous les éléments du cocktail, sauf la cerise à l'eau-de-vie et le zeste d'orange. Mixez. Répartissez dans les verres à cocktail. Ajoutez, dans chacun, 1 cerise et 1 morceau de zeste plié en 2.

Note : Vous pouvez atténuer la force en alcool de ce cocktail en remplaçant le cherry par du sirop de cerise et en y ajoutant un peu de glace pilée...

sangria

Pour 12 verres :

- 1 litre de vin rouge corsé
- 1 bouteille de vin doux
- 100 g de sucre
- 3 oranges
- 1 citron
- 6 pêches ou autres fruits frais juteux
- muscade râpée
- 1 cuillerée à café de cannelle en poudre
- eau gazeuse
- Quelques heures d'attente

Dans un grand pot à jus de fruit, mettez : vin, sucre, cannelle, muscade râpée. Ajoutez-y oranges et citrons en rondelles, les pêches coupées en morceaux (pêches-abricots de préférence). Laissez macérer 2 h à la température de la pièce, puis quelques heures au réfrigérateur. Servez la sangria avec des cubes de glace et plus ou moins d'eau gazeuse selon votre goût (... et la santé de vos invités).

Mon avis

À défaut de pêches fraîches, utilisez les pêches en boîte avec leur jus. Dans ce cas, supprimez le sucre.

sangrita (sans alcool)

Pour 6 personnes :

1 orange juteuse
2 citrons verts
sel, poivre
1 ou 2 oignons blancs finement hachés
quelques gouttes de Tabasco
1/4 poivron doux moyen
3 belles tomates très mûres
eau gazeuse
6 cubes de glace

Dans le bocal du mixeur, versez le jus de l'orange et des citrons verts, sel, poivre, oignons hachés et Tabasco. Épépinez le quartier de poivron. Coupez-le en morceaux dans le mixeur. Pelez les tomates. Pressez-les à la main pour les débarrasser de leur jus acide. Coupez-les grossièrement et joignez-les au reste. Ajoutez de l'eau gazeuse en quantité suffisante. Couvrez et mixez. Présentez dans des chopes garnies d'un cube de glace.

sherry cobler

Par personne :

1 verre à liqueur de cognac
1/2 verre à porto de sherry (xérès)
1 verre à liqueur de curaçao
1 cuillerée à café de sucre en poudre
1 cube de glace
1/2 verre à liqueur de cherry-brandy
1 fine rondelle de citron ou d'orange

Versez dans le bocal du mixeur : cognac, sherry, curaçao, sucre et enfin la glace. Couvrez et mixez lentement pour commencer, puis à grande vitesse dès que la glace commence à se briser. Enfin, ajoutez le cherry-brandy sans mélanger. Versez dans les verres. Posez, à cheval sur le bord de chaque verre, une rondelle de citron ou d'orange.

white Lady

Par personne :

1 ou 2 cubes de glace
2 ou 3 verres à liqueur de gin
1 verre à liqueur de cointreau
1 cuillerée à soupe de jus de citron

Versez dans le bocal du mixeur : gin, cointreau, jus de citron, puis la glace.
Mixez lentement pour commencer, puis à grande vitesse dès que la glace commence à se briser. Versez dans des verres à cocktail très froids, givrés ou non.

Note : Pour givrer des verres à cocktail, frottez-en les bords avec un morceau de citron, puis retournez-les sur du sucre en poudre. Les verres ainsi givrés sont prêts à recevoir le cocktail de votre choix. Vous pouvez les tenir au réfrigérateur jusqu'à l'heure du cocktail, le sucre restera parfaitement collé sur les bords.

Comment marier les plats et les vins

Ces règles sont peu nombreuses, simples et au demeurant assez logiques :

1 tout vin est à proscrire avec les plats à la vinaigrette, les salades, les desserts au chocolat et les fruits acides ;
2 entre deux vins différents, boire quelques gorgées d'eau ;
3 si le service comporte plusieurs vins, il est préférable d'aller :
- du blanc au rouge,
- du plus froid au plus chambré,
- du plus jeune au plus vieux,
- du plus léger au plus corsé.

En France, assurément, l'art de cuisiner ne s'arrête pas à la réussite d'un plat. Il consiste aussi à mettre ce plat en valeur, en choisissant pour l'accompagner un vin approprié, c'est-à-dire un vin tel que son bouquet et la saveur du plat se fassent mutuellement écho.
Ce jeu des mariages bien assortis est extrêmement amusant.
Pour l'avoir longtemps pratiqué, je me crois qualifiée pour vous donner quelques conseils permettant d'y jouer à votre tour.
L'art du sommelier est entouré de mystère. Mais ne vous laissez pas impressionner. S'il faut une longue expérience pour identifier du premier coup tel ou tel cru millésimé, il suffit d'avoir du goût, un brin d'imagination et la connaissance de quelques règles, d'ailleurs passablement flexibles, pour harmoniser les vins et les mets.

Mais, comme vous l'avez sans doute déjà noté, ces principes souffrent bien des exceptions justifiées. Un vin blanc (champagne, sauternes) peut fort bien clôturer un repas et ce type de vin, servi frais, viendra après des vins rouges chambrés, éventuellement plus jeunes et plus légers !
Retenez plutôt cette idée qu'un certain équilibre doit exister entre les conjoints. Le vin ne doit pas écraser les mets, ni le mets le vin.
Un sylvaner ou un mâcon blanc peuvent avoir du mal à se faire entendre en face d'une soupe de poissons. Inversement, un gewürztraminer risque de dénaturer des coquilles Saint-Jacques à la nage – encore que si vous vous en sentez d'humeur...

À titre d'exemple et non de règle absolue, je vais vous indiquer un certain nombre de « compatibilités » entre mets et vins que j'ai dégagées de mon expérience. Ces suggestions concernent spécialement les menus soignés ou de réception.

Aide-mémoire des mariages harmonieux

Plat	simple	classique	original
Soupes paysannes	Vins de pays	Bourgogne rouge	Pécharmant
Soupes de poissons	Vin des Sables-du-Golfe du-Lion	Cassis blanc ou rosé	Chusclan
Charcuterie	Côtes-d'Auvergne	Rully ou Givry	Vouvray brut pétillant
Entrées froides	Coteaux-d'Ancenis Corbières-du-Gard	Champagne nature	Arbois
Entrées chaudes - quiches - quenelles	 Saint-Chinian Saint-Pourçain	 Saint-Julien Pouilly-Fuissé	 Pinot noir d'Alsace
Œufs Omelette garnie	 Eau ou vin de pays	 Chinon	 Montlouis
Coquillages	Gros-Plant Vin blanc des coteaux du Languedoc	Chablis	Picpoul du Pinet
Crustacés	Muscadet Sauvignon	Meursault Hermitage	Château-Grillet
Poissons - fumés - grillés, meunière - en sauce - friture	 Gros-Plant Vin des Sables-du-Golfe-du-Lion Bourgogne aligoté Vin du pays de Retz	 Montrachet Graves blanc Pouilly-Fuissé ou Gewürztraminer Bandol	 Pacherenc-du-Vic-Bilh Menetou-Salon Sancerre rouge Vouvray pétillant
Viandes Agneau, Mouton - rôti, grillé - en sauce	 Vin de pays du Gard, ou du Tricastin Vin rouge de pays léger	 Pomerol Volnay	 Côtes-du-Jura Bellet rouge ou (rosé)

Plat	simple	classique	original
Bœuf - rôti, grillé - en sauce	 Vin de pays de l'Île de Beauté Vin de pays du Languedoc	 Châteauneuf-du-Pape Côte de Nuits Côte-de-Beaune Saint-Émilion	 Fitou Bardolino
Porc - rôti, grillé - en sauce	 Vin de pays	 Côte-du-Rhône Juliénas	 Gewürztraminer Jurançon
Veau - rôti, grillé - en sauce	 Minervois Vin de l'Aude	 Volnay Graves	 Chianti Marsannay-la-Côte
Abats Cervelle, ris de veau Tripes Foie, rognon	 Vin blanc de pays Cidre Côtes-du-Lubéron	 Savennières Moulin à vent Pauillac	 Bouzy rouge Sancerre rosé Rosé d'Arbois
Volaille	Coteaux d'Ancenis Beaujolais	Savigny Saint-Émilion	Madiran Chanturgue
Gibier Plume : - rôti - sauce Poil : - rôti - sauce	 Vin de pays Aude – Hérault Corbières Côtes-de-Provence rouge Vin de pays catalan	 Saint-Julien Côte-de-Beaune Moulis Côte de Nuits Hermitage, Pommard	 Champagne Blanc de Blancs de Bandol Cornas Château-Chalon
Légumes	Même vin que pour viande ou fromage		
Foie gras		Champagne Musigny Châteauneuf-du-Pape	Sauternes (fin du repas)
Riz, semoule	Vin Corse	Brouilly	Valpolicella
Desserts Entremets Pâtisserie	 Eau Eau	 Monbazillac Cadillac Sauternes ou Quarts-de-Chaume	 Saint-Peray Beaumes-de-Venise

index par produits

table des matières

Soupes et consommés

Entrées diverses

Œufs

Viandes et volailles

Charcuteries, triperies et abats

Gibiers

Poissons, crustacés et fruits de mer

Crudités et légumes

Pâtes, riz et semoule

Spécialités

Sauces

Desserts

Cocktails et boissons

Comment marier les plats et les vins 729

remerciements

Valéry Drouet remercie
C.F.O.C. ; Astier de Villate ; Zéro one one ; BÔ ; La paresse en douce ; Liwan ; Quartz ; Tissus C.M.O ; Cuisinopholie ; Villeroy et Boch, rue Saint-Sulpice à Paris ; Tendance Kkmère ; et tout particulièrement Hyeyong Kim pour le prêt de ses céramiques.

et merci à toute l'équipe de Hachette Pratique pour sa gentillesse et à Bob Norris avec qui le livre a été réalisé avec plaisir.

Direction, Stephen Bateman et Pierre-Jean Furet

Responsable éditoriale, Brigitte Éveno

Conception graphique et réalisation, Dune Lunel aka Modzilla!
merci à Aliette Lavielle & à Audrey Prudhomme

Corrections, Charlotte Buch-Müller

Fabrication, Lysiane Bouchet

L'éditeur remercie **Mélanie Le Neillon** pour son aide précieuse et ses relectures attentives.

Photogravure, APS-Chromostyle, Tours
Achevé d'imprimer en Espagne par Graficas Estella

Dépôt légal : octobre 2005
201 235 817 9
23.26.5817.01.4